*Carol Hagemann-White*

# Frauenbewegung und Psychoanalyse



*Stroemfeld/Roter Stern*

CIP-Kurztitelaufnahme der Deutschen Bibliothek

**Hagemann-White, Carol:**
Frauenbewegung und Psychoanalyse : mit e. Quellen=
anh. Freud, Janeway, Horney, Zilboorg, Juliet
Mitchell, Kate Millett / Carol Hagemann-White. -
Basel : Stroemfeld ; Frankfurt am Main : Roter
Stern, 1. Aufl. - 1979.
ISBN 3-87877-101-0


Eine Ko-Produktion von
Stroemfeld Verlag
Postfach 102, CH-4006 Basel
und
Verlag Roter Stern
Postfach 180147, D-6000 Frankfurt am Main

Auf Anforderung erhalten Sie unseren kostenlosen Almanach.
Printed in Italy.
OTV STOCCHIERO - VICENZA

# Inhalt

# Einleitung
## Zur Entstehung dieses Buches

Im Sommer 1975 reichte ich die Habilitation ein und schlug als Thema meines öffentlichen Vortrags vor: *Die Kontroverse um die Psychoanalyse in der Frauenbewegung.* Ich wußte, daß nach Annahme der Schriften kaum die Gefahr bestand, beim Vortrag 'durchzufallen', und daß ein sich progressiv verstehender Fachbereich kaum gegen feministische Ansichten vorgehen würde.

Mir lag also daran — nachdem ich mich innerlich vergewissert hatte, daß ich keine taktischen Rücksichten nehmen mußte — die perverse und quälende Situation des öffentlichen Probevortrags für mich sinnvoll umzudefinieren. Ich beschloß, den Vortrag als längeren Diskussionsbeitrag innerhalb des Gesprächs unter Frauen zu betrachten.

Hundert Frauen; die (entscheidungsbefugten) Männer waren so sinnlich damit konfrontiert, daß es auch in der Wissenschaft ein Gespräch gibt, das nicht um sie kreist. Habilitation unter diesen Voraussetzungen bedeutete, daß ich mit Frauen und für Frauen Bestimmungsgewalt über Wissenschaft beanspruche. Das ist für mich wichtig, mich nicht als Alibi-Aufsteigerin zu fühlen, die die Frauen hinter sich zurücklassen muß. — Ich war wohl die fünfte Frau, die in der Bundesrepublik in Soziologie habilitierte; seit 20 Jahren die erste in Berlin.

Mein praktischer Bezug zur Frauenbewegung bestand damals im Beginn eines Frauenprojekts an der Universität. In der Vorbereitungsgruppe hatten wir beschlossen, nach mehreren Frauenseminaren nun in einem mehrsemestrigen Projekt auch Praktika außerhalb der Universität zu machen, bei denen wir Frauen begegnen würden, die nicht studierten. Bei etwa 90 Teilnehmerinnen wurde allerdings alles ein bißchen chaotisch. Daher machten wir fünf parallel arbeitende Projektgruppen daraus, die teilweise über zwei Jahre bestanden. Zur gleichen Zeit war ich dabei, als eine Gruppe von Frauen, die an der Universität lehren, sich bildete; daraus wurde die 'Dozentinnengruppe', die die erste Sommeruniversität für Frauen veranstaltete. Allerdings entsprach die Entwicklung der Gruppe nicht meinen Bedürfnissen. Mir scheint es schwierig bis unmöglich, den prägenden Einfluß einer auf Konkurrenz aufgebauten Arbeitsumgebung bloß durch Treffen unter dem Gesichtspunkt unseres Frauseins abzubauen. Zum Frauenzentrum hatte ich kaum eine Beziehung; ich hatte neben Kleinkind und Beruf wenig Möglichkeit, aber auch keine Lust, Abendtermine wahrzunehmen oder mich an einem Plenum zu beteiligen, das keinen überschaubaren Arbeitszusammenhang darstellt.

Ich hatte aber auch etwas Angst. Inzwischen weiß ich aus vielen Frauenseminaren, daß die meisten 'bewegten' Frauen Angst vor den Ansprüchen der Frauenbewegung haben — obwohl sie selbst diese Frauenbewegung sind. Diese Angst hatte ich erlebt, als ich mich zum erstenmal einer politischen Bewegung anschloß, in der Studentenbewegung. Inzwischen habe ich für mich begriffen, daß nur meine Wirklichkeit der Ausgangspunkt für eine radikale Politik sein kann. Jede Art des politischen Anspruchs, der mich unter Druck setzt, mich anders darzustellen als ich bin, oder der unterstellt, andere wären 'weiter' und ich irgendwie 'zurück' (oder umgekehrt), war und ist mir suspekt. Das ist eine Politik, die sich schnell in Sprücheklopfen aufzehrt.

Mit dem Thema meines Habilitationsvortrages wollte ich die Erkenntnisse, die ich in jahrelanger Auseinandersetzung mit der Psychoanalyse gewonnen hatte, im Zusammenhang mit meinem Gefühl der Zugehörigkeit zur autonomen Frauenbewegung durchdenken. Vieles in den ersten Äußerungen der neuen Frauenbewegung in Deutschland — z.B. im ersten Frauenkalender — machte mir Angst: Angst, selbst Gegenstand von Vernichtungswünschen zu sein. Angst, daß andere Frauen, deren Solidarität ich brauche, mit der Ablehnung ihrer Unterdrückung auch vieles von sich weisen, was in meiner Persönlichkeit integriert ist, Teil meiner Frauenidentität ausmacht. So bedrohte mich die Ablehnung von Kinderwunsch und Mutterschaft, die ausschließliche Betonung von Abtreibung, Verhütung, oder Verweigerung des Geschlechtsverkehrs. (Die heute teilweise gepflegte Euphorie über das Gebärenkönnen ist zwar von der Wirklichkeit der Mutterschaft ebenso weit entfernt wie oft die Ablehnung — sie bedroht mich jedoch gefühlsmäßig nicht, weil ich mich mit meiner Entscheidung zum Kind und meinen Erfahrungen der Konsequenzen nicht grundsätzlich angegriffen fühle.)

Wenn ich heute zu fassen versuche, was es eigentlich ist, das mich bei der feministischen Feindseligkeit gegen die Psychoanalyse so beunruhigt hat, komme ich immer wieder auf den einen Punkt zurück: den spürbaren Unwillen vieler Frauen, sich auf Unbewußtes und Zwiespältiges in sich selbst einzulassen. Nicht, daß mich 'Einseitigkeit' als solche stört: sie macht ja Offenheit gerade möglich. Gerade unser überentwickeltes Einfühlungsvermögen, unsere immerwährende Bereitschaft, Gedanken von anderen nachzuvollziehen, macht uns oft unsicher oder ausbeutbar. Es ist unerläßlich, widersprechen zu können.

Die Frage ist eher, wie wir mit unseren eigenen Widersprüchen umgehen; denn radikale Vereinfachungen — so polemisch nützlich sie auch sind — verlocken dazu, die eigenen Widersprüche aufzuspalten und einen Teil nach außen zu verlegen. Mir kommt es oft vor, als würde der große Abstand zwischen Anspruch und Wirklichkeit, an dem wir leiden, von vielen 'Bewegungsfrauen' als der Unterschied zwischen ‘uns’ und ‘denen’ (den Frauen, die nicht einmal den Anspruch auf alternative, nicht männerdominierte Lebensformen teilen) empfunden werden. Enttäuschungen können dann so erklärt werden, daß wir weder unsere persönlichen Grenzen noch unsere Ängste zugeben müssen. Das ist eine emotionale Entlastung, die uns aber zugleich der Möglichkeit beraubt, aus unseren Erfahrungen zu lernen.

Die Frauenbewegung stellt für sehr viele Frauen nicht nur eine Hoffnung, sondern zugleich einen normativen Druck dar, sie macht Angst. Es verblüfft immer wieder neu zu erleben, wie wir uns selbst in den Raster von mehr oder weniger ‘bewußt’ einzuordnen bereit sind, statt zu unserer eigenen Wirklichkeit zu stehen. Frauen, die deutlich für sich sprechen, wird andererseits leicht vorgeworfen, sie würden Normen aufstellen und andere unter Druck setzen. Wir sind erpreßbar und unterstellen zugleich Erpressung bei denen, die ‘weiter’ zu sein scheinen.

Ich habe den Eindruck, daß dieser normative Druck aus der Tendenz erwächst, Widersprüche nach außen zu verlagern statt sich die eigene Zwiespältigkeit einzugestehen. Das hat zur Folge, daß wir manchmal als Bewegung oder als Gruppe geschlossen Position beziehen, während (fast) jede einzelne Frau Angst hat, der praktischen Umsetzung dieser Position nicht gewachsen zu sein, gegenüber dem gemeinsamen Anspruch zu versagen. Andere Frauen werden dann leicht entweder als Vertreterinnen des Anspruchs (bewundert oder bedrohlich) oder aber als Vertreterinnen der schlechten Wirklichkeit wahrgenommen. Archaische weibliche Auseinandersetzungsformen sind dann die einzige Möglichkeit, die Angst zu bearbeiten.

Auf diesem Hintergrund ist die Auseinandersetzung mit der Psychoanalyse mir nach wie vor wichtig: nicht, weil mir daran läge, Sigmund Freud Verständnis entgegenzubringen, sondern weil die Kritik an Freud oft Vehikel dafür war und ist, die

Beeinflußung des eigenen Denkens und Handelns 
durch unbewußte Wünsche und Ambivalenzen abzustreiten. So kann ich die Ablehnung, sich überhaupt mit Psychoanalyse zu befassen, eher akzeptieren als die Abgabe eines feministischen Urteils über sie.

In der Auseinandersetzung mit der bestehenden Wissenschaft ist es für Frauen wichtig, sich verweigern zu können, ganze Gebiete zunächst einmal als irrelevant abzulehnen, sich zuzugestehen, daß sie mit dem Gefühl und nicht nur mit dem Kopf lesen und daß Aussagen über die eigene Minderwertigkeit Wut machen. Es reicht nicht aus, darauf zu verweisen, daß Freud ja die Unterlegenheit der Frau durchaus als Produkt von Unterdrückung gesehen hat. Denn selbst die differenzierteste und zutreffendste Schilderung unserer Unterdrückung ruft Wut in uns wach, und es ist ein großer Unterschied, ob Autor(inn)en zugleich diese Wut bestätigen und ihr eine Richtung weisen, oder ob die Beschreibung — und sei sie nichts als die Wahrheit — dennoch ohne Bezug zu unserer Wut, so als gäbe es sie nicht, kühl und überlegen vollzogen wird.

Die Vorgeschichte meiner Begegnungen mit der Psychoanalyse war so, daß ich die Richtung für meine Wut beim Lesen Freuds gleich mitliefern konnte. Dennoch finde ich es ärgerlich, wenn die Einschätzung, psychoanalytisches Denken sei von Grund auf patriarchalisch geprägt und vollständig unbrauchbar für Feministinnen, als gefestigter Standpunkt mir begegnet. Ich habe die Erwartung, daß Frauen im Laufe der Zeit sich eingestehen und bewußt damit umgehen, daß unsere *gesamte* Sprache für Theorie jeder Art die Sprache einer patriarchalischen Gesellschaft und einer patriarchalischen Wissenschaftsgeschichte ist. Wenn einzelne Denker mit solcher Begründung verworfen werden, fördert das die Illusion, andere seien mit diesem Makel nicht behaftet; plötzlich ist die Sprache und die Arbeitsweise der Transaktionsanalyse oder gar der Verhaltenstherapie 'feministisch'.

Warum wird gerade der Psychoanalyse vorgeworfen, patriarchalisch zu sein? Es hat damit zu tun, daß Psychoanalyse auf einem Einfühlungsvermögen bis ins Unbewußte hinein beruht. Feministische Ablehnung erscheint mir als Teil des Versuchs, Weibliches vom Männlichen sauber zu trennen und sich psychisch ausschließlich mit Frauen zu befassen. Psychoanalyse sich anzueignen ist nur möglich, wenn frau sich in die Selbsterkenntnis von Männern hineinversetzen kann. Dies muß sie bewußt tun, denn es gibt wohl keinen größeren Fehler als den, Texte ohne sichtbare Geschlechtsmerkmale für 'schlechthin menschlich' und nicht für die Äußerungen konkreter Männer oder Frauen zu halten. (Ein Zugang über die Texte von Analytikerinnen zur Psychoanalyse ist möglich, aber die Gedanken sind nicht ohne Nachvollziehen der Gedanken Freuds entstanden.) Soweit ist dies ein Problem aller wissenschaftlichen Tätigkeit für Frauen. Es geht aber weiter. Mir scheint, daß es nur möglich ist, psychoanalytische Erkenntnisse zu gewinnen, wenn die psychische Berührung und Vermischung der Geschlechter in sich zugelassen wird. Und die entscheidenden Schwächen im Denken Freuds sind genau die Stellen, an denen er dies nicht konnte.

In letzter Zeit begeistern sich manche Frauen der Frauenbewegung für die Möglichkeit, ein Kind zu gebären, lustvoll mit Kindern zu leben. Andere sind vom Beruf pädagogisch tätig und überzeugt, die Frauenbewegung sollte sich auch mit den Interessen der Kinder solidarisieren. Was aber, wenn das Kind ein Sohn wird? Mit männlichen Kindern zu leben, aber das Hineinversetzen in männliche Subjektivität und männliche Sexualwünsche zu verweigern — das grenzt an Kindesmißhandlung. Es macht lustgewährende, repressionsarme Erziehung unmöglich oder zumindest orientierungslos.

Das bisherige Fehlen einer einigermaßen aufhellenden Theorie der geschlechtsspezifischen Sozialisation — trotz der Schlüsselrolle der Selbsterfahrung als Ausgangspunkt feministischer Erkenntnis, trotz der vielen Ausführungen und Polemiken von Feministinnen über die weibliche Sozialisation — führe ich darauf zurück, daß ein bedeutendes Tabu der Frauenbewegung die psychische Berührung der Geschlechter ausgrenzt. Sie findet statt, aber als Gegentendenz zur Bewegung. Für viele Frauen wird irgendwann der Widerspruch zu groß, und sie ziehen sich aus der Frauenbewegung zurück. 

Als ich meine ursprüngliche Textfassung zum vierten Mal für dieses Buch überarbeitet habe (vgl. Nachbemerkung), versuchte ich, meine Erfahrungen konkreter einzubeziehen. Ich kann diese Erfahrungen nicht begreifen, ohne mich auch in männliches Denken, männliche Gefühle, in Männerphantasien hineinzuversetzen, ohne Weibliches in Bezug zu Männlichem zu setzen. Dabei geht es nicht darum, verallgemeinerbare Aussagen über das Verhalten von Jungen und Mädchen, von Müttern und Vätern zu machen, die sich in einer positivistischen Psychologie zu Gesetzmäßigkeiten erheben ließen, sondern darum, die Gültigkeit dieser Bezugsetzung von Weiblichem und Männlichem abzutasten. Ich suche nach Alternativen zu dem Erklärungsmodell der 'Beeinflussung durch die Umwelt', weil dieses Modell genau das als immer schon vorhandenen voraussetzt, was am Ende weiblicher Sozialisation herauskommt: passive Formbarkeit.

# I

Juliet Mitchell stellt zu Beginn ihres Buches *Psychoanalyse und Feminismus* fest: der größte Teil der Frauenbewegung hat Freud als den Feind schlechthin dingfest gemacht. Kate Millett *(Sexus und Herrschaft)* und Shulamith Firestone *(Frauenbefreiung und sexuelle Revolution)* haben in ihren jeweiligen Erstveröffentlichungen, die auch in deutscher Übersetzung große Verbreitung fanden, eine Kritik an Freud aus feministischer Sicht ausgeführt. Beide bezeichnen die Psychoanalyse insgesamt als Antwort auf die Erschütterung der Geschlechterrollen und auf die Frauenbewegung, als Schlüsselideologie der sexuellen Gegenrevolution und als Instrument erneuter Unterdrückung. Damit ist zwar der historische Ort der Psychoanalyse in einer wichtigen Hinsicht angedeutet; doch wird der Zusammenhang eher verdunkelt durch den Raster von 'vorwärts' (die Bewegung) und 'zurück' (Gegenrevolution). Letztendlich bewegen sie sich in einem alten Schema linker Politik, wonach die Weltgeschichte in Befürworter und Gegner des Fortschritts eingeteilt wird, und der Intellektuelle Schiedsrichter.

Um diesen Zusammenhang differenzierter einzuschätzen, ist es wichtig, den Stellenwert der Frauenbewegung für die psychoanalytische Weiblichkeitstheorie zu unterscheiden von der Bedeutung, die die Frauen als Patientinnen für die Psychoanalyse hatten. Gregory Zilboorg macht 1944 darauf aufmerksam, daß die psychoanalytischen Theorien über die Besonderheiten der weiblichen Psyche erst spät aufgestellt wurden — in den ersten 20 Jahren der psychoanalytischen Bewegung war dies auch für Freud selbst kein Thema. Die 'klassischen' Positionen (Freud, Abraham, Horney, Jones, Müller, Klein, Deutsch)[1] wurden alle im Zeitraum von 1925 bis 1933 artikuliert. Im orthodoxen Kreis um Freud war, wie aus den Widersprüchen dieser Beiträge deutlich wird, völlig ungeklärt, welche psychosexuelle Entwicklung Mädchen durchmachen, wie der Ödipuskomplex beim weiblichen Kind sich gestaltet und welches Schicksal er normalerweise hat.

Dennoch starb die Diskussion um diese Fragen weitgehend ab und kam erst Ende der 60er Jahre wieder in Gang. Diese beiden Phasen, in denen das Thema Frau für die Psychoanalyse aktuell war, fallen mit Zeiten einer auflebenden Frauenbewegung zusammen. Es liegt nahe, die psychoanalytische Diskussion als zweiphasige Reaktion auf das jeweils gestärkte Zutrauen der Frauen in ihre eigenen Veränderungsmöglichkeiten zu sehen; dieses Zutrauen war während des Faschismus und in der Kriegs- und Nachkriegszeit gewaltsam unterdrückt.

Die psychoanalytischen Ansichten über weibliche Sexualität wurden erst in den 20er Jahren entwickelt, während die Grundlegung der Psychoanalyse um 1900 (Erscheinen der *Traumdeutung)* geschah. Zilboorg gibt dafür eine einleuchtende soziologische Erklärung; er bezeichnet die Zeit nach dem 1. Weltkrieg psychologisch gesehen als Revolution für die Frauen. Eine lebhafte Frauenbewegung hatte es schon um die Jahrhundertwende (auch in Wien, auch in Freuds jüdischer Subkultur) gegeben. Doch die umfassenden materiellen Veränderungen in der Lage der Frau durch ihre Einbeziehung in alle Bereiche der Produktion während des Krieges und wiederum ihre Zurückverweisung in die Familie, oft auch ins ökonomische Elend nach Kriegsende erzeugten eine neue Qualität. Zum ersten Mal haben Frauen nicht nur Bildung und Rechte beansprucht, sondern gleiche Verhaltensmöglichkeiten auf der ganzen Linie: den Abbau der sittlichen Grenzen, die bis dahin auch und gerade für Frauenrechtlerinnen gute, schutzwürdige Weiblichkeit definiert hatten. Dieser Umbruch machte die Frau in der Tat zum Problem für die Männer und warf — da ihnen die ökonomische und rechtliche Freiheit fehlte[2] — auch akute psychische Probleme für die Frauen auf. 

Freuds Theorie der weiblichen Psychologie wurde in doppelter Weise von der damaligen Frauenbewegung bestimmt: von der gesellschaftlichen Dringlichkeit des Problems in den 20er Jahren, und von der für ihn unübersehbaren Unhaltbarkeit von Emanzipationsideologien, die, indem sie auf naturgegebene Gleichheit und bürgerliche Gerechtigkeit in der Sexualsphäre pochten, im Widerspruch zu der Unterlegenheit und Leidensgeschichte der Frau standen.

Bis Anfang der 20er Jahre nahm Freud an, daß die weibliche psychosexuelle Entwicklung ein schattenhaftes Abbild der männlichen sei. Er hatte nicht von Anfang an eine Theorie der Weiblichkeit.[3] Zu dem Entwurf einer solchen Theorie wurde er durch diejenigen seiner Schüler gereizt, denen diese Parallelität nicht radikal genug schien, die dem kleinen Mädchen die volle sexuelle Gleichberechtigung zusprechen wollten. Gab es beim Jungen phallische Onanie und sexuelle Phantasien in bezug auf die Mutter, so gebe es beim Mädchen vaginale Onanie und sexuelle Phantasien in bezug auf den Vater. Unter der Hand haben diese Theoretiker die Kindheit in unserer Gesellschaft als eine Art Naturzustand gesehen; sie meinten, daß jedes Geschlecht sein 'eigentliches', d.h. für die Fortpflanzung vorgesehenes Sexualorgan als Lustquelle entdeckt und das nächstliegende gegengeschlechtliche Liebesobjekt als Partner begehrt. Eine Störung dieser Idylle entsteht für sie erst durch Erziehungsmaßnahmen zur Durchsetzung vom Inzesttabu und durch die Mißbilligung der Selbstbefriedigung.

Aus der Argumentation dieser Theoretiker — Abraham, Horney, Jones — spricht das Denken der Aufklärung: Gleichheit, Freiheit und Gerechtigkeit seien in der Natur verwurzelt und daher auch innerhalb dieser Gesellschaft heute eigentlich schon möglich — wenn wir nur ein Einsehen hätten. Die scheinbar frauenfreundlichen Analytikerinnen wie etwa K.

Horney, C. Thompson, können zwar nicht genug die Wirkung der gesellschaftlichen Bedingungen und der Erziehung betonen, meinen aber mit Erziehung durchweg etwas, was erst einsetzt, nachdem die wahre Natur sich spontan geäußert habe. Die Zeichen innerer Unterdrückung in den Seelen der zögernden, unsicheren, quengelnden und zwanghaft sich opfernden Frauen sind für sie entweder individuell-zufälliges Schicksal (Erkrankung) oder gar Schuld der Frauen selbst, da sie die objektiv längst niedergerissenen Schranken ihrer selbständigen Entfaltung nicht zu überschreiten wagen.

Je deutlicher seine emanzipationsfreundlichen Schüler die Gleichstellung und spiegelbildlich gleiche Entwicklung der Geschlechter betonen, desto klarer schälte sich für Freud heraus, daß jede Annahme über eine symmetrische Entwicklung von Mädchen und Jungen Täuschung sei. Dem müßten, wie Juliet Mitchell schreibt, gerade Feministinnen zustimmen. Wenn Frauenunterdrückung die Wirklichkeit ist, so steht zu erwarten, daß die psychosexuelle Entwicklung ungleich und für Mädchen irgendwie „defizitär" sein muß.[4]

Wenn die psychoanalytische Weiblichkeitstheorie eine Reaktion auf die Frauenbewegung dargestellt hat, so folgt daraus allerdings nicht, daß die psychoanalytische *Methode* eine Reaktion auf die Aufsässigkeit der Patientinnen gewesen ist, wie z.B. Eva Figes meint (sie spricht von „Gehirnwäsche"[5]). Eher steht ihre Entwicklung im Zusammenhang mit einer Abwendung von den Problemen der Frauen.

Nach der Herausbildung der eigentlichen psychoanalytischen Methode (Aufgabe der Hypnose zugunsten der freien Assoziation) finden wir, worauf J. Mitchell hinweist[6] im gesamten Werk Freuds nur drei ausführliche Fallgeschichten von Frauen. In der voranalytischen Zeit überwiegen hingegen weibliche Fälle von Hysterie: sie waren für den Weg zur psychoanalytischen Methode hin entscheidend. Es scheint, als hätte Freud in der ärztlichen Behand-

lung von Frauen nur solange Erkenntnisfortschritte 
machen können, wie er die inzestuöse Vater-Tochter-Liebe als unbewußte Grundlage der Heilung aufrechterhielt (Hypnose und Suggestion). Mit dem Übergang zur systematischen Ausforschung der psychischen Tatsachen und der Triebgrundlage des Phantasielebens wurde für Freud die Selbstanalyse zu einem entscheidenden Mittel, die Mitarbeit des Patienten an einem Prozeß der Selbstanalyse zur wichtigsten Erfahrungsquelle. Dem methodischen Durchbruch entspricht eine regelrechte Umpolung des Arztes von weiblichen auf männliche Patienten, zumindest aber eine Verlagerung im Gewicht ihrer Aussagen. Es scheint, als hätten sich die entscheidenden Inhalte der Psychoanalyse, vor allem der Ödipuskomplex (und der Kastrationskomplex) als Kernkomplex aller Neurosen, nur in Form der Wiederherstellung der Vater-Sohn-Beziehung in der Übertragung entschlüsseln lassen.

Zilboorg meint nun, daß die in unserer Kultur tiefverwurzelte männerzentrierte Voreingenommenheit die gesamte erste Phase der Diskussion um die weibliche Psychologie von Grund auf verzerrt hat, mit der Folge, daß wichtige Fragen als ungelöst einfach beiseitegeschoben wurden. Zilboorgs Thema ist die gewaltige Strömung des Frauenhasses bei Männern und ihre psychobiologischen Grundlagen. Er deutet an, daß die in der analytischen Theorie eingebaute Vorstellung vom bedrohlich-kastrierenden Weib eine Projektion der Aggressionen ist, die die unbewußte Einstellung des Mannes zum Weib beherrschen. Bevor der Analytiker die Psychologie der Frau erkennen kann, muß er sich zuallererst die Feindseligkeit des Mannes gegen die Frau eingestehen, da diese Feindseligkeit sowohl seinen eigenen Blick verstellt wie auch die Realität bestimmt, in der die Frau sich entwickelt. Diese Feindseligkeit wird nur rationalisiert und verleugnet durch die Überzeugung (die allerdings dem Mädchen wirksam aufgedrängt wird), das Weib an sich sei ein schon kastriertes, nicht erst durch seine Vergewaltigung erniedrigtes Wesen.

So blieb die Psychologie der Frau eine von der psychoanalytischen Theorie unbewältigte Angelegenheit. Doch kam die therapeutische Praxis offenbar ganz gut ohne Theorie aus. Die Analytikerin Betty Yorburg schreibt 1974 kopfschüttelnd zur neuen feministischen Psychoanalyse-Kritik, die beanstandeten Annahmen Freuds, insbesondere die Theorie des Penisneides, seien doch von der überwiegenden Mehrheit der praktizierenden Analytiker längst aufgegeben worden. Eine andere Theorie des geschlechtsspezifischen psychologischen Schicksals der Frau deutet sie nicht an. Die ständige Kommunikation mit zahlreichen Patientinnen (Chesler belegt, daß in den USA die Frauen in der psychiatrischen Behandlung mit rund 60% der Behandelten eindeutig überwiegen[7]) scheint nicht dazu zu führen, daß die Therapeuten mehr über die Frau wissen als Freud. Diese Tatsache ist eine Aussage über die Struktur dieser Kommunikation und die Gedankenlosigkeit der therapeutischen Praxis.

Erst die neue Frauenbewegung in den 60er Jahren brachte eine neue Diskussion in Gang. Die ersten in der Frauenbewegung populären Texte waren auch Angriffe auf die Psychoanalyse, so z.B. schon Simone de Beauvoirs Buch *Das andere Geschlecht*, das jetzt eigentlich erst Verbreitung fand. Betty Friedan stellte 1963 die These auf: „Der Weiblichkeitswahn schöpft seine Kraft aus dem Freudschen Denken."[8] Sie betonte aber auch, daß dies „aus Gründen, die nichts mit Freud zu tun haben" der Fall sei.

Im folgenden will ich einige Aspekte der feministischen Ablehnung der Psychoanalyse ansprechen:
— Diese Ablehnung gründet einmal darin, daß Freud als *Symbol* vor allem der amerikanischen Psychotherapie in ihrer gesellschaftlichen Funktion diente.
— In der Frauenbewegung besteht eine starke Tendenz zum *Rationalismus:* die Bedeutung des vernünf-

tigen Schlußfolgerns wird überschätzt, die Bedeutung frühkindlicher Triebschicksale für das Unbewußte bestritten. Dieser Rationalismus antwortet z.T. kompensatorisch auf die gesellschaftlich herrschende Abwertung des Denkens und Handelns von Frauen als angeblich bloß gefühlsgeleitet und irrational.

— Das *Interesse* der Frauenbewegung ist darauf gerichtet, nicht nur zu verfolgen, welches Schicksal die Triebstrebungen erleiden, nachdem sie aus dem Unbewußten als konkret gerichtete Begierde auftauchen, sondern auch schon die erste Ausprägung dieser Triebstrebungen als Ergebnis eines gesellschaftlichen Zusammenhangs zu begreifen.

— Dieses Erkenntnisinteresse wird wiederum getrübt durch den *moralischen Protest*, dem eine unbewußte Fortschreibung der eigenen Anlehnungsbedürfnisse an einen Vater zugrundeliegen.

— Schließlich sehe ich eine Schwäche der feministischen Theoriebildung in dem Streben, *Psychologie und Biologie* streng zu *trennen* — ebenfalls eine kompensatorische Tendenz — obwohl doch die materielle Realität des Patriarchats bis in unsere Körperlichkeit hineinreicht.

Freud zu zerreißen, ihn an altväterischen Sprachwendungen aufzuspießen und den Ton schicksalhafter Notwendigkeit bei seiner Beschreibung der Wirklichkeit mit gerechtem Zorn anzuprangern, hatte eine wichtige Funktion für die Frauenbewegung. Freud sprach offen aus, was den Frauen als unterschwellige Zumutung und Andeutung aus allen Richtungen zuströmt.

Zugleich war ein Verriß von Freuds Ansichten — vor allem, wenn es gelang, ihn lächerlich zu machen — eine Waffe im Kampf gegen die institutionalisierte Psychiatrie und die Kulturindustrie der USA, die sich immer wieder auf Freud berufen. Die breite feministische Feindseligkeit gegen Freud in den USA wird erst verständlich auf dem Hintergrund der Tatsache, daß die kritische Potenz der Psychoanalyse im angelsächsischen Bereich gerade durch ihre Etablierung unterdrückt wurde. In Deutschland wurde die Psychoanalyse im Faschismus derart gründlich vertrieben und diffamiert, daß die hiesige Diskussion sich kaum auf konkrete Erfahrungen mit dem analytischen Verfahren beziehen konnte.

Die Bezugnahme auf den funktionalisierten Freud ist den feministischen Kritikerinnen oft bewußt, so z.B. bei Friedan und Millett. Dennoch wenden sie sich mit stark rationalistischer Tendenz gegen Freud selbst. Dies steht bei vielen feministischen Schriften, die sich mit der Psychoanalyse befassen, unvermittelt nebeneinander: es geht eigentlich nicht um Freud, und doch ist er Zielscheibe der Kritik. Als Beispiel kann das bewußt vorwissenschaftlich geschriebene Buch *Feminism as Therapy*[9] dienen.

Unter der Überschrift „Was ist feministische Therapie?" gibt Anne Rush zunächst eine sehr weit gefaßte Definition von Therapie, die jede Art von Zusammenkunft mit dem Ziel einer Auseinandersetzung mit Problemen unseres Lebens umfaßt, und eine ebenso weitgefaßte Bestimmung des Feminismus als die Befreiung aller Menschen aus ihren Geschlechtsrollen vor allem durch Behauptung und Entfaltung der Kräfte der Frauen. Dann setzt sie sich mit anderen therapeutischen Ansätzen auseinander, die ebenfalls die Sexualunterdrückung als die Grundlage anderer Unterdrückungsformen sehen. Sie schreibt nun: „Ich habe zwar Kritik an Freuds ursprünglicher Sichtweise und an seinen Schriften, doch das, was mich hauptsächlich beschäftigt und worauf meine Kritik sich vor allem richtet, ist der soziale Mythos, der sich als ‘Freudsche Psychologie' in unserer Kultur herausgebildet hat, so, wie sie Tag für Tag in den Köpfen der Familien, Werbungsleute, Industrieberater, Psychiater und Psychologen vollzogen wird. Wie ich sehe, kann jedes Verfahren mißbraucht oder aber ausgeschlachtet werden, je nach der Lebenslage dessen, der davon Gebrauch macht. Selten ist der Einwand zur Verteidigung der Freudschen Psychologie berechtigt: Das hat Freud aber nie gemeint, wenn das, was im Namen Freuds getan wird, eben dies meint. Es gibt eine Minderheit von Akademikern, die die Werke Freuds selbst lesen ... aber seine angewandte Psychologie, wie sie durch den gesellschaftlichen Gebrauch selektiv verändert worden ist, berührt die Massen. Damit aber die Betroffenen kritisieren können, wie eine psychologische Theorie auf sie angewandt wird, ist kein Quellenstudium notwendig. Auch haben viele neue Psychologen und Laientherapeuten Freuds Werke gar nicht gelesen und werden dennoch von deren Funktion in unserer Gesellschaft beeinflußt. Das, was die Freudsche Psychologie für uns heute an funktionaler Bedeutung gewonnen hat, ist ein legitimer Gegenstand der Untersuchung und Kritik, und in diesem Aufsatz beziehe ich mich vor allem auf dieses neue Monstrum."[10]

Kaum hat Anne Rush dies klargestellt, setzt ihre Kritik ein, die personenbezogen über das spricht, was Freud gedacht, verwechselt, mißverstanden, unterstellt oder überlegt hat, unter dem Zwischentitel „Freud war verwirrt" (confused).

Das mag als vereinfachte Darstellungsform noch hingehen. Doch die inhaltlichen Einwände verfehlen die Ebene des Unbewußten und verwerfen alle kritischen Erkenntnisse Freuds. Das ist umso bemerkenswerter, als gerade diese Autorin in ihrer Therapie die unbewußten, psychobiologisch wirksamen Unterdrückungsergebnisse verändern will. Die rationalistischen Einwände sind nicht Ausdruck einer generell kopflastigen Einstellung zum Problem der Frauenunterdrückung.

Angegriffen wird zu Recht eine Freud-Rezeption, bei der die psychosexuelle Entwicklung völlig von ihren gesellschaftlichen Ursachen abgetrennt und als gesetzmäßiges Fortschreiten von Phase zu Phase verstanden wird. Aber anstelle dieser, Freud nachempfundenen Entwicklungspsychologie ruft Anne Rush eine ebenso ausschließliche Ableitung der Bedürfnisse aus einer Einsicht in Machtverhältnisse auf den Plan. Sie übernimmt im wesentlichen die Position von Shulamith Firestone[11], die eine Entgegnung zu Freuds Auffassungen vorgelegt hat.

Firestones Buch hat den Ehrgeiz, eine feministische Neuformulierung der dialektisch-materialistischen Methode vorzunehmen und so über Marx hinauszugehen. Sie betrachtet die „biologische Familie" als Ursache für die Unterdrückung der Frau in der bisherigen Menschheitsgeschichte; erst die moderne Technologie schaffe, durch Beherrschung der Natur, die Voraussetzung für eine grundlegende Umwälzung. Ihre Ansicht, daß die biologisch und gesellschaftlich bedingte Beziehung der Geschlechter Grundlage aller gesellschaftlichen Unterdrückung ist, findet sie in verzerrter Form bei Freud wieder; es ist ihr darum zu tun, Freud als Dichter darzustellen, dessen Aussagen von der Ahnung des zentralen Konflikts unseres Zeitalters getragen sind. Allerdings nimmt sie für sich in Anspruch, die symbolische Bedeutung von Phantasien und Erfahrungen entdeckt zu haben, während sie Freud „literalism" — ein Wörtlichnehmen der Phantasien seiner Patienten — vorwirft. Das zeigt nicht nur eine unvollkommene, wahrscheinlich durch Simone de Beauvoir vermittelte Freud-Rezeption.

Bedeutsamer ist vielmehr ihre Auffassung, Symbole seien nur eine dichterische Verschleierung und insofern falsch. Wo sie eine symbolische Bedeutung entdeckt, meint sie, diese wegräumen zu können zugunsten einer eindeutigen, klar erkennbaren und unmißverständlichen Wirklichkeit, die 'dahinter' stünde. Daß der wirkliche Charakter der Dinge in ihrem Symbolcharakter liegen könnte, sieht sie nicht.

Die Alternative zu Freud, die uns Firestone und Rush anbieten, sieht so aus: Das kleine Mädchen erfahre ihren Körper und klitorale Sexualität ursprünglich als gleichwertig mit der Ausstattung des Bruders. Sie empfinde einen großen Gegensatz zwischen dem eigenen Körper („funktional und geschmeidig") und dem der Mutter mit seinen „Ausbuchtungen"; selbst im Hinblick auf das Genitale unterscheide sie sich schärfer von der Mutter („innocent slit" gegen „hairy mound"[12]) als vom Bruder. Erst die Beobachtung, daß der Bruder Freiheiten und Anerkennung erhält, die dem Mädchen vorenthalten werden, daß Mädchen wie Frauen in Abhängigkeit gehalten und lächerlich gemacht werden, führe das Mädchen dazu, männlich sein zu wollen. Insofern dem Mädchen klar wird, daß diese (nicht-sexuellen) Vorteile dem Bruder *wegen* seines Geschlechtes zugestanden werden, wünscht sie sich später einen männlichen Körper und zuletzt (sozusagen als widerwillig angenommene sine qua non) den Penis.

Diese Argumentation scheint nicht sehen zu wollen, wie das Schicksal, im Patriarchat eine Frau zu sein, zugleich von früh an die Triebentwicklung prägt. Die Vorstellung einer Vorzeit, in der wir Macht und Eigenständigkeit und Freiheit schon einmal gehabt hätten, ist hartnäckig; sie beeinflußt auch die Matriarchatsdiskussion. So richtig es ist, wirkliche Machtverhältnisse in die Erklärung einzubeziehen: diese Auffassungen sehen den Beginn der Unterdrückung erst in einem Alter (Firestone nennt etwa fünf oder sechs Jahre), in dem analytischer Verstand und vergleichende Beobachtung maßgeblich sein können. Rationale Erkenntnis und bewußte Erinnerung scheinen allmächtig, das Unbewußte, weil wir davon spontan nichts wissen, als nicht-existent.[13]

Allerdings gibt es einen anderen Gesichtspunkt, der in der feministischen Polemik mitgemeint ist: wir können uns auf den Standpunkt stellen, daß es nicht unser *Interesse* ist, den möglicherweise vorhandenen oder gewesenen Penisneid aufzudecken und durchzuarbeiten, da wir die Zumutung, uns mit dem eigenen Ressentiment gegenüber der (realen) Bevorteilung des Mannes zu beschäftigen, zurückweisen. Die Erzeugung des Penisneides beim Mädchen, wann und wie auch immer sie geschieht, ist selbst schon eine Repression gewesen, mit deren Wurzeln wir uns mehr zu befassen haben als mit den Feinheiten seiner Wirkungsweisen.

Dieser Standpunkt läßt uns die Wahl, je nach unserer Problemlage entweder die Wirkungsweise von solchen psychosexuellen Repressionsformen wie dem Penisneid zu untersuchen, oder aber guten Gewissens darauf zu verzichten.

Will ich die Ursachen der Vormachtstellung des Mannes untersuchen und angreifen, lasse ich mich nicht mehr durch die Frage verunsichern, warum dieser Tatbestand mich so aufregt, ob ich etwa mit meiner Weiblichkeit nicht klarkäme. Ich überlege mir, in wessen Interesse es ist, daß ich mir diese Frage jetzt stellen soll. Allerdings wird durch die Entscheidung, die Ursachen der Frauenunterdrückung anzugehen, keineswegs die psychische Geschichte der Frauen nebenher 'miterledigt'. Sie bleibt ein Problem, mit dem ich mich aber dann befassen will, wenn es in unserem Interesse liegt, dies zu tun.

Ich will an einem Beispiel verdeutlichen, was das heißt. Vom Blickwinkel einer Therapie aus gesehen sind viele Frauen, die von ihren Männern mißhandelt werden, 'behandlungsbedürftig'. Sie ertragen die Mißhandlung seelisch, indem sie die Schuld bei sich selber suchen, dem Mann kein eigenes Selbstwertgefühl entgegensetzen, und sie haben die Vorstellung, alleine — ohne Mann — unvollständig zu sein, sowie die Angst, nach einer Trennung vom Mißhandler keinen anderen Mann mehr abzubekommen. Sie glauben sogar oft, ihren Kindern 'zuliebe' beim brutalen Vater bleiben zu müssen, als wäre auch der kinderfeindlichste, haßerfüllteste Mann immer noch besser für die Kinder als ein Haushalt ohne Vater, ohne 'Vorstand'. Das sind Gefühle, die aus der frühkindlichen Erfahrung weiblicher Wertlosigkeit und Mangelhaftigkeit sich entwickeln können. Es sind aber ebenfalls Gefühle, die aus der Situation unentrinnbarer Mißhandlung entstehen, durch Mißhandlung erzeugt und von der Umwelt als gültige Normen vertreten werden. Es ist so lange sinnlos, mit einer therapeutisch ausgerichteten Forschungsmethode die seelische Entwicklung einer mißhandelten Frau verstehen zu wollen, bis Frauen mit Schutz vor weiterer Mißhandlung und mit materiellen Möglichkeiten zu einem eigenständigen Leben rechnen können.

Aber: „Die Macht der Männer ist die Geduld der Frauen". Die psychische Geschichte der Frau ist noch nicht ausreichend verstanden, wenn wir ihre seelische Verfassung nur als Folge der Mißhandlung begreifen. Ihre Fähigkeit, die Verachtung der Person hinzunehmen und oft auch anzunehmen, immer noch Verständnis für den Mißhandler aufzubringen und nach eigenen Verfehlungen zu suchen, ist älter als jede konkrete Mißhandlungsbeziehung. Sie wurzelt in der Erfahrung, in dieser Gesellschaft weiblich aufzuwachsen.

Durch das feministische Postulat, daß die Unterwerfungsbereitschaft der Frauen nicht naturgegeben, sondern im Rahmen von Herrschaftsverhältnissen entstanden sein muß, werden andere Fragen aufgeworfen als im Hauptstrom der Psychoanalyse. Wie kommt es, daß ein Mädchen die objektive Unterdrückung der Frau als subjektives Gefühl der eigenen Minderwertigkeit in sich aufnimmt? Der Gerechtigkeitssinn der Kinder ist, zumindest was sie selbst betrifft, sehr stark. Die 'natürliche' Reaktion auf die Erfahrung, benachteiligt zu werden, ist Empörung. (In klinischen Berichten wird tatsächlich von Frauen gesprochen, die diese Haltung als Kind einnehmen und nie verlassen. Unklar ist oft, ob der Therapeut ihr Leiden darin sieht, daß die Frau nicht in der Lage ist, ihre Empörung in die Tat umzusetzen, oder aber die Haltung selbst als neurotische bewertet.) Wie aber gelangt die Mehrzahl der Mädchen zu dem Gefühl, daß sie ihre Benachteiligung in irgendeiner Weise verdient hätten, daß ihnen selbst, beschämenderweise, etwas fehlt, was durch exhibitionistischen Aufputz verleugnet oder bescheiden und scheu verborgen gehalten werden muß?

Das wurde von Freud als das Problem der grauen Vorzeit der präödipalen Sexualität angedeutet. Doch das Rätselhafte dieser grauen Vorzeit ist für Frauen ein anderes als für Freud: nicht das Weib ist für Frauen Rätsel, sondern das, was mit uns geschehen ist, damit wir unsere Weiblichkeit als einen Mangel zu erleben bereit wurden. Der Blick richtet sich damit auf die Spuren der Mutterbeziehung in der Frau, auf die gesellschaftlichen Formen, in denen uns Mütterlichkeit überhaupt zuteil wird; hier knüpfen die Überlegungen Phyllis Cheslers an: „Das Vermächtnis der Mütter ist die Kapitulation."[14]

Maria Torok hat diese Spur analytisch verfolgt. Sie verdeutlicht, daß der 'Penisneid' weder den *Wunsch* darstellt, einen Penis zu haben (denn der Neid — eine Haltung, die Befriedigung ausschließt — verdeckt immer einen verbotenen Wunsch auf etwas anderes), noch ist sein Gegenstand je der wirkliche *Penis,* das körperliche männliche Glied, sondern dieses dient als Symbol. Zwar trifft es zu, daß die gesellschaftlichen Verhältnisse dem Mann von vornherein mehr Macht und mehr Möglichkeiten bieten als der Frau. Doch so, wie dies in der Vorstellung des Mädchens und im Unbewußten der Frau sich darstellt, übersteigt es die Wirklichkeit bei weitem. Bei Frauen findet sich oft eine tiefsitzende Überzeugung, daß Vollkommenheit und Selbstverwirklichung mühelos demjenigen offenstehen, der einen Penis hat, als würde das Glied alle Mängel ausgleichen, die eine Frau fühlt oder fürchtet. Dies nennt Torok die Idealisierung des Penis. Die Bedeutung dieses Symbols liegt gerade in der Tatsache, daß es für die Frau offenkundig unerreichbar ist (sodaß Anstrengungen, sich zu wehren, ihre Situation zu verändern, Mängel zu überwinden und Fähigkeiten zu lernen, gemessen am Eigentlichen alle sinnlos erscheinen). „Nichts könnte sich besser eignen zur Darstellung des Unerreichbaren als das Geschlecht, das man nicht hat, um so mehr, als es seiner Natur nach dem Erleben des eigenen Körpers fremd ist. Genau das

Verbot jener Körpererfahrungen, die sich auf das eigene Geschlecht beziehen, wird hier auf großartige Weise symbolisiert."[15]

Unerreichbar geworden ist die Lust am eigenen Körper, verboten (durch vorgelebte Ängste ebenso wie durch Erziehungsmaßnahmen) durch die Mutter. Für dieses Verbot, das eine Vielfalt möglicher erotischer Wünsche und Wunschentdeckungen umfaßt, haßt die Tochter *die* Person, deren Liebe sie unbedingt braucht und die sie daher nicht hassen darf, ohne grenzenlose Verlustängste zu spüren. Dennoch ist der Haß in ihr, und sie benötigt für ihn eine metaphysische Rechtfertigung, einen Gegenstand ihres Begehrens, der einen immerwährenden Anlaß gibt, die für dessen Mangel verantwortliche unterschwellig und folgenlos zu hassen. Sie erlebt ihren Haß im Neid auf den 'Penis', weil sie den Penis genau nicht will, der Neid daher niemals *die* Wünsche aufdecken kann, die sie aus Treue zur Mutter abgeschworen hat.

Gerade indem Maria Torok die penisneidischen Wünsche und Vorstellungen ihrer Patientinnen ernstgenommen hat, konnte sie im analytischen Prozeß entdecken, daß die Mutter ihrer Tochter ein nahezu vollständiges Verbot der Entdeckung des eigenen Körpers und der Entfaltung eigener Sexualität aufzwingt, oder genauer: daß im Unbewußten der Tochter die Mutter dieses Verbot vertritt, die Übertretung des Verbots mit Angst um den Verlust der Mutter verbunden ist. Das eben unterscheidet Torok allerdings zu wenig: was die Mutter *tut* („exzessive oder frühzeitige anale Dressur", Masturbationsverbot, der Versuch, das Kind als „ewiges Anhängsel" an sich zu binden), und was sie für die Tochter bedeutet, auch wenn sie sich alle Mühe gibt, das alles nicht zu tun. Es wird daher nicht recht klar, warum „eine Autonomie in der masturbatorischen Befriedigung notwendigerweise eine sadistische Aneignung der mütterlichen Vorrechte bedeutet".[16] Sadistisch muß sie wohl deswegen sein, weil die Mutter bei der Reinlichkeitserziehung und ganz allgemein die Kontrolle bis ins Körperinnere beansprucht hat. Eigene Lust im Körperinneren bedeutet dann, diese Kontrolle abzuwerfen; zu erleben oder zu phantasieren, daß die Mutter Angst hat, entmachtet wird und dabei Lust zu erleben.

Dies wäre durch die individuelle Zwanghaftigkeit überfordernder Mütter nicht ausreichend erklärt. Dahinter steht vielmehr der allgemeine Zwang auf alle Mütter, die Einschränkung und Zurichtung des chaotisch-kindlichen Lustlebens auf die Grenzen des gesellschaftlich Annehmbaren zu vertreten. Dieser Zwang muß in einer solchen Verschmelzung mit dem Verlust der eigenen sexuellen Identität stehen, daß es die Mutter in tiefgreifender Weise bedroht, wenn die Tochter, eine eigene — weibliche — Sexualität zeigt. Die Tochter ist anders betroffen als ein Sohn von dieser gesellschaftlich aufgezwungenen Identität der Mutter als Vertreterin der Nichtexistenz von Sexualität, Dreck, Schmutz und Chaos — zumal die Mutter als Gebärende eben die Existenz von all dem verkörpert, was sie als Hausfrau und Erzieherin nicht anerkennen darf.

Psychoanalytische Erkenntnisse beantworten nicht die Frage nach Ursachen, sie zeigen auf, 'wie es funktioniert'. Dabei wird aber der Tatbestand erst erkennbar, den es zu erklären gilt. Firestone hatte ja versucht, an den Ergebnissen Freuds anzusetzen und von seiner Methode abzusehen: sie entwickelte eine Theorie dafür, warum das kleine Mädchen sich wohl einen Penis wünscht. Durch ihre Anwendung der psychoanalytischen Methode erkennt Torok, daß ein solcher Wunsch gar nicht Inhalt des 'Penisneides' ist. Zu erklären ist vielmehr, warum die Lust der Tochter zum Angriff auf die Mutter wird. Geht es darum, die Ursachen dafür zu verändern, müssen wir die psychoanalytische Ebene verlassen.

Eines wird aus den Analysen Toroks klar: daß der idealisierte Penis, der das Symbol aller Gefühle der Minderwertigkeit und Abhängigkeit der Frau abgibt, nicht identisch mit dem real erfahrenen Vater oder (Ehe)Mann ist. Im Gegenteil; mir ging anhand dieser Gedankengänge auf, inwiefern die Ehe oft eher eine 'Zweitausgabe der analen Mutterbeziehung' als die Wahl eines Vaterersatzes darstellt: die Funktion ständiger, bis in Kleinigkeiten greifenden Kontrollen mancher Männer über 'ihre' Frau, und das Ausmaß, in dem wir diese Kontrollen antizipieren und uns darauf einstellen, werden so verständlicher. Der idealisierte Penis, die Vaterimago ist schon gar nicht aus der ökonomischen Macht bzw. Autorität realer Väter abgeleitet (und verschwindet daher nicht, wenn diese Macht abgeschwächt ist). Es sind psychische Bilder dessen, was Männlichkeit heißt; der beneidenswerte Penis wird nicht so sehr vom Mann vertreten, sondern schwebt sozusagen über beiden und besiegelt ihr verstümmeltes Sexualverhältnis und ihr Rollenspiel.

Derartige Überlegungen treffen in der Frauenbewegung oft auf entschiedene Ablehnung: Männer überhaupt als Opfer von Unterdrückung zu sehen, sei, so z.B. Ulrike von Guretzky in einer Rezension zu Klaus Theweleits *Männerphantasien*, nur dazu angetan, „dem Mann ein Alibi für seinen Machtmißbrauch“ zu verschaffen und „den Terror gegen die Frau zu legitimieren“. Manche Feministinnen haben anscheinend ein starkes Bedürfnis, die Männer als befriedigt sich durchsetzende Machthaber wahrzunehmen: „der empirische Mann ist der Machtvolle und der Starke“ (v. Guretzky) und nicht etwa nur die Männer der herrschenden Klasse. Ich spüre ein Unbehagen dabei, wenn in Gesprächen über die Unterdrückung weiblicher Sexualität behauptet wird, im heterosexuellen Verkehr befriedige nur der Mann (aber er durchaus) Bedürfnisse. Ich kann es als Erklärung nicht annehmen, wenn gesagt wird, ein Mann unterdrücke, schlage und mißhandele seine Frau, weil er damit seine Interessen durchsetze (obwohl er zweifellos mehr Vorteile daraus zieht, als eine Frau aus vergleichbarem Verhalten je ziehen könnte). An der Oberfläche gesehen ist dies derselbe Rationalismus, der bei Firestone die Unterdrückung der Frau 'erklärt': mann/frau schätzt die Lage realistisch ein und tut, was zum eigenen Vorteil gereicht; tiefere, gar irrationale oder unbewußte Beweggründe dürfen nicht vorkommen.

Die Heftigkeit, mit der abgelehnt wird, von Schwäche, Angst oder psychischer Schädigung beim Mann zu reden, steht für mich zunehmend in Beziehung zu einer ins Negative gekehrten Idealisierung. Torok schreibt: „Zahlreiche Frauen machen sich phantastische Vorstellungen von einem männlichen Organ, das über außerordentliche Qualitäten verfügt: unbeschränkte Macht, die Gutes oder Böses tut, die ihrem Besitzer absolute Sicherheit und Freiheit garantiert, die ihn gegen jede Art von Angst und Schuldgefühlen immun macht, die ihm zu Lust, Liebe und der Verwirklichung aller seiner Wünsche verhilft."[17]

An die frühkindliche Erfahrung der Unterdrükkung eigener Sexualität schließt sich nahtlos die Erfahrung gesellschaftlicher Benachteiligung an. Aus der Empörung darüber entsteht das Interesse, festgefahrene Formen weiblicher Subjektivität aufzubrechen. Der Prozeß der Auflösung und Verunsicherung vertrauter Wünsche und Erwartungen stellt aber die eigene bisherige Identität immer wieder in Frage. Das ist bedrohlich; daher ist es ein wiederkehrendes Bedürfnis innerhalb der Frauenbewegung, gemeinsam sich der Empörung zu vergewissern: Polemik ist notwendig und hilfreich.

Oft habe ich das Gefühl, als würde ein Teil feministischer Polemik und Theorie an der Idealisierung des Penis festhalten und den Haß auf die Mutter lediglich in einen Haß auf den Besitzer des 'Penis' verwandeln. Unbearbeitet bliebe dabei der Mutterhaß, der ja nicht nur aufgrund der tiefsitzenden Ängste aus der Kindheit bedrohlich ist und daher nur ungern ins Bewußtsein gelassen wird, sondern auch deswegen, weil Selbstbewußtsein und Unterstützung für eine neue Entwicklung eben aus dem Postulat liebender Solidarität unter (allen) Frauen bezogen wird.

Die wahre Gefühlslage ist komplexer: es gibt auch unter Frauen der Frauenbewegung Scheu, Angst und verkappten Haß gegen ältere und alte Frauen. Die Gespräche in Frauenseminaren haben mir den Eindruck vermittelt, daß für die eigene Mutter verbitterte Ablehnung gehegt wird. Diese Gefühle scheinen der Schwierigkeit zugrundezuliegen, überhaupt offene Kritik an Frauen zu üben, es sei denn, die Kritik ist total und zerstörend, und das macht es wiederum so schwer, Konflikte in Frauengruppen produktiv auszutragen.

Nicht etwa, daß sie männerfeindlich wären, ist an manchen Frauen in Frauengruppen zu kritisieren, sondern daß sie ihren Haß dahin verlagern, wo die den Haß erzeugenden Wünsche nicht mehr ausbrechen können: beim *imaginären* Mann.

Gegen die Psychoanalyse richtet sich nicht nur die — teils berechtigte, teils ausfluchtartige — Hinwendung zur rationalen Analyse realer Benachteiligung der Frauen in der Gesellschaft. Vielmehr stoßen die Gedanken Freuds auf einen heftigen moralischen Protest. Bei einigen einflußreichen feministischen Veröffentlichungen steht neben einer ausdrücklichen Anerkennung für Freuds Entdeckungen ein kämpferischer Spott für seine Aussagen über Unbewußtes, sofern diese die Frau betreffen. Eine Wirkung dieser Schriften ist oft die Verbreitung des Vorurteils, Freud habe alle Bestrebungen der Frau in Richtung auf Eigenständigkeit und geistige Kreativität als bloßen Penisneid abgetan und die Frauen in ein Dasein als Hausfrau und Mutter verweisen wollen.

Zweifellos waren Freuds Erklärungsansätze für die weibliche psychosexuelle Entwicklung nicht nur — wie er selbst zugab — unzulänglich, sondern auch vom eigenen Vorurteil getragen. Freud war, worauf Fliegel (1973) und Reincke-Köberer (1978) hinweisen, an der Unterdrückung der Diskussion kontroverser, weiterführender Thesen beteiligt. Doch mir scheint der feministische Protest genau *das* mit Empörung abzuweisen, was an Freuds Beobachtungen richtig ist.

Diese Problematik möchte ich an Hand eines skandalösen Satzes von Freud aufzeigen: „Irgendeinmal macht das kleine Mädchen die Entdeckung seiner organischen Minderwertigkeit."[18] Der Satz ist empörend. Doch wer aufklärerisch schreiben wollte: Das kleine Mädchen macht die Entdeckung seiner gesellschaftlichen Unterdrückung, würde lügen. Selbst die erwachsene Frau erfährt lange Zeit ihre gesellschaftliche Unterdrückung, ohne sie zu entdecken. Entdecken tut das kleine Mädchen eben genau dies, daß ihrer organischen Ausstattung das fehlt, was einen vollwertigen Menschen ausmacht. Jede Abschwächung von Freuds Formulierung wäre eine Verschönerung. Die in einer Gesellschaft herrschenden Verhältnisse werden von den in sie hineingeborenen Menschen als Strukturen des menschlichen Lebens erfahren und nur spät und mühselig relativiert.

Kate Millet kritisiert diesen Satz von Freud mit einer scheinbar logischen Alternative. „Entweder ist Männlichkeit in der Tat ein Phänomen, das in sich Überlegenheit verleiht; dann müßte diese Überlegenheit empirisch aufgezeigt und nachgewiesen werden können. Oder das Weib verkennt die Tatsachen und zieht den irrigen Schluß, sie sei minderwertig. In dem Fall muß man fragen, warum."[19]

Der Schlüssel zur Kritik dieser Kritik ist der Begriff des Irrtums. Das Weib zieht nämlich einen durchaus richtigen Schluß; oder anders gesagt: sie begreift durch die Wahrnehmung ihres eigenen Körpers als penislos ihre gesamte bisherige Lebenserfahrung, und sie begreift sie als Schicksal. *Wir* mögen denken, das Frau-sein nicht Minderwertigkeit heißen muß, aber das kleine Mädchen erkennt nicht nur, daß sie den Anderen minder wert ist, sondern auch, daß sie dies wegen ihres fehlenden Penis sein und bleiben

muß. Wenn Millett dagegen von Irrtum, Täuschung, 
Betrug spricht, denkt sie Gesellschaft als etwas, was den Individuen übergestülpt wird. Es heißt dann: Gesellschaft und Erziehung beeinflußen das Mädchen dahin, daß sie die wirkliche Lage verkennt und meint, unterlegen zu sein, wo sie doch in Wahrheit mit dem Jungen gleichwertig ist.

Das Interessante an dieser feministischen Gestalt des Idealismus ist nun die Tatsache, daß die Überschätzung der Macht der Ideen einhergeht mit einer Überschätzung der Macht der Väter dieser Ideen. Unter dem Vorwurf schwelt eine Hoffnung. Als wäre uns in irgendeiner Weise wirklich geholfen, wenn Freud behauptet hätte, die Frau sei dem Mann sexuell ebenbürtig oder überlegen und verdiene es, gleiche Entfaltungschancen zu erhalten. In der Wut mancher Feministinnen auf die Autoritäten, die frauenfeindliche Ideen in die Welt setzen, steckt der Glaube, sie hätten uns mit frauenfreundlichen Ideen retten können, steckt die Vorstellung, von Vätern gerettet werden zu müssen.[20]

Wenn aber der Aufruf zur Selbstbefreiung noch den Vorwurf in sich birgt, eigentlich hätte ein Anderer uns befreien sollen, färbt dieser noch lebendige Wunsch unerkannt auf unsere Zielsetzung und Mittel ab. So manchen Versuch einer Theorie der Frauenunterdrückung prägt der verstohlene Blick auf Väter, die überzeugt werden müssen oder sollen.

Im moralischen Protest gegen Freud schwingt zudem eine Tendenz mit, jede Verknüpfung des Psychischen mit der Biologie abzustreiten. Stattdessen werden bloß die sozialen Bedingungen als Ursache psychischer Strukturen genannt.

Was kommt darin zum Ausdruck, wenn tiefverwurzelte Bedürfnisse wie der Wunsch nach einer bestimmten Form von Sexualbefriedigung oder der Kinderwunsch sorgsam vom Biologischen getrennt und als lediglich 'anerzogen' betrachtet werden? Es mag darin ein Stück Ablehnung des eigenen Körpers wirken, denn der Körper verselbständigt sich dabei zu einer Art Neutrum. Wichtiger ist aber vielleicht das Bestreben, die psychischen Strukturen, unter denen wir leiden, wenigstens prinzipiell für verfügbar zu halten.

Anerzogen, verinnerlicht, kulturell bedingt — das sind Begriffe, die eine Aussicht auf bewußte Veränderung versprechen; daher werden entsprechende Aussagen fast als heilige Gemeinsamkeiten der Frauenbewegung empfunden. Zugleich verbirgt sich allerdings in ihnen die naive Vorstellung, wir könnten bewußt und mit Willensanstrengung gezielt, vernünftig erziehen, Kultur neu 'machen'. Und es sind verräterisch abstrakte Begriffe, die an dieser Stelle immer wieder einsetzen: abgehoben von den Erfahrungen, die sie erklären sollen. Es muß nicht mehr gesagt und gefühlt werden, welche Wünsche, welche Empfindungen Träger einer Befreiung sein könnten, welche Bedürfnisse die verdeckte Unterwerfung und die Angst vertreten, gegen Verbote zu verstoßen. Eher gelten diejenigen Bedürfnisse als wahr, die mit der Vorstellung einer kämpfenden Solidarität der Frauen gegen ihre männlichen Unterdrücker gedanklich vereinbar sind. Das Tabu der Körperlichkeit bleibt erhalten oder schlägt in ihren Kultus um (die Frau als Erdmutter, Kräuterhexe und Genießerin der Geburt).

Dieser Tendenz verfällt auch Juliet Mitchell, wenn sie die Psychoanalyse mit dem Argument verteidigt, diese hätte mit der Biologie nichts zu tun.[21] Es ist schon eine seltsam anmutende Behauptung, die Triebe, die Lebenskräfte hätten keinen Zusammenhang mit dem Lebendigen, mit dessen Gestalt und Funktionsweise. Ich denke, wir müßten lernen, die Abgrenzungen zwischen psychisch und real / objektiv; zwischen Bewußtsein und Körper; zwischen Kultur / Gesellschaft und Biologie als Konstruktionen der Unterdrückung zu begreifen, und die Sprache, in der wir uns über unsere Unterdrückung verständigen, nach und nach von solchen wertgeladenen Zweiteilungen zu befreien. Es sind ja Konstruktionen, in denen die Zweiteilung männlich/weiblich oft versteckt ist, wobei die minderwertige Seite jeweils die weibliche ist. In diesen Rastern weiterzudenken und lediglich auf die andere Seite des Gegensatzpaares zu pochen (unsere Unterdrückung sei doch objektiv, unsere Abneigung gegen den üblichen Geschlechtsverkehr psychologisch begründet, unsere Schwächen seien lediglich anerzogen), bedeutet, die herrschende Polarität gelten zu lassen und den männlichen Teil davon zu fordern.

Wenn Macht nur durch Partizipation an Männlichkeit vorstellbar ist, entdeckt das kleine Mädchen nicht nur soziale Normen, Vergünstigungen und Freiheiten für den Jungen. Ihre Entdeckung ist psychosexuell und körperlich, trifft ihre eigene leibliche Selbsterfahrung. Unbegriffen von Freud, in seiner Rede von der „Tatsache der Kastration" berücksichtigt, ist die Tatsache, daß psychologische Vorgänge bei der Steigerung und Lösung von Sexualspannungen von dem Verhältnis des Subjekts zur Macht bedingt und beherrscht sind, daher dem zur gesellschaftlichen Unterlegenheit bestimmten Mädchen *auch* ihr Körper, ihr Geschlecht abgeschnitten worden ist.

Daß die deutsche Sprache nur geschlechtsneutrale Bezeichnungen für das weibliche Kind kennt, wogegen ich mich beim Schreiben ständig sträube, ist nur ein weiteres Symptom für das, was die Erwachsenen den Kindern vermitteln und Freud zur übergeschichtlichen Natur erhebt: daß die Libido männlich zu sein hat. Nur der Besitzer phallischer Macht hat das Recht und die Möglichkeit, eigenständige sexuelle Bedürfnisse zu kennen und aktiv ihre Befriedigung zu suchen. Der Junge begreift das und wünscht sich (nach Berichten vieler psychoanalytischer Fallgeschichten) — was für die Onanie und sein harmonisches Körpergefühl absurd ist — einen größeren Penis. Die Sexualität des Mädchens wird von derselben Erkenntnis erdrückt.

Durch den Anblick des Penis begreift sie handfest, daß sie selbst nie aus der femininen Position wird herauskommen können, weil phallische Macht durch Körperbeschaffenheit verliehen wird. Die psychosexuelle Folge dieser Erkenntnis für das Mädchen kann nur sein, daß sie sich selbst nicht mehr lieben kann. In der Tat: niemand kann in dieser Gesellschaft eine Frau lieben. Als Person ist sie nicht voll Frau, als Frau ist sie nicht voll Person, sondern letztendlich etwas Unwürdiges, der Erniedrigung jederzeit ausgesetzt.

Freud beschreibt die Wirkung der Erkenntnis eigener Penislosigkeit als den Verlust der Möglichkeit, sich selbst zu lieben; denn erst unter diesem Blickwinkel, daß Onanie zunächst die — für die Liebe zu anderen grundlegende — Liebe zu sich selbst ist, wird verständlich, daß das Mädchen auf die angenehme Berührung der Klitoris verzichtet. Bei der eher mechanischen Betrachtung der Onanie, die Freud oft bevorzugt, ist diese Folgerung nicht einsichtig. Nur selten schimmert bei Freud deutlich wie im folgenden durch, daß die Bindung von gesellschaftlicher Macht und Wertschätzung an den Besitz *eines* Geschlechtsorgans zur Folge hat, daß ein Geschlecht nicht geliebt werden kann, das andere unfähig ist zu lieben: „Durch den Vergleich mit dem so viel besser ausgestatteten Knaben in seiner Selbstliebe gekränkt, verzichtet es auf die masturbatorische Befriedigung an der Klitoris, verwirft seine Liebe zur Mutter und verdrängt dabei nicht selten ein gutes Stück seiner Sexualstrebungen überhaupt . . . Ihre Liebe hatte der phallischen Mutter gegolten; mit der Entdeckung, daß die Mutter kastriert ist, wird es möglich, sie als Liebesobjekt fallen zu lassen, so daß die lange angesammelten Motive zur Feindseligkeit die Oberhand gewinnen. Das heißt also, daß durch die Entdeckung der Penislosigkeit das Weib dem Mädchen ebenso entwertet wird wie dem Knaben und später vielleicht dem Manne.“[22]

In der „Liebe zur phallischen Mutter" verbirgt sich die hartnäckigste Mystifikation patriarchalischer Herrschaftsverhältnisse überhaupt: dies ist die aus der Säuglingszeit überlebende Überzeugung, die Mutter müsse, weil sie geboren hat, mächtig, wenn nicht allmächtig sein. Es scheint ein geradezu universaler klinischer Befund zu sein, daß ein Kind Versagungen und damit die wirkliche Ohnmacht seiner Mutter zunächst nur als böswillige Verweigerung überhaupt begreifen kann. Dem kleinen Mädchen erlaubt dieser Glaube an die Macht der Mutter eine letzte Verleugnung der Erkenntnis, daß sie dazu verurteilt ist, ohne Penis und ohne phallische Macht nichts zu können und niemand zu sein.

Es kann dann in ihr die ursprüngliche Liebe zur Mutter aufflackern in der Hoffnung, ihr ein Kind zu schenken. Bald zwingen aber biologische und soziale Realität das Mädchen dazu, sich an den Vater zu wenden. Damit erkennt sie an, daß ihre Mutter in jeder Hinsicht unfähig ist, die Tochter an eigener Macht teilhaben zu lassen: selbst die Macht des Gebärens kann nur ein Vater ihr geben. Wenngleich der wirkliche Grund für diese Enttäuschung darin liegt, daß die Mutter keine Macht hat, muß es dem Mädchen so erscheinen, als sei es die Mutter, die ihr etwas verweigert und sie dem Vater ausliefert. So wird, wie Chesler schreibt[23], das Inzesttabu psychologisch von den Frauen gebrochen, indem die Mutter ihrer Tochter vermittelt, ihr kindlich-abhängiges Appellverhalten, ihr Wunsch geschützt, geborgen zu sein, ihr Kokettieren um die Aufmerksamkeit der Mächtigeren, dies alles sei weibliche Sexualität, etwas, was nur den Mann meinen könne. Die psychische Infantilisierung der Frau, die zur Sklavin heranreifen soll, ist damit im Grundriß abgeschlossen.

# II
# Über die männliche Phantasie vom weiblichen Kinderwunsch

Frauen mit starker Vaterbindung sind bekanntlich sehr häufig; sie brauchen auch keineswegs neurotisch zu sein. An solchen Frauen habe ich die Beobachtung gemacht, über die ich hier berichte und die mich zu einer gewissen Auffassung der weiblichen Sexualität veranlaßt haben.

— Freud[24]

Der Wunsch, mit dem sich das Mädchen an den Vater wendet, ist wohl ursprünglich der Wunsch nach dem Penis, den ihr die Mutter versagt hat und den sie nun vom Vater erwartet. Die weibliche Situation ist aber erst hergestellt, wenn sich der Wunsch nach dem Penis durch den nach dem Kind ersetzt, das Kind also nach alter symbolischer Äquivalenz an die Stelle des Penis tritt.

— Freud[25]

Vollzieht sich dieser Entwicklungsprozeß in günstiger Weise, so ist die weibliche Libido dem Mann gegenüber fortan *erwartend* eingestellt; ihre Äußerungen werden durch gewisse Hemmungen (Schamgefühl) reguliert. Das normale reife Weib ist mit seiner eigenen und des Mannes Sexualrolle, insbesondere mit den Tatsachen der männlichen und weiblichen Genitalität, ausgesöhnt; es begehrt die Befriedigung in passiver Funktion und verlangt nach dem Kinde. Der Kastrationsprozeß entfaltet somit keinerlei störende Wirkungen.

— Abraham[26]

Der Kastrationskomplex bereitet den Ödipuskomplex vor anstatt ihn zu zerstoren, durch den Einfluß des Penisneides wird das Mädchen aus der Mutterbindung vertrieben und läuft in die Ödipussituation wie in einen Hafen ein.

— Freud[27]

Bevor ich mich der Frage der Entstehung des Kindeswunsches bei der Frau zuwende, will ich die Frage stellen: was bedeutet es für männliche Analytiker, diese Sexualentwicklung bei der Frau zu unterstellen? Wenn Freud das Thema *Über die weibliche Sexualität* von der Frage aus aufrollt: „Wie findet sie den Weg zum Vater?“, so betrachtet er die weibliche Sexualität vom Blickwinkel des Mannes. Denn *wir* stellen die Frage nach unserer Sexualität anders: wie findet die Frau zu sich selbst, zu eigener Lust und Befriedigung? Zunächst also müssen wir Freud als Mann, als Symptomträger des Symptomkomplexes 'Männlichkeit' betrachten.

Wenn wir seine Beschreibungen von Frauen, ihrer Situation, des Werdens ihrer Psyche, genau und geduldig lesen, stellt sich bald die Frage ein: kann er sich überhaupt vorstellen, selbst so zu sein? Und wenn er das Ziel einer 'günstigen' Entwicklung darstellt — sei es als Idealfall normaler Weiblichkeit oder als Ziel einer Gesundung — beschreibt er ein Dasein, das er selbst wollen könnte? Ich erinnere nur an seinen abschließenden Eindruck der psychischen Starrheit, der Unfähigkeit zur Weiterentwicklung, die die Frau um die Dreißig kennzeichne; es sei „als hätte die schwierige Entwicklung zur Weiblichkeit die Möglichkeiten der Person erschöpft."[28] (Dies gilt ausdrücklich auch für die Frau, die in der Therapie geheilt wurde.) An dieser, wie an vielen anderen Stellen, spüren wir deutlich, daß die Vorstellung, so zu sein wie eine gesunde Frau, Freuds Selbstgefühl zutiefst verletzt hätte. Kann man aber einen Menschen lieben und achten, der so ist, wie man selbst niemals sein möchte? Welches Verhältnis hat Freud zu der Frau, so wie er sie sieht?

> Anders gestaltet sich die Entwicklung bei dem häufigsten, wahrscheinlich reinsten und echtesten Typus des Weibes. Hier scheint mit der Pubertätsentwicklung durch die Ausbildung der bis dahin latenten weiblichen Sexualorgane eine Steigerung des ursprünglichen Narzißmus aufzutreten, welche der Gestaltung einer ordentlichen, mit Sexualüberschätzung ausgestatteten Objektliebe ungünstig ist. Es stellt sich besonders im Falle der Entwicklung zur Schönheit eine Selbstgenügsamkeit des Weibes her, welche das Weib für die ihm sozial verkümmerte Freiheit der Objektwahl entschädigt. Solche Frauen lieben, streng genommen, nur sich selbst mit ähnlicher Intensität, wie der Mann sie liebt. Ihr Bedürfnis geht auch nicht dahin, zu lieben, sondern geliebt zu werden, und sie lassen sich den Mann gefallen, welcher diese Bedingung erfüllt.
>
> — Freud[29]

> Auch für die narzißtisch und gegen den Mann kühl gebliebenen Frauen gibt es einen Weg, der zur vollen Objektliebe führt. In dem

Kinde, das sie gebären, tritt ihnen ein Teil des eigenen Körpers wie ein fremdes Objekt gegenüber, dem sie nun vom Narzißmus aus die volle Objektliebe schenken können.

— Freud[30]

Jedesmal, wenn eine Vergleichung zu Ungunsten ihres Geschlechts auszufallen schien, konnten unsere Damen den Verdacht äußern, daß wir, die männlichen Analytiker, gewisse tief eingewurzelte Vorurteile gegen die Weiblichkeit nicht überwunden hätten, was sich nun durch die Parteilichkeit unserer Forschung strafe. Wir hatten es dagegen auf dem Boden der Bisexualität leicht, jede Unhöflichkeit zu vermeiden. wir brauchten nur zu sagen: Das gilt nicht für Sie. Sie sind eine Ausnahme, in diesem Punkt mehr männlich als weiblich.

— Freud[31]

„Mehr männlich als weiblich" zu sein, bleibt auf jeden Fall ein Kompliment. Ebenso offensichtlich übt das 'rein weibliche' Weib, das weder ordentlich lieben noch denken noch sittlich urteilen kann, auf Freud einen Reiz aus. Es verlangt ihn danach, daß es solche Wesen geben soll, deren Schicksal er selbst nicht teilen möchte. Was macht denn ihren Reiz aus? 'Echtes Weib' ist für Freud die Frau, die vom Mann begehrt wird und zum Koitus nicht erst gezwungen werden muß, somit auch bereit ist (wie in der bisherigen Naturgeschichte der Menschheit) schwanger zu werden. Die Bereitschaft zum Koitus ist von der eigenen sexuellen Lust der Frau abgekoppelt und wird aus dem Wunsch nach Schwangerschaft erklärt. Der Soll-Charakter dieser Auffassung enthüllt sich in der begrifflichen Verschiebung, bei der ein *Neid* einem *Wunsch* gleichgestellt wird.

Ich betone, es geht um den Wunsch, schwanger zu werden. Bei psychologischer Erörterung des 'Kindeswunsches' der Frau wird fast nie erwogen, was dazu gehört, mit Befriedigung und der notwendigen Gelassenheit Mutter zu sein. 'Mütterlichkeit' wird selten an der Fähigkeit/Möglichkeit gemessen, über lange Jahre mit wachsenden Kindern zu leben. Es geht um das Gebären, das mütterliche Weib soll gebären wollen: was danach kommt, betrifft den tiefenpsychologischen Kinderwunsch offenbar nicht mehr. Oder wer käme auf die Idee, der Penisneid könnte sich in den Wunsch verwandeln, Elternabende zu besuchen, Schularbeiten zu beaufsichtigen, oder Flaschen zu sterilisieren? Wer es kennt, Mutter zu sein: unentwegt ausgegrenzt bei allen 'wichtigen' öffentlichen Vorgängen, am Rande der Gesellschaft, auch in den verschiedenen 'Befreiungsbewegungen' mit unzumutbaren Arbeits-, Kommunikations- und Lebensbedingungen abgespeist . . . bei der Idee, ausgerechnet *dadurch* könnte der fehlende Penis/Phallus einen Ersatz finden, können wir nur kichern. Wer so etwas denkt, denkt abstrakt. Sinniert über etwas, was er nicht kennt und nicht kennen will. Denkt gar nicht über das, wovon er redet: Mutterschaft, sondern über etwas anders, was er nicht aussprechen will. Was kann es überhaupt heißen, der Neid auf den Penis verwandele sich in den Wunsch nach einem Kind und eröffne so den Weg zur normalen Weiblichkeit?

Wünscht sich der Mann diese Verwandlung bei der Frau (oder nimmt er das Stattfinden dieser Verwandlung zum Maßstab für die seelische Gesundheit des Weibes), dann muß es bedeuten: ihre blinde Bereitschaft, die Konsequenzen des Gebärens hinzunehmen um der Bestätigung willen, geboren zu haben, macht sie erst zu einer richtigen Frau in seiner Welt. Diese Bereitschaft schließt eine relativ undifferenzierte, weil sekundäre Verfügbarkeit für Koitus ein. Und sie schließt die Bereitschaft ein, sich in eben dieselben ökonomischen, rechtlichen und physischen Abhängigkeiten zu verstricken, deren verheerende Folgen das Mädchen bei der eigenen Mutter hatte aus nächster Nähe beobachten können, und dies auch noch für 'die Liebe' zu halten. Denn diese Abhängigkeiten, Ehe genannt, sind zumeist die zwingende Voraussetzung, mindestens aber die regelmäßige Folge, wenn eine Frau partout gebären will.

Der Mann, der *diesen* Kinderwunsch als Zeichen der Normalität bei der Frau betrachtet, wünscht deren Unterwerfung und Verfügbarkeit, die Negation ihres eigenständigen Ich. Was nun, wenn dieser Mann Therapeut ist; wie steht es um den Anspruch der Psychoanalyse, heilend zu befreien, befreiend zu heilen? wem wird dabei „die Mystifikation der Gegenwart durch die unbewältigte Vergangenheit durchsichtig"[32]? 

Adrienne Windhoff-Heretier[33] wertete je 32 Analyseberichte weiblicher und männlicher Patienten, über die im Rahmen einer deutschsprachigen psychoanalytischen Vereinigung referiert wurde, aus. Bei ihrer Übersicht wird deutlich, daß die überwiegende Zahl der Patientinnen das Frausein in dieser Gesellschaft ablehnte oder als Makel empfand. Von den Analytikern werden oft Abweichungen von geltenden Weiblichkeitsnormen als Anzeichen für psychische Identitätskonflikte gewertet, so z.B. öfters das alleinige Tragen von Hosen, die Geringschätzung für Nur-Hausfrauen, die Ablehnung der Mutterschaft, der Wunsch, in Ausbildung und Beruf mit Männern zu konkurrieren. In elf Fällen wird die auftretende Bereitschaft, sich modisch-attraktiv zurecht zu machen, als Anzeichen einer Besserung vermerkt. Windhoff-Heretier schreibt: „Einerseits werden psychische Dispositionen therapeutisch bejaht und gefördert, wie z.B. Ehrgeiz und Leistungswillen in der Ausbildung, andererseits dieselben psychischen Phänomene analytisch-theoretisch als Aspekt einer männlichen 'phallischen' Fehlentwicklung diagnostiziert."[34]

Wenn Frauen außerstande sind, weibliche Berufstätigkeit in leitenden Positionen und Frausein als miteinander vereinbar zu sehen, wird dies allein als psychoneurotischer Konflikt einer bestimmten Frau wahrgenommen. Sie soll diesen Konflikt in Richtung auf ein traditionelles Rollenverständnis — die Frau 'gewinnt Freude an der Umsorgung von Mann und Sohn' — lösen.

Wenn die Frau ihrem Vater vorwirft, daß er eine höhere Schulbildung für die Söhne, nicht aber für die Töchter erlaubt hat, wird dies als Penisneid entlarvt. Wirkliche Benachteiligungen werden als eingebildete behandelt, wenn der Groll, den die davon betroffene

Frau dagegen hegt, als die Krankheit diagnostiziert wird, eine Hinnahme der gesellschaftlich gesetzten Minderwertigkeit unter der Hand als Gesundheitsideal gilt.

Nun gibt es allerdings auch Frauen, die psychoanalytische Therapien durchführen; auf sie setzte Freud einige Hoffnungen, da er annahm, daß die Übertragungsliebe der Patientinnen dort nicht die Vaterbindung, sondern die frühere Mutter-Tochter-Beziehung wiederaufleben lassen würde.[35] Tatsächlich ist es für manche Frauen wichtig, wenn sie eine Analyse machen, daß die ungleichgewichtige emotionale Beziehung eben nicht zugleich die geltende Form von Erwachsenenbeziehungen zwischen Mann und Frau annimmt. Eine Frau berichtete mir von der befreienden Wirkung, die es für sie hatte, als ihre Analytikerin nicht von vornherein 'Frigidität' als ihr Problem oder Symptom ansah, sondern davon ausging, daß sie mit ihrem Mann offenbar nicht verkehren wollte. So abstrakt hingeschrieben vermittelt das kaum das Gewicht, das die kleine Verschiebung in der Deutung für eine Frau haben konnte. Diese Frau ist sich sicher, daß sie von ihrer Analytikerin eine andere Unterstützung und andere Anstöße zur Selbstbefreiung bekommen hat, als das von einem Mann der Fall gewesen wäre.[36] Aber: was waren ihre Gründe, überhaupt erst zu einer Analytikerin zu gehen? Sie gibt ehrlich zu: damals hatte sie Angst, ihrem Ehemann Grund zur Eifersucht zu geben! Eine Frau war weniger bedrohlich.

Wir dürfen uns da nicht täuschen: das Gesetz des Vaters ist nicht dadurch aus der analytischen Behandlung gebannt, daß die Analytikerin eine Frau ist. Als wiedergekehrte Mutter stellt sie zunächst die Kapitulation oder deren Verleugnung dar, und nicht eine wirkliche, begrenzte und konkrete Macht, an die sich die Schwächere anlehnen könnte um stärker zu werden. Denn die Übertragung und das Vertrauen als deren Ausgangspunkt beruhen auf der gesellschaftlichen Autorität des Arztes als einer Vaterimago, und nicht darauf, daß die Therapeutin selbst sich ein Stück weit aus patriarchalischer Bedürfnisprägung gelöst hat.[37] Solange dies so ist, steht die Frau, die sich in eine Analyse begibt, doppelt in Gefahr: sie läßt ihre eigenen patriarchalisch geformten Sehnsüchte frei und trifft vielleicht auf Deutungsmuster, die sie mit diesen versöhnen wollen, weil ihr Analytiker selbst mit den herrschenden Geschlechterbeziehungen versöhnt ist.

Daß diese Gefahr nicht aus der Luft gegriffen ist, zeigen zwei Fallbeispiele, die die Psychologin Pauline Bart 1971[38] vorgestellt hat.

„Ein Beispiel der unterschiedlichen Sichtweise von männlichen und weiblichen Therapeuten, auch wenn sie eine gemeinsame theoretische Grundlage, die der Psychoanalyse, teilen, läßt sich aus dem Vergleich von zwei Fällen gewinnen: dem Fall, den Charlotte Krause (in dieser Zeitschrift — *Journal of Marriage and the Family* — im August 1971) vorstellt, und dem Fall, den Alfred Flarsheim bei jener Tagung [Eine Tagung am Eastern Pennsylvania Psychiatric Institute über die Konsequenzen der Ergebnisse von Masters und Johnson für die psychoanalytische Theorie] vortrug. Charlotte Krause behandelte eine junge Frau, die unter starker Depression litt, weil ihr Mann, ein angehender Jurist, sie verlassen hatte. Ihre Vorstellung vom Glück war darauf festgelegt, daß sie einen erfolgreichen Anwalt zum Mann haben, in dem Widerschein seiner Berühmtheit sich wärmen könne, daß sie ein Heim und Kinder hat und im herkömmlichen Sinne die Ehefrau spielt — ‘der Weiblichkeitskomplex’. Am Ende der Therapie hatte sich die Patientin dahingehend verändert, daß sie es nicht mehr als eine Notwendigkeit für sich empfand verheiratet zu sein. Ihr Interesse an ihrem eigenen Beruf stieg, mit dem Ergebnis, daß sie aus ihrem eigenen pädagogischen Können und aus den Beziehungen, die sie zu ihren Studenten herstellte, sehr viel mehr Befriedigung gewann. Sie konnte mehrere erfolgreiche sexuelle

 Beziehungen mit männlichen Kollegen erleben und mußte daher nicht dadurch, daß sie nicht verheiratet war, sexuell entbehren. Sie konnte sich nun vorstellen, daß sie ein eigenständiges Leben als unverheiratete Frau führt, und überlegte sich sogar, daß sie ein Kind, falls sie je den Wunsch danach haben würde, auch adoptieren könne, da doch auch Alleinstehende ein Kind zur Adoption erhalten, wenn das Kind sonst nicht vermittelt werden könnte.

Auf der anderen Seite faßt Flarsheim seinen Fall wie folgt zusammen:

> In dem Fall, der hier vorgestellt wird, war die Patientin eine 'emanzipierte Frau', die regelmäßig einen Orgasmus erreichte bei jedem Geschlechtsverkehr unabhängig von der Art der Beziehung, die sie mit ihrem sexuellen Partner hatte. Sie verspürte keinen Wunsch nach einem Kind und 'verstand Kinder nicht'.

Der Prozeß der Behandlung wird beschrieben; in ihrem Verlauf traten Veränderungen in ihren Einstellungen gegenüber Sexualität und Mutterschaft auf. Sie entwickelte das Bedürfnis nach einer fortwährenden Objektbeziehung mit ihrem sexuellen Partner, die ihr Bestätigung bietet, und diese Art Beziehung wurde für sie die notwendige Voraussetzung dafür, einen Orgasmus erfahren zu können. Gleichzeitig entwickelte sich bei ihr die Fähigkeit, sich mit einem Säugling zu identifizieren, sowie der Wunsch, selbst Mutter zu werden.

Flarsheim äußert seine Vermutung, daß sexuelle Beziehungen der zuletzt beschriebenen Art evolutionär gesehen einen Wert für das Überleben der Menschheit haben, denn 'das Bedürfnis der Frau, daß der Mann sich in besonderer Weise auf ihre Bedürfnisse einstelle, bereitet ihn darauf vor, später auch für sie zu sorgen, wenn sie als Mutter Fürsorge benötigt, damit sie sich wiederum den Bedürfnissen ihres Kindes anpassen kann.' "

Die Schlußfolgerung Flarsheims besagt, daß sexuelle Abhängigkeit der Frau in einer ehelichen Beziehung förderlich, wenn nicht sogar notwendig für das Überleben der Art ist. Die Übereinstimmung von Therapieziel und Interesse wird deutlich. Denn

das Überleben der Art wäre ebenso gut gewährleistet, 
wenn die Männer in der Lage und bereit wären, entsprechend ihrem Kinderwunsch auch die Folgen zu tragen und „sich den Bedürfnissen des Säuglings anzupassen"; nicht mehr gesichert wären die Bequemlichkeit der Männer und ihre Vormachtstellung, die beide daraus zehren, daß nur die Frauen dies tun. Fallgeschichten, in denen ein Mann seine Gesundung darin zeigt, daß er seinen Beruf aufgibt und Freude an der Umsorgung von Weib und Kindern gewinnt, sind mir noch nicht begegnet.

Die Tabuierung dieser Möglichkeit deutet vielleicht an, daß die männliche Phantasie, der Kinderwunsch der Frau sei letztendlich nur Ersatz für den fehlenden Penis, zusätzlich zur Verleugnung des Gebärneides und des Neides auf die nährende Brust dient. Mit Hilfe dieser Verleugnung bahnt sich der Junge seinen Weg aus der mutterdominierten Kindheit in die Welt der wirklichen Machtverhältnisse, in der Männer kraft ihres Geschlechts über alle wesentlichen Mittel verfügen und alle anerkannten Leistungen vollbringen.

## Und wenn es doch stimmt?

Die Ableitung des Kindeswunsches aus dem Penisneid ist eine männliche Phantasie mit doppelter Funktion: sie verschleiert die sexuelle Herrschaft des Mannes über die Frau als Naturverhältnis, und sie hilft dem Mann, seinen Platz in dem Netz gleichgeschlechtlicher Beziehungen zu nehmen, die einen Hauptanteil seiner Libido binden sollen.

Die Phantasie kann trotzdem wahr sein. Wenn Wahrheitsgehalt in dem Zusammenhang: Penisneid/Kindeswunsch zu finden ist, so wird das für Frauen einen ganz anderen Stellenwert und andere Konsequenzen haben. Ich nehme mir im folgenden das Recht, nicht mehr danach zu schielen, ob es den Patriarchen gerade gefallen könnte, daß dieser oder jener Satz zuträfe; solche negative Anpassung macht nur schrill oder stumm.

Ich will also die Aussagen, die zu Anfang des Kapitels zitiert werden, wertfrei nehmen, wie sie nicht sind, nicht als Symptom der Männlichkeit betrachten, sondern als mögliche Tatsachen (aus denen allerdings männliche Therapeuten ihren eigenen Nutzen gezogen haben). Ich will probeweise annehmen, daß es stimmt; daß ein Ausgang der frühkindlichen Sexualentwicklung des Mädchens darin besteht, anstelle des Penis sich ein Kind (vom Vater) zu wünschen. Was würde das bedeuten?

Findet diese Verwandlung bei der Frau wirklich statt, dann muß es bedeuten: das zu gebärende Kind (nicht das wirkliche zappelnde Quirl da!) wird anstelle des Penis zum Symbol des Geschlechts, das frau nicht hat.

Nun scheint es in der Tat 'normale' Frauen zu geben. Frauen, die unbedingt ein Kind haben wollen, ohne sagen zu können, warum — es sei denn mit einem Satz wie: Kinder gehören halt dazu, wenn man heiratet. Viele dieser Frauen gewinnen dem Dasein als Mutter sehr wenig Befriedigung ab, und das wird erschreckend deutlich an ihrem Umgang mit den

Kindern. In der Verallgemeinerung kann ich nicht behaupten, daß Frauen um der Kinder willen gebären (wollen). Die meisten Frauen sind zur Kinderfeindlichkeit herangewachsen und ihr elendes Ausgeliefertsein als Mutter tut ein übriges dazu, daß sie weniger Bündnispartner ihrer Kinder gegen die kinderfeindliche Umwelt als Helfershelfer der Gesellschaft in der Niederschlagung kindlicher Spontaneität werden. Normale Frauen werden nicht Mütter, weil sie als Mütter leben wollen, und auch nicht, weil sie große Lust daran haben, mit Kindern zu leben. Wenn eine Mutter im Frauenseminar gesteht, ihr sei der Gedanke schon mal gekommen, das Kind in dic Waschmaschine zu stecken und auf 'Schleudern' einzustellen, so ist dabei nur ihre Offenheit außergewöhnlich.

Der Wunsch ein Kind zu haben verspricht offenbar etwas ganz anderes als die Realität einlöst. Von daher gesehen ist es gar nicht so abwegig, diesen Kinder*wunsch* als eine Umwandlung des Penis*neides* zu betrachten. Beinhaltet er doch den Wunsch nach Vervollständigung, den Wunsch nach Anerkennung, den Wunsch, endlich der eigenen Mutter gleichwertig entgegentreten zu können.

Insofern der Penisneid den Verzicht auf die Entdeckung eigener Sexualität und die Anerkennung einer bis ins Körperinnere gehende Kontrolle durch die Mutter symbolisiert, umfaßt er zwei widersprüchliche Grundüberzeugungen: die Eigentumslosigkeit der Frau (als Tochter) und die Allmacht der (Frau als) Mutter. Logisch, real gesellschaftlich, kann nicht beides wahr sein: daß die Frau zugleich eigentumslos und mächtig sein soll. Psychologisch sind das aber zwei Seiten derselben Medaille. Auf der einen Seite die absolute Eigentumslosigkeit selbst am eigenen Körper, symbolisiert in einem idealisierten Etwas, was frau nicht hat. Dieses Etwas bedeutet zugleich die innerste Lust und die Wirksamkeit nach außen, also die Möglichkeit Person zu sein. Mit dem Penisneid identifiziert sich das Mädchen als wertlos, kraftlos, ohne Eigentum und ohne eigenes Sein — *weil* weiblich. Dieses fehlende Etwas wird aber ausgerechnet im Mutterleib erworben — oder auch nicht. Durch die Erkenntnis der Eigentumslosigkeit wird das kindliche Erleben, an erwachsene Übermacht ausgeliefert zu sein, nachträglich gedeutet: ich bin solcher Kontrolle ausgeliefert, weil ich so geboren wurde, obwohl Mütter auch Söhne gebären können, die nicht für immer der Kontrolle ausgesetzt sein werden. Die frühe Erfahrung existentieller Abhängigkeit von der nährenden Bezugsperson verschmilzt mit der Vorstellung von der Mutter, die das Geschlecht ihrer Kinder scheinbar bestimmt; die Mutter erscheint als allmächtig, weil sie geboren hat — weil weiblich.

Die phantasierte phallische Macht der Mutter ist eine Mystifikation von entscheidender Bedeutung für das Verhältnis der Tochter zum eigenen Geschlecht. Von dieser Mystifikation kommt auch eine aggressive Frauenbewegung schwer los: sie ist oft der gemeinsame Nenner, der radikale Feministinnen noch mit den konservativen Erhaltern eines patriarchalischen Systems verbindet. So werden die geringen Erfolge feministischer Pädagogik blitzschnell auf die 'allumfassende Macht der Mütter' zurückgeführt und nicht auf die Tatsache, daß wir Kinder für das Leben in einer (noch) nicht vorhandenen gesellschaftlichen Realität zu erziehen versuchen. Manipulative Illusionen grassieren: würde die Mutter konsequent nach bestimmten Grundsätzen sich verhalten, könne sie mit entsprechendem Verhalten ihrer Tochter, ihres Sohnes rechnen; umgekehrt: verhält sich die Tochter etwa zu 'weiblich', müsse das auf die Ambivalenz und die Kompromißhaltung der Mutter zurückzuführen sein. Völlig fremd ist oft der Gedanke, daß das Kind selbst bestimmen könnte, welche Beziehung es zum Vater, bzw. generell zum eigenen und zum anderen Geschlecht entwickeln wird. Diese undurchschaute Mystifikation scheint mir auch ein Grund für das nach wie vor bestehende Problem zu sein, daß Mütter eher eine Vergrößerung ihrer Schuld- und Unzulänglichkeitsgefühle denn eine Freisetzung ihrer Kräfte durch die Frauenbewegung erleben und sich überwiegend abseits fühlen.

Das *zu gebärende* Kind als Ziel der Sexualität bedeutet: sich einer Lust hingeben zu können, die nicht die eigene ist. Bedeutet: durch das Kind an einer Macht teilzuhaben, die uns als Töchtern nicht zustünde. Bedeutet aber auch: befürchten zu müssen, Gott zu sein, an dem Schicksal der Kinder und damit unser aller Schicksal schuldig zu werden. Das, was diese Widersprüche emotional bedeuten, kann oft nur in der Sprache der Schizophrenie adäquat ausgedrückt werden.

Wie ich dies schreibe, stelle ich mir die Einwände vor. Denn in der Tat: Frauen sind „Opfer unserer aufgezwungenen Mütterlichkeit“ (Burgard); es ist aufgrund der sozialen Konditionierung absurd, den Weg einer Frau zur Mutterschaft als irgendwie motivierte eigene Entscheidung darzustellen, wenn ihr gesellschaftlich gar keine andere Wahl bleibt. Allein schon die Ignoranz der eigenen Körperlichkeit, die den Mädchen aufgezwungen wird, läßt daran zweifeln, inwiefern das (erste) Kind überhaupt von der jungen Frau bewußt *oder* unbewußt gewollt war. Gewollt hatte sie sicherlich Geborgenheit oder Glück — an der Seite eines Mannes (wo sonst?), oder zum mindesten wollte sie vom Elternhaus oder Heim weg; der Koitus war der selbstverständliche Eintrittspreis, den sie so oft entrichtet, wie der Mann es für wünschenswert, normal oder selbstverständlich hält; die Schwangerschaft oft genug die Folge, wenn nicht unzureichenden Wissens, dann die eines Schamgefühls, das jeden bewußten Umgang mit dem eigenen Körper hemmt. Ist ein Kind da, so ist die Frau unwiderruflich Mutter geworden, ob gerne oder mit Entsetzen. Dann können es ruhig auch zwei oder drei werden, wenn die Verhältnisse das nach sich ziehen.

Wenn dem so ist — und ich bin überzeugt, daß ich die Wirklichkeit der überwältigenden Mehrheit der Frauen eben beschrieben habe — welchen Sinn hat es, daß ich den unbewußten Beweggründen eines Kinderwunsches nachspüre, als würde ich den Frauen unterstellen, sie hätten ihr Schicksal doch gewollt?

Das ist eigentlich der heikelste Punkt bei der ganzen Psychoanalyse. Psychische Tatsachen haben nicht eine, sondern mehrere Ursachen; und die heftigsten, wirkungsreichsten psychischen Tatsachen sind überdeterminiert, d.h. jede einzelne Ursache hätte alleine ausgereicht, durch ihr Zusammenfließen in *ein* Ergebnis wird dieses Ergebnis äußerst schwer auflösbar. Wo die gesellschaftlichen Zwänge und die lebenslange unbewußte Verarbeitung dieser Zwänge zu demselben Resultat kommen, ist Befreiung schwer. Soweit uns eine (irgendwie geartete) Therapie oder Selbsterfahrungsgruppe aus der subjektiven Verarbeitung zu lösen beginnt, erschlagen uns die äußeren herrschenden Notwendigkeiten, und umgekehrt: gelingt es, den äußeren Zwängen ein Stück weit zu entrinnen, tun sich ganz regressive Sehnsüchte in uns auf, die dem herkömmlichen Frauenbild erschreckend gleichen.

Wer mich mißverstehen will, wird es leicht haben. Es scheint mir aber ebenso fatal, *nur* die Gewalt der Verhältnisse zu sehen, wie es sicherlich verlogen ist, die psychische Verarbeitung der Unterdrückung zu deren Ursache zu verkehren.

Es soll noch einmal deutlich werden: der Psychoanalyse haftet von ihrer Form her systematisch dieser zweite Fehler an; Frauen können sich ihrer nicht bedienen, ohne sie gegen den Strich zu bürsten. Denn indem die Psychoanalyse auch als Forschungsmethode die Form der Therapie hat, ist sie tendenziell naiv gegenüber dem stummen Zwang der objektiven Lage der Frauen. Sie findet eine psychische Verarbeitung von Abhängigkeit und Unterdrückung vor und bemüht sich, die subjektive Geschichte dieser Verarbeitung aufzuschlüsseln. Dabei kann sie naiv bleiben, weil psychische Tatsachen überdeterminiert sind: über der Aufschlüsselung der Verarbeitung vergißt sie leicht, daß das Leiden der Frau konkret aufgezwungen worden ist — und noch wird.

Das Grundprinzip der Psychoanalyse verlangt, daß das Unbewußte für das bewußte Ich verfügbar werden soll, indem es 'durchgearbeitet' (verbal) und eben nicht agiert wird. Dieses Prinzip setzt die mögliche Verfügung über sich selbst voraus. Frauen leben aber in gesellschaftlichen Verhältnissen, die sie unmittelbar der Verfügung anderer ausliefern. Die Eigenarbeit ihrer Unterdrückung, die in der Ausbeutung unbezahlter Arbeit, welche als Liebesdienst zu erscheinen hat, eine Wurzel hat, besteht in dem Zusammenfließen von subjektivem Selbstbild und objektiv erforderter Arbeit, von Liebesbedürfnis und Arbeitszwang, wie dies bei keinem abhängigen Arbeitnehmer der Fall ist. Ihre Abhängigkeiten beziehen die ganze Person als Liebesobjekt und als Liebende ein, nicht nur ihre Arbeitskraft oder ihre Arbeitszeit. So stellt sich das Problem, Ich zu werden, mit besonderer Schärfe. Frauen müssen überhaupt erst agieren können, bevor sie sinnvoll zwischen Agieren und Durcharbeiten unterscheiden können; sonst legitimiert die Selbstanalyse jene Handlungsunfähigkeit, welche doch die Wurzel des Übels ist, weil sie oft keine durch neurotische Einbildungen hergestellte, sondern eine objektive Handlungsunmöglichkeit ist.

Diese Erkenntnis ist entscheidend für die Perspektive der Selbsthilfe, in deren Rahmen allerdings Therapie eine andere Bedeutung gewinnen könnte. Aber das Ziel der Veränderung verlangt gerade, daß wir ernst nehmen, was mit uns bislang geschehen ist und wie wir dadurch geworden sind. Es gibt nicht ein wahres (feministisches) Selbst, das wir unter dem Schutt tausendjähriger Unterdrückung und Beeinflussung freischaufeln könnten, sondern wir sind erst einmal im Rahmen dieser Unterdrückung zu denjenigen geworden, die um das Recht zu unseren —

in diesen Verhältnissen geformten! — Bedürfnissen kämpfen. Bei dem Versuch, unsere Vergangenheit — die psychosexuelle Entwicklung des Mädchens — aufzuhellen, stellt die Gewalt der Verhältnisse nur eine Seite dar.

Die andere Seite waren wir. So wenig es Frauen auch gestattet wird, Subjekt der eigenen Lebensgeschichte zu sein, eigene Bedürfnisse zu kennen, überhaupt sexuelle oder aggressive Phantasien zu entwikkeln: ausgelöscht sind unsere Lebenskräfte, unsere Triebenergien dadurch nicht. Heranwachsend in einer massiven, wie Natur erscheinenden Unterdrükkung, die uns nur unbedeutende Wahlmöglichkeiten für unsere Wunschentwicklung offenläßt, so entwikkeln wir eben in diesem, uns vorgegebenen Rahmen Bedürfnisse, sexuell getriebenes Verlangen.

Und dieses Verlangen nimmt — gerade weil uns eine entfaltete, selbstbestimmte Sexualität zunächst nicht einmal als Phantasie möglich ist — Formen an, deren sexueller Charakter nicht ohne weiteres auffällt. (Umgekehrt wird in der Frauenbewegung zur Zeit von der Sexualität teilweise so geredet und geschrieben, daß sie kaum noch als Sexualtrieb wiedererkennbar ist. Männer sind geil, Frauen wollen Zärtlichkeit, Körperkontakt, Nähe, weich sein, lieb sein . . . War denn nicht noch was? Kennen wir es nicht, oder wissen wir keine Worte dafür, daß — und was — wir mehr als Streicheleinheiten begehren könnten?)

Mag sein, daß wir im Laufe der Zeit eine von Grund auf veränderte Frauensprache entwickeln werden. Vorerst scheint es mir so, daß mit der Ablehnung psychoanalytischer *Begrifflichkeit* die Frauenbewegung eben diejenige gesellschaftliche Unterdrückung zudeckt und weiter gelten läßt, für die bisher schon Frauen ausführend zuständig waren: die Bekämpfung kindlicher Sexualität. Ich sehe mich nicht in der Lage, auf den psychoanalytischen Begriff des *Triebes* zu verzichten, wenn ich mehr als Oberflächlichkeiten über die psychische Entwicklung des Mädchens aussagen will. 

S. Bernfeld hat in *Die psychoanalytische Psychologie des Kleinkindes* das Besondere verdeutlicht, was in der psychoanalytischen Auffassung des Kindes als Triebwesen zum Ausdruck kommt, im Unterschied zu den in der Pädagogik üblichen Ausdrucksweisen wie: Gewohnheiten, Unarten, Begabungen:

> Man hat die Psychoanalytiker ja schon in allen Tonarten deswegen ausgelacht und beschimpft, daß sie mit ihrer sexualmonomanischen Art immer wieder alles als Sexualität hinstellen. Ob das Kind nun Nase bohrt oder ob das Kind am Daumen ludelt: immer heißt es: das ist nicht Unart, nicht Gewohnheit, das ist Sexualtrieb! Und was hat man von dem ewigen Sexualtrieb? pflegt man uns zu erwidern. (. . .) Nun, zunächst einmal — wie schon ausgeführt — weiß ich eins, das allerdings alle Pädagogen wissen; sie machen nur keinen Gebrauch von diesem Wissen. Ich weiß: es ist ein Trieb. Es ist also kein Spaß, sich mit diesem nasebohrenden Kind einzulassen — ich kann Glück haben, aber im allgemeinen werde ich mich auf einen richtigen Kampf rüsten müssen, obwohl die Sache eine Lappalie ist, kostet sie, wie sie wissen, soviel Nervenaufwand beim Erzieher und beim Kind, als wäre sie wirklich dieses Aufwands wert. Sie kostet nämlich so viel Aufwand, weil alle Triebbefriedigung von äußerster Zähigkeit ist (. . .) Bringt man das Nasebohren weg, so beginnt das Ohrenbohren oder irgend eine andere Befriedigung desselben Triebes. Triebe haften zäh an einer einmal gefundenen Befriedigung; man kann diese zwar ein wenig verschieben, biegen, korrigieren; der Triebcharakter bleibt aber auch bei all den so erzwungenen Ersatzbefriedigungen bestehen. — (. . .) Ich betone zunächst: Trieb, und ich weiß etwas über dieses Ding; ich weiß, mit wem ich es zu tun habe: mit einer wirklichen Naturgewalt, und da heißt es nun aufpassen.
> Ich weiß aber noch mehr; denn die Aussage lautet ja nicht: das sind Triebäußerungen. (. . .) Sexualtrieb nennen wir nämlich in der Psychoanalyse in unserer genetischen Betrachtungsweise alles, was geworden ist aus einem sehr unscheinbaren Ursprung, aus einem sehr einfachen Anfang: nämlich aus der Lust, die das Kind an seinem eigenen Körper zu gewinnen vermag.[39]

Feministinnen haben begonnen, die Gewalt der gesellschaftlichen Verhältnisse zu beschreiben, aber es wird noch zu wenig davon gesprochen, daß diese Unterdrückung im weiblichen Kind auf die Naturgewalt des Triebes trifft, und daß der Trieb dabei nicht von vornherein unterlegen ist. So eingeschränkt die Angebote an Mädchen auch sind, Befriedigungsmöglichkeiten zu entdecken, es ist das Verlangen nach der einmal gefundenen Befriedigung deswegen nicht weniger heftig und nicht weniger zäh. Andere Bedürfnisse zu entwickeln steht uns nicht als beliebige Entscheidung offen, die wir in der Konsequenz unserer momentanen politischen Überzeugungen willensmäßig lenken könnten. Da dieser Anspruch aber ganz stark durch die Frauenbewegung geistert, besteht die Gefahr einer neuen Moral der Heimlichkeit aller sexuellen Wünsche, die uns in Widersprüche stürzen. Solche Tendenzen stellen einzelne Frauen und schließlich die Bewegung vor Zerreißproben.

Frauen haben gar nicht die Freiheit, sich zur Kinderlosigkeit zu entscheiden.[40] Ich bin aber davon überzeugt, daß in die Vorstellung, Kinder zu haben, Hoffnungen und Triebbefriedigung einfließen — Hoffnungen, die sehr wenig mit der realen Lage der Mütter und sehr viel mit den frühen Befriedigungen und Enttäuschungen des Mädchens zu tun haben.

So war die Deutung des Penisneides im vorigen Kapitel noch zu negativ: als Symbol des Verbots der Lust am eigenen Körper könnte er noch nicht selbst triebbesetzt werden. Das Verbot der Entdeckung eigener Sexualität kann erst Wünsche entfesseln, wenn damit in Aussicht gestellt scheint, die früh erfahrene Lust am eigenen Körper ohne Verletzung des Verbots dennoch wieder erleben zu können. Das scheint mir genau darin zum Ausdruck zu kommen, wenn viele Frauen heute sagen, sie spüren eine erotische Anziehung zum Mann, sehnen sich nach Körperkontakt und Zärtlichkeit vom ihm, erleben keine Lust bei der Penetration. Sie können sich mit dem Mann keine gemeinsame genitale Sexualität vorstellen, die ihren Bedürfnissen entspräche, und haben dennoch das Gefühl, daß die unspezifische Hauterotik und orale Zärtlichkeit, die auf die früheste Säuglingszeit zurückgehen, nur mit einem Mann zusammen so richtig befriedigend sein können.

Der Wunsch zu gebären birgt in sich noch viel mächtigere Triebanteile. Die Schwangerschaft verspricht nicht nur eine 'unschuldige' und teilweise unspezifische Erotisierung des ganzen Körpers; mit ihr *wird* die Tochter zur Mutter. 

Hier werde ich mit Bernfelds Beschreibung des Sexualtriebes unzufrieden. Er hat den Ursprung allzu unscheinbar gesetzt: Lust am eigenen Körper, einfach so. Aber ich habe schon bei Freuds Darstellung der Abwendung des Mädchens von der Masturbation angemerkt, daß das nicht so einfach ist. Verrätselt in seiner Beschreibung war der Hinweis, daß jede *Lust die Liebe zu sich selbst voraussetzt,* und diese wiederum auch *Voraussetzungen* hat, die für männliche Psychoanalytiker in der Regel so selbstverständlich waren, und bleiben sollten, daß sie sie nicht ausgesprochen haben. Ich meine damit den notwendigen Zusammenhang von Lust und Macht.

Es ist noch zu wenig darüber gesprochen worden, daß nicht nur die Lust in einer triebfeindlichen Gesellschaft pervertiert und verdorben wird, sondern ebenso auch die Macht als Möglichkeit menschlicher Entfaltung. Macht ist in unserer Gesellschaft immer schon mit Herrschaft verbunden, durch latente Gewalt vergiftet. Denen, die sich mit femininer Sensibilität heute identifizieren, fällt es besonders schwer, Macht als eigenes Bedürfnis zu nennen; 'keine Macht für niemand' oder allenfalls Notwehr spricht diese Gefühlslage an. Dem liegt zugrunde, daß in unserer Gesellschaft *für sich* zugleich *gegen andere* bedeutet: auch in der Sexualität. Ich behelfe mir mit einer anthropologischen Hilfskonstruktion, um das, was Menschlichkeit sein könnte und in guten Augenblikken ansatzweise ist, zu umreißen. Ohne diese Überlegungen bleibt der Begriff Lust viel zu harmlos, lieb und nett, während die Wirklichkeit ebenso zu dem brutalen Ausdruck 'Lust ausüben' berechtigt wie dem der Machtausübung.

Beim Menschen gibt es keinen geschlossenen Verlauf des instinktgeleiteten Gelingens (bzw. Mißlingens). Jede Bedürfnisbefriedigung, auch die Fortpflanzung, setzt Handeln voraus, die Umsetzung von zuvor im Bewußtsein und im Unbewußten vorhandenen Wünschen und Vorstellungen in eigenes Tun. Daß dies gelingt, bereitet uns Lust: sie ist insoweit die Erfahrung, selbst den Kreis geschlossen zu haben, der im Instinktkreis von selbst sich schließt. Welche physiologischen Vorgänge auch immer damit verbunden sein mögen, für die menschliche Lust ist eine Erfahrung des Gekonnten, des durch eigenes Tun (und sei dieses Tun nichts anderes als ein zielstrebiges Warten) Gelungenen wesentlich. Macht — einer Sache, seiner selbst mächtig zu sein — ist notwendiger Bestandteil der Lust. Wird die Fähigkeit zerstört, sie als eigene Macht zu erfahren, so findet das Lustbestreben einen Ausweg in der Teilhabe an der Macht eines Anderen, und sei es nur als Opfer.

Ich will nicht lange an diesem Thema philosophieren. Die Schlußfolgerung für mich ist: daß wir über die Lust des Mädchens, die Wünsche und ihre Entwicklung nur etwas erkennen können, wenn wir untersuchen, welchen Zugang zur Macht sie sich vorstellen kann. Ich sehe dafür drei zentrale Erfahrungsbereiche:

— die Mutterschaftsmystik
— geschlechtsspezifische Aggressionsphantasien
— die Anziehungskraft der Männergewalt

## Glaube, Liebe, Hoffnung: die 'Macht der Mutter'

Das Schlimme an der Mutterschaft — das, was sie so einengend und erstickend für das Kind macht — ist die *Ohnmacht* der Mutter.

*Macht* ist gerade das, was ihr abgeht, was das Kind an seiner Mutter schmerzlich vermißt. Jedes Kind hätte eine machtvolle erste Bezugsperson bitter nötig und hat sie nicht. Wenn ein Kind von seinen primären Liebesobjekten etwas will und nicht erhält, vermutet es immer daß sie ihm das Ersehnte vorenthalten. Erst viel später beginnt ein Kind zu begreifen, daß sie es gar nicht geben konnten, weil sie es nicht hatten. So auch mit der Macht der Mutter. 

Welche Macht meine ich? Ich meine die, die schützend bereitsteht ohne unnötig einzugreifen. Die Macht, die tiefexistentielle Bedrohungen abwendet, Entwicklungshindernisse beseitigt, dem Kind Raum verschafft und Wege freimacht, worin es seine Erfahrungen machen und sein Leben leben kann.

Ich meine die Macht, nach Maßgabe der eigenen Überzeugungen zu entscheiden. Erst diese Macht bewirkt, daß das Kind eine freimütige und ehrliche Auseinandersetzung mit Erwachsenen führen kann: wenn es nämlich darauf vertrauen kann, daß diejenige, die ihm zuhört in seinen Argumenten, dringenden Bitten, Ängsten und Bedürfnissen, auch tatsächlich so zu entscheiden vermag, wie sie selbst einsichtig findet, die Mutter dem Kind daher eine ehrliche Antwort geben kann auf die Frage: 'Wieso denn?'

Die Unterdrückung der Frauen wird genau an dieser Stelle für Kinder vom frühesten Alter an spürbar, ohne daß sie sie begreifen können. Sosehr die Mutter mitempfinden kann, welche Betätigungen ihrem Kind guttun; wenn dieses Tun des Kindes von anderen als zu laut, zu dreckig, zu ungezogen oder einfach als störend angesehen wird, vermag sie nur selten für das Recht des Kindes wirklich einzustehen. Viel, viel häufiger erlebt das Kind ihre Kapitulation: vor den Verwandten, die sie unter Druck setzen, warum das Kind noch nicht 'so weit' ist, wie es sein soll; vor den Nachbarn, die kein Kinderspiel dulden; vor dem Ehemann, der sie abends um fünf für eine saubere Wohnung verantwortlich macht.

In dem Maße, wie die Mutter die Hauptbezugsperson des Kleinkindes ist, vermittelt sie dem Kind die Erfahrung, daß sie Undurchsichtiges, Vorentschiedenes ihm entgegenhält; sie scheint zu verstehen und handelt trotzdem entgegengesetzt; sie liefert das Kind seinen Ängsten aus; in ihrer ohnmächtigen Wut — da sie ihre eigenen elementarsten

Interessen nicht mit den Ansprüchen der ständigen Verantwortung für das Kind vereinbaren kann — schlägt sie zu; und was noch schlimmer ist: wenn der Vater schlägt, wagt sie nicht zu trösten.

In den ersten zwei Lebensjahren ist meist die Mutter allein für das Kind zuständig und hat auch ein Stück weit für ihr Kind Macht — weil der Aktionsradius des Kindes nicht wesentlich weiter reicht als der der Hausfrau. In hellhörigen Wohnungen oder wenn der Vater abends und nachts seine Ansprüche an erster Stelle durchsetzt, ist dies schon gebrochen. Aber immerhin: tagsüber, in der Wohnung und am Sandkasten, erfährt das Kind immer wieder, daß sie ihm in seinen Bedürfnissen und Entwicklungsschritten hilft und vor dem Schlimmsten behütet. In diesen Erfahrungen bildet sich die Überzeugung im Kind heraus, daß die Mutter die Macht hat, die es zu seinem Schutz braucht.

Dabei sind die Zuwendungen und Pflegehandlungen der Mutter nur die Hälfte der diese Mystifikation prägenden Erfahrungen. Die andere Hälfte setzte sich bereits in den ersten zwei Lebensjahren aus der Gleichgültigkeit und Verantwortungslosigkeit aller anderen Erwachsenen innerhalb und außerhalb der Kleinfamilie gegenüber den Bedürfnissen des Kindes zusammen. In jeder Berührung mit der mangelnden Sensibilität der meisten Erwachsenen für kindliche Äußerungsweisen bestätigt sich für das Kleinkind, daß es ohne die Mutter verloren wäre.

*Es ist die massive, verleugnete Kinderfeindlichkeit unserer Gesellschaft, die sich in der Ideologie mütterlicher Macht mystifiziert.*

Bei jeder Begegnung mit dieser Kinderfeindlichkeit fühlt das Kind: irgend jemand von diesen Großen, Starken muß die Macht haben, mich vor dem, was mir jetzt angetan wird, zu schützen. Wer aber hat mich je geschützt, mir je die Befriedigung meiner Bedürfnisse gesichert? Alle hier verstehen gar nicht, wie es in mir ist und was ich brauche, aber *sie* hat das oft verstanden und gewußt, sie kennt mich und sie könnte es. Warum hat sie mir diesen Schutz jetzt, gerade jetzt, vorenthalten? 

Allmählich erweitert sich das Handlungsfeld des Kindes, und zugleich ordnet es sich bewußt und in seinen Beobachtungen und Gefühlen dem eigenen Geschlecht zu. Die Möglichkeiten der Mutter ein Minimum an Schutz und Recht für das Kind durchzusetzen, nehmen rapide ab. Das kann sie verschleiern, indem sie das Kind an die Wohnung bindet, ihm schon das Klettern am Spielplatz als 'zu gefährlich' verbietet.

Früher oder später muß sie aber den *Sohn* an die Männerwelt abtreten. Nach meinen Beobachtungen geschieht das in der Regel, wenn der Junge vier bis fünf Jahre alt ist: er wird nun vom Vater zu Mutproben angehalten, zum Angreifen anderer Kinder aufgehetzt, und ob seiner Ängste ausgelacht und verächtlich gemacht. Die in der Nähe stehende Mutter wischt ihm schweigend die Tränen ab: schließlich muß aus dem Kleinen ein Mann werden.

Der Sohn wird bei seinem Übergang von der Mutterwelt zur Vaterwelt schwer verletzt; er verliert jegliches Zutrauen in sein Recht und seine Möglichkeit, Zärtlichkeit anzubieten, Schwäche als Aufforderung zum Schutz offenzulegen. Seine Geschlechtsidentität löst er aus der engen Bindung zur Mutter, indem er lernt, nicht zu denen zu gehören, die kapitulieren, sondern zu denen, vor denen kapituliert wird. Erwachsen werden heißt, in eine Welt zu kommen, die von seinesgleichen beherrscht wird; anders als er sind seinesgleichen als Erwachsene nicht mehr Kind: es ist für ihn unausweichlich, das Kindsein zu verlassen. So nimmt er notgedrungen den Trost an, daß er irgendwann, irgendwo schwächere Wesen finden wird, die vor ihm persönlich kapitulieren; daß er ein Mann wird.

Anders die Tochter. Sie wird viel eher noch 'beschützt', doch damit wird ihr vermittelt, daß die Mutter keine Macht hat, eine Tochter zu schützen und zu helfen, wenn diese über die Kindheit hinaus wachsen, entdecken und stark werden will. Erwachsen zu werden wird dem Mädchen gewissermaßen nicht als unausweichlich dargestellt. Denn gerade die Kindlichkeit, das Kokettieren mit Hilflosigkeit und Schwäche, wird als keimende erwachsene Erotik genommen und gedeutet; und jedes Unvermögen, Konflikte auszuhalten, wird unterstützt und als Keim späterer Mütterlichkeit bestätigt. Freud konnte schreiben „das Mädchen läuft in den Ödipuskomplex wie in einen Hafen ein", denn in der infantilen Haltung gerade wird auch die erwachsene Frau als erotisch reizvoll erlebt. Eine andere Sexualität, eine andere Realitätsbewältigung als die, die sie mit fünf Jahren schon vollziehen kann, wird im Grunde von ihr gar nicht verlangt oder als möglich vermittelt. Im Kindlichen ist sie schon weiblich.

Nach und nach werden die wirklichen Machtverhältnisse für das Kind also sichtbar. Die, die außerhalb der Wohnung zu bestimmen haben, sind Männer. Derjenige, der innerhalb der Wohnung bestimmt, ist der Mann. Unter Kindern können die Jungen die Mädchen terrorisieren, und tun es manchmal auch. Weit vor dem schulpflichtigen Alter beobachten die Kleinen die Schulkinder, die Rangeleien auf der Straße, das Fernsehen, die Erwachsenen im Bus und im Laden und an Baustellen, und ziehen ihre Schlüsse: Männer können alles, die Welt der Frauen ist eng abgegrenzt.

Was hier geschieht, ist allerdings mehr als die von Firestone beschriebene realistische Einschätzung der Verhältnisse, wie sie sind. Es ist zugleich eine schmerzhafte Verschiebung und Umgestaltung der Vorstellungen davon, was Macht eigentlich ist, und dies geht nicht ohne Verdrängung und Bildung von Ersatzvorstellungen vonstatten. Mädchen und Jungen müssen nicht nur begreifen, daß es Männer sind, die Macht haben und bestimmen können. Sie müssen, um dies anerkennen zu können, sich damit abfinden, daß Macht nichts mit zärtlichem Schutz und nicht viel mit Kreativität zu tun hat, sondern mit Sieg und

Destruktion verbündet ist. Denn in der Geburt, in 
der Gegenseitigkeit von Säugen und Saugen, Stützen und Sitzen, Halt geben und Laufen lernen, in der Vermittlung von Sprache und Symbolen und der Entdeckung der Welt haben Kinder ganz anders geartete primäre Erfahrungen von Arbeit, Produktivität und Macht miterlebt, als diejenigen, die ihr erwachsenes Leben prägen sollen. Erwachsen werden heißt, diese Erfahrungen zu verleugnen, zu verdrängen, oder zu entwerten: ihre 'Bedeutungslosigkeit' anzuerkennen.

Wahrscheinlich wäre es kaum möglich, die Frauen selbst von der Ideologie der Mütterlichkeit zu überzeugen, wenn wir nicht wenigstens in flüchtigen Augenblicken etwas erlebt hätten, was eine Alternative zur herrschenden Form von Macht, von Arbeit, von Geschäftigkeit ahnen läßt.

> In einer Gesellschaft, in der alles käuflich erscheint, sei es als Äquivalent oder Kompensation, wo nachgewiesenermaßen jede menschliche Beziehung Warencharakter hat, bedeutet diese in keiner Weise zu mechanisierende Arbeit der Geburt und der Vorgang der Schwangerschaft einen Ausbruch aus der körperlichen Entfremdung. (. . .) Im Kind tritt einem naturhaft die Verweigerung des Tauschprinzips entgegen, d.h. die Forderungen des Kindes bleiben ohne Äquivalent; du bist erstaunt, entsetzt, fühlst dich mutlos; die Frage steht im Raum: was bekomme ich eigentlich dafür; — zigmal bin ich heute nacht aufgestanden, habe getröstet, gewickelt, gefüttert; kann nicht mal eine Nacht durchfeiern; wie kann ich noch andere Beziehungen haben, bei einem derartigen Polypen, der mich auffrißt, dem ich nicht entrinnen kann.
>
> — Brockmann-Völker[41]
>
> Aber wer hier die Einseitigkeit beklagt, die Mutter als Gebende, Leidende sieht, der irrt — kaum ein Mensch hat mehr Mut, sich seinen Gefühlen zu überlassen, zu geben, ohne den Gegenwert im Auge zu haben. Hier sehe ich eine Chance für mich als Mutter! Ich liebe, erhoffe Gegenliebe, im Augenblick aber sind für die Kinder andere die geliebteren Menschen — und weil ich sie liebe, akzeptiere ich das, obwohl es mich quält — ich merke, daß ich wenige Menschen so achte wie die Kinder mit ihren ehrlichen, unverstellten Gefühlen. Dieses Menschen-achten-können, an ihre Selbstehrlichkeit glauben können fällt mir bei Erwachsenen sehr schwer.
>
> — Brockmann-Völker
>
> Ich gehe sogar so weit, zu sagen, eigentlich können nur Mütter wirkliche Revolutionäre sein — nur Mütter erleben am eigenen Leib die totale Verkehrung der gesellschaftlichen Werte. Allein

schon die Existenz des Kindes steht im Widerspruch zur gesamten gesellschaftlichen Realität — seine Hemmungslosigkeit, seine Maßlosigkeit; es ißt und kackt, wo es gerade steht, es lacht und weint, es singt und tobt — und in der Regel entsprechen Umgebung und Wohnung diesen elementarsten Ausdrücken nicht. Abgesehen von den Beschneidungen für einen abenteuerlustigen, neugierigen, kleinen Menschen, erfährt die Mutter jeden Tag ihre Wertlosigkeit, bedingt durch die Wertlosigkeit ihrer Arbeit der Kinderaufzucht, deren Tauschwert ja nicht berechenbar ist. Genau dieses 'mit Kinder- und Mutteraugen sehen' stößt sie auf die Fragwürdigkeit dieser Werte ihrer Umgebung, denn sie erfährt ihre Arbeit als wertvoll, läßt sie überlegen, ob 'richtige' Beziehungen tatsächlich so leidenschaftslos und unverbindlich sein müssen . . .

— Brockmann-Völker[43]

Kinder behindern das Einswerden mit der kapitalistischen Arbeit. Sie relativieren aber auch den Wunsch danach gleichzeitig.

— Brockmann-Völker[44]

Sybille Brockmann-Völker beschreibt hier (bewußt) nur eine, die konkret-utopische Seite der Mutterschaft; sie ist es, die den Kindern die Idee einer spezifischen kreativen Macht vermittelt. Sind wir doch andererseits geprägt durch die herrschenden Werte, den Tauschcharakter von Beziehungen; als Mütter strahlen wir viel häufiger die Forderung nach Gegengabe für jedes Geben, nach Einfügung des Kindes in unsere Zeit- und Arbeitsordnung, nach dem Vorrang von Interessen, die sich nur ohne Kind verwirklichen lassen, als solches ganzheitliches Mit-Kinderaugen-sehen aus.

Die reale Erfahrung mütterlicher Macht, mütterlicher Kreativität, unentfremdeter produktiver Arbeit der Mutter ist nur punktuell möglich, sie ist aber von einer solchen Sprengkraft gegenüber den bestehenden Verhältnissen, daß sie nur mit Hilfe massiver Frauenverachtung zu bewältigen und zu verdrängen ist. So erleben wir nur selten, daß Erwachsene diese Erfahrung überhaupt beschreiben können, ohne daß die Beschreibung mit Frauenverachtung (oder Frauenselbstverachtung) durchsetzt ist und als Ideologie der Rechtfertigung von Frauenunterdrückung dient.

Das gilt nicht nur für altbacken-christliche Ansichten. Auch progressive Auffassungen nehmen

Kenntnis davon, wie Mütter aus den zerbrochenen Resten menschlicher Zusammengehörigkeit zumindest den Schein eines Ganzen, einer Familie zu machen versuchen, und ziehen den Schluß, daß die Frau Ursache eines zusätzlichen Elends ist: sei es rückständiges Bewußtsein, Krankheit oder Gewaltausbrüche, die bei den anderen Familienangehörigen vorkommen. Ausgezogen, das Konzept individueller Krankheit zu überwinden, ist z.B. die Familientherapie schnellstens dahin gelangt, eine individuelle Schuld der Mutter an allen Problemen von Mann und Kindern zu entdecken, die allenfalls aufgehoben wird in einer naturhaften Generationskette versagender Mütter. Kein Eindruck des zweiten Gießener Familientherapiekongresses war so intensiv und so durchgängig wie die Kollusion zwischen Experten und Zuhörern in ihren Aggressionen gegen die jeweilige Mutter bei jeder Fallgeschichte. Eine Durchsicht durch die familientherapeutische Literatur ergibt mühelos eine Blütensammlung wie die folgende:

> „Mit ihrer Fürsorge infantilisierte sie das Kind" — „sie provoziert aus ihrem unbewußten Rivalitätskonflikt heraus die Depressionen des Mannes" — „die Mutter steuert das Kind in Symptome hinein" — „Der eheliche Machtkampf nimmt zeitweilig groteske Formen an. Einen Augenblick sieht es so aus, als würde sich der verletzliche, jähzornige Mann zu einer exzessiven Gewalthandlung (zuvor wurde beschrieben, daß er seine Frau schlägt) hinreissen lassen, so zynisch erscheinen (wem?) die Provokationen, mit denen die rivalisierende Frau ihn fortgesetzt demütigt." — „Ein Ehepaar mit einer kleinen Tochter steht unter der Herrschaft der höchst betriebsamen hysterischen Frau" — Der Therapeut müsse sich „auf die Seite des Vaters stellen und ihn darin bestärken, die Rolle des 'Familienheilers' zu übernehmen, um das benötigte Gegenmittel für die destruktiven Angriffe von Mutter und Großmutter zu liefern" — „Das elterliche Problem wird (bei Schizophrenie) meistens durch die Mutter auf das Kind projiziert, während der Vater ihren Standpunkt unterstützt" — „Wie kann (der Therapeut) etwa einer 'schizophrenogenen' Mutter, die ihr Kind zum 'Mistkübel' ihrer dissoziierten Schlechtigkeit und Verrücktheit machte, gerecht werden, es sei denn, er berücksichtigt ihre Bindung an, und psychologische Ausbeutung durch, die eigene Mutter?"[45]

Das Kind in uns allen glaubt an die Macht der Mutter. Aber diese Macht ist, selbst in der unbewußten Vorstellung, keine Macht der Mutter *für sich selbst,* sondern eine Macht für oder gegen das Kind: auch die mächtige Mutter der kindlichen Phantasie ist Objekt, nicht Subjekt. Die Frau, die dieses Idealbild der Mütterlichkeit zu leben versucht, kann die Frage nach der eigenen Identität gar nicht mehr stellen; ihre gerinnen die Aufopferung und die Bedürfnislosigkeit zur Charaktermaske. Sie gerät leicht in den Zwang, ihr Kind dazu zu mißbrauchen, sich selbst das Ausmaß ihres Opfers zu beweisen. Lieben kann sie ihr Kind nur noch in verkrampften und fesselnden Formen; selbst kann sie nie liebenswert erscheinen, am allerwenigsten für das Kind, das schon vor seiner Geburt an ihrem Leiden schuldig werden mußte. Solche Mütter sind es, die mir in Selbsterfahrungsberichten von Studenten und Studentinnen begegnen. Mit einem solchen Bild der Muttermacht im Kopf diskutieren Frauen der Frauenbewegung über geschlechtsspezifische Sozialisation und feministische Pädagogik.

Ich meine, es ist eine subtile Frauenselbstverachtung, wenn wir uns darauf einlassen, diese Formen der Unterdrückung als 'Macht der Mutter' zu kennzeichnen. Wir erliegen dabei unseren eigenen unerledigten frühkindlichen Sehnsüchten, werfen der Mutter wie in der Kindheit noch vor: warum hast Du mich damals nicht in Schutz genommen vor den Verhältnissen, die uns beide zerstören? Denn dieser Kampf der Mutter, ihr Kind unselbständig zu halten, ist kaum mehr als eine Kette kompensatorischer Reflexe auf die eigene Ohnmacht und Identitätslosigkeit, keine Macht, die bestimmen konnte, ob und wann sie freigibt oder festhält: sie kann nur noch festhalten, kleinhalten, sich klammern. Sie gibt nur die Verhältnisse weiter, in denen sie lebt, ohnmächtig, sie zu verändern.

Allerdings kann eine Mutter leicht ihre Sehnsucht nach irgendeinem Anteil an realer Macht genau an dieser Funktion der Weitergabe bestehender Verhältnisse festmachen. Wir haben dabei die Macht, Kinder noch mehr zu zerstören und zu verstümmeln, als es ohnehin der Fall wäre: wir können uns der Destruktion verpflichten und sie noch steigern. Sobald wir aber uns auf unsere kreativen Erfahrungen berufen, das Recht des Kindes auf die eigenen Bedürfnisse anerkennen, gegen einengende, verkrüppelnde Normen zu erziehen versuchen, spüren wir unsere Ohnmacht. Die gesamte Umgebung des Kindes erzieht mit, ohne die Mutter zu beachten; und spätestens mit dem Schulbeginn sind unsere Kinder dem Staat unterstellt. „Das Elternrecht endet am Schultor", stellte ein Schulamt lapidar fest.

*Die reale Ohnmacht der Mutter steigert die kindliche Vorstellung ihrer Macht;* denn die Macht anderer Erwachsener und die der Institutionen ist keine kreative, schützende Macht für das Kind. Später einsetzendes Verständnis für die tatsächlich schwache Stellung der eigenen Mutter kann die Idee, daß es eine solche Macht geben müsse, nicht ausrotten; in der Verbitterung der Töchter gegen ihre Mütter bleibt diese Idee als still gehegter Vorwurf erhalten.

Die Bedeutung dieser Ideologie für die Entfaltung der Bedürfnisse des Mädchens ist vielschichtig. Naheliegend ist die Schlußfolgerung, selbst einmal mächtig zu werden durch die Geburt eines eigenen Kindes. Doch vermute ich, daß die unbewußte Verbindungslinie etwas verschlungener verläuft.

Die Trennungslinie zwischen sich selbst und der Mutter ist für das Mädchen aufgrund der Gleichgeschlechtlichkeit schwerer zu ziehen als für den Jungen. Und die Figur der Mutter vertritt die Asexualität des Weiblichen und die Intimkontrolle bis ins Körperinnere hinein. Sie wird als allmächtig erlebt. Zusammengenommen heißt das, die Anwesenheit einer kontrollierenden, eigene Sexualität verbietenden Figur erscheint unentrinnbar — deren Schutz aber als unsicher.

Daraus wird für mich begreiflich, in welch unerhörtem Maße wir Frauen bereit sind, unsere Hoffnung auf Glück und Lust zunächst in Beziehungen zu setzen, in denen wir kontrolliert werden wie das

 Kleinkind bei der Mutter. Daraus erwächst die Bereitschaft, ohne Gegenseitigkeit für die Reproduktion anderer zu arbeiten, und zwar so, daß die Erledigung täglicher persönlicher Versorgungstätigkeit und selbst die eigene Sauberkeit den Maßstäben und Forderungen anderer unterworfen wird. Damit soll nicht verharmlost werden, daß die männliche *Aneignung* dieser 'dienstbaren Liebe' mit Zwang und Gewalt einhergeht. Beeindruckend ist aber doch, wie unsere Grundstruktur uns darauf vorbereitet, die Unterwerfung unter kleinliche Kontrollen — d.h. die Übernahme der Zuständigkeit für Hausarbeit — als das Ausleben von eigener Liebe zu empfinden. Solange wir dafür etwas Zärtlichkeit und Anerkennung erhalten und die Kontrollen eher großzügig gehandhabt werden, können wir sogar Dankbarkeit empfinden. Auch das eigene Körperinnere wird hergegeben, wenn der Freund darauf drängt, wenn wir befürchten, daß es 'langsam Zeit wird', oder wenn klar ist, daß Penetration einfach 'dazugehört'. Frauen werden in der Ehe tausendfach vergewaltigt, aber zuvor haben die meisten sich mit einer Selbstverständlichkeit preisgegeben — auch wenn sie keinerlei Lust dazu verspürten — die ausdrückt, daß der männliche, identitätsspendende Teil einer Zweierbeziehung automatisch mütterliche Vorrechte erbt. Und der Wunsch, seinen Liebeserklärungen zu glauben, auch wenn sein Verhalten sie hundertmal widerlegt hat, stammt wahrscheinlich aus der enttäuschten Überzeugung einer schützenden, bestätigenden Macht, die mit der realen Macht der Männer wenig gemein hat.

## Aggressionsphantasien

Seit über vier Jahren erlebe ich meine Tochter mit ihren gleichaltrigen Freundinnen und Freunden. Die Eltern dieser Kinder haben überwiegend weibliche Selbstbehauptung und Berufsengagement, männliche Häuslichkeit, und — so gut es ging — Offenlegung von Beziehungskonflikten vorgelebt. Jahr für Jahr wird mir deutlicher, wie machtlos wir gegen die Prägung von Männlichkeit und Weiblichkeit dennoch sind.

Es ist leichter, einem Jungen (zumindest vor dem Schulanfang) Tränen, Puppenspiel und Kuschelbedürfnisse zu gewähren, als einem Mädchen Mut zu machen, ihre Aggressionen offen und gezielt nach außen zu wenden. Gegenüber dem gesellschaftlichen Stereotyp gewinnt er etwas dazu, während sie verstärkt Ängste ausstehen und Niederlagen riskieren muß.

Im Alter von drei bis fünf setzt sich der Junge vor allem mit dem Problem der Macht (er kämpft offen um seine Omnipotenzphantasien) und der Verbotsübertretung (die ihm ein Triumphgefühl verleihen, das keine Mißbilligung, Wut oder gar Strafe ihm vermiesen kann) auseinander. Das Mädchen setzt sich am heftigsten mit einer Abgrenzung von der Mutter auseinander: sie kämpft um die Autonomie. Dabei erringt sie oft ein stolzes Gefühl eher durch die Verinnerlichung von Verboten, indem sie schon von alleine weiß, aufpaßt, andere Kinder zurechtweist, verständig ist. Die Autonomie ist immer nur relativ, kann im nächsten Augenblick scheitern, wenn die Schwierigkeiten und Bedrohungen der Umwelt und des Losgelöstseins vom Schutz der Mutter ihr zu viel werden. Das Hochgefühl gelungener Selbstständigkeit scheint viel angreifbarer zu sein, kein Sieg, sondern immer nur ein momentanes Gelingen.

Meine Tochter und ihr vertrautester Freund glauben beide seit Jahren fest daran, daß er stärker ist und er sie verkloppen könnte — obwohl sie erheblich größer und mindestens ebenso kräftig ist. Er kann 'immer schon' lauter (ungehemmter) brüllen, und gewinnt so manchen Kampf.

Ihre Vorstellung sich zu wehren, ist letztendlich die, irgendwohin flüchten zu können, wo ihr momentaner Peiniger sie niemals wird finden können. Seine Vorstellung sich zu wehren, ist die, alle gesellschaftlichen Mittel der Gewaltanwendung zu mobilisieren: als Polizist zu verhaften und zu verprügeln, als General die Soldatenflugzeuge mit Bomben loszuschicken, als Besitzer von Immobilien oder Transportmitteln die Benutzung zu verbieten.

Es wird uns bewußt, daß den Mädchen keine wirklich imponierenden Aggressionsphantasien zugänglich sind. Eltern können machen, was sie wollen: Gewalt ist männlich. Ohne Aggressionsphantasien, die die Realität übersteigen (ebenso übersteigen wie die Wut des Kindes seine Durchsetzungsmöglichkeiten und seine Ichstärke übersteigen), entwickelt sich keine freie Aggression innerhalb der realen Kämpfe von Kindern.

Aus der Freundschaft mit einem drei Jahre älteren Nachbarsmädchen, robust und frech, zieht meine Tochter mehr Ermutigung für ihre Kämpfe als aus allen 'Erziehungsversuchen' meinerseits. Denn was ich ihr vorlebe, kann sie noch nicht nachvollziehen.

Meine Tochter möchte Märchenprinzessin sein, oder Tänzerin oder Turnerin im Zirkus. (Ihr Freund wird Löwenmeister, wenn sie beide zum Zirkus gehen.) In meinen Tagträumen früher war ich auch Märchenprinzessin, doch die Zeit der Tagträume ist für mich längst vorbei, seitdem ich andere Verwirklichungswege für mich gefunden habe. Soll sich das vererbt haben? Meine Tochter drängt mich dazu, das Vorbild zu leben, das sie gerne hätte: lange schweifende Kleider in herrlichen Farben, lange Haare, Kosmetik und Schmuck. Nicht: weil sie es bei mir gesehen hat, will sie das alles, sondern: weil sie es will, soll ich mich bitte sehr ein bißchen öfter hübsch machen.

Zu Weihnachten schenkte ich ihr eine große Kiste Bausteine. Zufällig machte ihr Freund gleichzeitig ein Päckchen mit einem Pinsel auf; — gerade so einen hatte sie eben ausgepackt. Katrin öffnete ihr großes Paket, schaute verblüfft rein und sprach:

„Ach so, die schenke ich dem Dani und dafür bekomme ich den Pinsel." Sie war nicht einmal in der Lage, die Bausteine als für sie bestimmt anzunehmen: der Tonfall war, als hätte sie eine Verwechslung aufgedeckt und in Ordnung gebracht.

Es war uns schon bewußt, daß Dani sehr phantasiereich und ausdauernd baute, während er motorisch oft unruhig wird, wenn im Kindergarten gebastelt werden soll. Daß Katrin diesem Bereich schon entfremdet war, war mir nicht aufgefallen. Das ist wohl das Subtile an der Mädchensozialisation: ich hatte das Bauen bei ihr einfach nicht vermißt.

Nun erst ging mir auf, daß ich selbst fast nie mit Bausteinen spiele. Da ich andere Erwachsene auch selten dabei beobachte, war mir nicht bewußt, daß ich eine weibliche Verzichthaltung perpetuiere. Aber: irgendetwas wird damit vermittelt, wenn ich bestimmte Bereiche des kindlichen Spiels bei mir selbst eher reaktiviere als andere.

Dabei ist es nicht das Handwerkliche, die Herstellung von Nützlichem, was da fehlt, sondern die Phantasie. Bausteine sind vorübergehende Gebilde im Gegensatz zu Gebasteltem; mit ihnen wird nicht produziert, sondern werden Phantasien ausgelebt. Während es baut, lebt das Kind in der Vorstellung, Erbauer von Häusern und Städten zu sein. Nun taucht in mir die Erinnerung auf, wie im Kindergarten die Kinder 'alle zusammen' mit Bausteinen spielen: die Jungen legen große Plätze, Gebäude, Straßen an, während die Mädchen mit den niedlichen Holzfiguren dies alles bepflanzen, bevölkern und einrichten.

Was mache ich nun? Wenn ich Katrin zu Bett bringe, lese ich nicht mehr nur, ich baue noch etwas mit ihr zusammen. Natürlich muß es stehen bleiben. Aber auch an den folgenden Tagen muß es stehen bleiben. Sie will das einmal Gebaute nicht abreißen und Neues versuchen, und da die Bausteine alle verbaut sind, ist das Spiel erstmal zu Ende. Ich fühle: sie will sich nicht auf die Bausteine in ihrer Phantasiefunktion beziehen, am liebsten würde sie jede Konstruktion gleich fest kleben und als Werk aufbewahren. Die Lust an der Macht des Erbauers, der Altes abreißt und Häuser, Städte, Straßen anlegt, ist ihr fremd.

Als sie erstmals das Lied vom Baggerführer Willibald hörte („da bauen wir uns selber/ ein schönes Haus mit Keller/ dann ziehn wir alle ein/ au fein!“) fragte sie mich: was ist mit den Leuten, die keine Bauarbeiter sind? Einige Monate später belehrte sie mich, daß es doch Berufe gäbe, die Frauen nicht haben können. Ich verlangte ein Beispiel, sie sagte: „Na, Bauarbeiter.“ Ich konnte auf weibliche Bauarbeiter hinweisen; ich kann an solchen Punkten Informationen geben, Stellung beziehen. Ob ich ihr damit Phantasien anbiete, selbst Bauarbeiterin zu sein?

Einige Zeit später kam Katrin auf die Idee, wir sollten doch in einem Haus mit Garten wohnen. Meinen Einwand, das sei sehr teuer, konterte sie mit dem Vorschlag, nur den Garten zu mieten und das Haus selbst zu bauen. Daß keine leeren Grundstücke zu sehen sind in unserer Nähe, hat sie auch nicht entmutigt: dann ziehen wir eben in die Außenstadt. Ihre Überlegungen schließen auch ein, daß wir für die Arbeiten, die wir nicht selbst können, wohl Handwerker bestellen.

Es reicht nicht, auf ‘Tatsachen’ hinzuweisen. Sie möchte, daß ich mich an der Phantasie beteilige, daß ich mir auch vorstelle, mit ihr ein Haus zu bauen. Das gilt sicher auch für Aggressionen: sie hat es nicht nötig, mich brüllen und prügeln zu sehen — aber daß ich mir mit Lust ausmalen kann, zurückzuschlagen, wenn einer es reichlich verdient hätte, dürfte für sie wichtiger sein als alle Ermunterungen sich zu wehren.

— die Triebschicksale, die Entwicklung von Wünschen und Sehnsüchten und Ängsten unter den Bedingungen der Unterdrückung hängen weit weniger von den beobachteten Erfahrungen und den expliziten Erziehungsangeboten ab als von den Phantasien, die sich mit erlebter Befriedigung und Bedrohung verknüpfen. Es sind die Phantasien, die weit über die praktisch umsetzbaren Möglichkeiten des Kindes hinausschweifen, die die tatsächlichen Handlungsmöglichkeiten prägen. Alle Sozialisationstheorien, die nur auf beobachtetes Verhalten abstellen, stehen vor der Aufgabe der Erklärung hilflos und begriffslos da. Durch feministische Parteilichkeit werden solche Theorien nicht besser.

— ein Großteil der Erziehung verläuft vom Unbewußten zum Unbewußten. Unsere guten Vorsätze bei der Erziehung sind Produkt einer Lebenserfahrung, die uns ermöglicht, unsere Ängste zu relativieren, Enttäuschungen zu antizipieren und einen realistischen Umgang mit den eigenen Sehnsüchten zu pflegen. Wenig davon ist für Kinder nachvollziehbar; sie knüpfen an die Ängste, Sehnsüchte, und (wie wir gerne vermeinen: überwundene) Täuschungen an, die sie bei uns wittern. Mütter können die Lebenserfahrungen nicht steuern, die ihre Kinder machen und die darüber entscheiden, wie sie mit ihren Ängsten, Wünschen und Täuschungen umgehen lernen. Sowohl durch mein Unbewußtes wie auch durch die meiner Tochter begegnenden Erfahrungen erzieht die Gesellschaft, in der wir leben, und nicht ich.

Wenn ich die Beschreibung meiner Erfahrungen wiederlese, bin ich unzufrieden. Je mehr ich konkret deutlich machen will, daß nicht ich, sondern die Gesamtheit der gesellschaftlichen Verhältnisse (so wie sie in jedem Blick, jeder Bewegung der ihr begegnenden Menschen und Bilder eingenistet sind) meine Tochter zur Weiblichkeit erzieht, desto mehr hört sich das alles schicksalsergeben an. So ist es aber nicht. Es gibt ermutigende Erfahrungen, bei denen ich tief aufatme; aber jedesmal scheint es eine Ewigkeit zu dauern, bis meine Tochter 'so weit' ist. Bis sie endlich beginnt, Aggressionsphantasien auszuspinnen — und bis es mir endlich gelingt, sie darin zu stärken — habe ich das Gefühl, es hat bei ihr (verglichen mit den Jungen, die ich kenne) geradezu Jahre gedauert. Ich habe gelernt, daß die 'typisch weiblichen' Verhaltensweisen, Gefühlslagen unglaublich schnell da sind, so perfekt wie nur in irgendeiner Kurzgeschichte von Schnitzler, und daß sie vom Mädchen durchgearbeitet werden müssen. Die Bereitschaft, aus Liebe zu leiden, ist offenbar für Mädchen der nächstliegende Weg zu einem heißersehnten Ziel.

Was erlebt ein Kind jeweils primär vom gegengeschlechtlichen Elternteil? Der Junge erlebt: die Mutter ist da, letztendlich verfügbar; auch wenn sie tausendmal versagend und enttäuschend erscheint, so erzwingt das vom Jungen eher Verschiebung seiner Triebziele, Verwandlungen seiner Verhaltensweisen, aber letztlich: in irgendeiner Form kann er sich an ihr abarbeiten. Sofern seine Begierde sich auf das andere Geschlecht richtet (die gleichgeschlechtliche Begierde wird mit maßlosen Ängsten besetzt), erlebt er den Gegenstand seiner Begierde als prinzipiell verfügbar. Entsprechend sind auch Gefühl und Verhalten erwachsener Männer darauf gerichtet, daß die geliebte Frau verfügbar zu sein habe, alles andere ist dem nachgeordnet.

Das Mädchen aber erlebt: der Vater kann sich ihr jederzeit, nach seinem Belieben und nach einer Gesetzmäßigkeit, die sie nie durchschaut, entziehen. Und das tut er auch. Sofern ihre Begierde sich auf das andere Geschlecht richtet, erlebt sie primär: der Geliebte kann dich jederzeit, ohne Vorwarnung und ohne erkennbaren Grund verlassen und dich liebend und sehnend zurücklassen. Er ist grundsätzlich zu nichts verpflichtet. Diese Erfahrung macht ein Mädchen ebenso mit dem kinderliebenden Vater, der im

Haushalt hilft, wie mit dem traditionellen. Mir ist noch kein Mann begegnet — und die soziologischen Untersuchungen zu dem Bereich kennen auch keine Ausnahmen — der nicht seine Mithilfe im Haushalt danach ausrichtete, was *er* gerne tut oder einsieht. Das, was übrig bleibt, tut dann jeweils die Frau. Abfall. Wird ihm das alles zu viel, hat er eine berufliche Verpflichtung, macht eine Prüfung, kommt er erschöpft von der Arbeit nach Hause, setzt er sich ab. Er kann es, er darf es und er tut es. Mütter können festgehalten werden, Väter können gehen. Mütter müssen sich aufraffen, auch wenn sie müde von der Arbeit nach Hause kommen, Väter können sich einfach verweigern. 

Es ist die Regel, daß Väter eine mindestens leicht erotische Beziehung mit ihren kleinen Töchtern aufbauen. Und zwar eine ganz bestimmte: eine Beziehung, die der Tochter die Botschaft übermittelt: ihre kindliche Hilflosigkeit sei irgendwie etwas Sexuelles, etwas was sie zum kleinen koketten Weib macht. Der Vater ist es, der seiner Tochter vermittelt (und dazu muß er ja nicht jeden Tag da sein, im Gegenteil!), was weibliche Sexualität ist: nämlich das ewige Kindsein, das sich selbst spielt.

Im Zusammenwirken dieser zwei Grundstrukturen ist die Macht der Väter über die Erziehung der Töchter zur Weiblichkeit massiv. Er bringt ihr bei, daß sie die unspezifische Schwäche und Hilfsbedürftigkeit eines Kindes nur darzustellen braucht, um eine sexuelle Beziehung herzustellen: so erobert er ihre Hoffnung auf Liebe. Die Mutter vermittelt ihrer Tochter nur die Negation von Sexualität, die sie doch selber lebt. Und der Vater bringt seiner Tochter bei, sich auf die Erwartung einzustellen, daß er sich ihr nach geheimnisvollen Gesetzen (die sie doch noch zu durchschauen hofft) entzieht. Sie kann nie wissen, ob das nicht auch für immer sein kann. So ist allerdings die Abwesenheit des Vaters letztendlich ein ebenso starker Erziehungseinfluß wie die Anwesenheit der Mutter.

Noch vor dem Einsetzen spezifischer Sanktionen erschwert die unsichere Beziehung zum Vater dem Mädchen, Aggressionsphantasien 'ohne Rücksicht auf Verluste' auszuspinnen; ihre Aggressionen sind nicht zielgehemmt, sondern der Möglichkeit einer Zielbildung beraubt. (Dagegen führt die Unsicherheit des Sohnes in Bezug auf die Mutter eher zur Steigerung seiner Aggressionsphantasien.)

Hierzu gehört aber auch die grundlegende Verwirrung über Sexualität, die im Mädchen gestiftet wird. Einerseits verkörpert die Mutter die Verleugnung und das Verbot einer selbstbestimmten Lust am eigenen Körper: eigenständiges Sexualspiel ist 'nichts', tabu und perspektivlos. Gleichzeitig werden ganz andere Bedürfnisse und Äußerungen des Mädchens als sexuell gedeutet; und es sind zudem Bedürfnisse, die sich an die Mutter als erste Bezugsperson gerichtet hatten (die dargebotene Hilflosigkeit, das Vorzeigen niedlichen Aussehens, das zu Schutz auffordert), die nun als auf den Mann/den Vater gerichtete Erotik/Koketterie ausgelegt werden. Das Bedürfnis nach Mütterlichkeit wird an den Mann verwiesen. Doch ist der heißgeliebte Vater ein vollends unsicherer Schutz, der sich nach Belieben entzieht. Aggressionen sind unter diesen Voraussetzungen für das Mädchen selbst gefährlich: gegen die Mutter schon wegen der Schwierigkeit, zwischen sich selbst und der Mutter zu unterscheiden, und wegen des Glaubens an deren Allmacht (Vergeltungsgefahr); gegen den Vater sind Aggressionen aber überhaupt nicht möglich, weil er ja sich entziehen könnte, wenn die Tochter nicht mehr lieb wäre. (Das erklärt auch die Tatsache, die insbesonders getrennt lebende Mütter zur Weißglut bringt, daß jede winzige Bemühung, zu der der Vater sich bereitfindet, von der Tochter zehnfach gewichtet wird im Vergleich zu allem, was die Mutter für sie tut.)

Entsprechend sind auch meine Beobachtungen: selbst Mädchen, deren Eltern sie dazu ermutigen, sich zu wehren, gehen wesentlich vorsichtiger — 'sozialer' — mit den eigenen Aggressionen um als viele Jungen. Sie scheinen nicht so weit gehen zu wollen, daß es die Beziehung gefährdet. Der offene Wutausbruch eines anderen Mädchens macht ihnen Angst: sie bekommen nasse Hände, oder wollen nach Hause, oder werden blaß und still. Auf diesem psychischen Hintergrund sind sie den Jungen unterlegen. Nicht selten finden sich Mütter oder Erzieherinnen in der absurden Lage, ein Mädchen wütend anzufahren, weil sie immer nur jammert und sich nicht wehrt. Dafür, daß sie ihren Aggressionen nicht freien Lauf lassen kann, ist sie zusätzlich der Aggression einer Starkeren ausgesetzt. 

## Die Anziehungskraft der Männergewalt

Ich ziehe schon den Kopf ein. Wie kann sie nur so eine Überschrift wählen? Schon wieder das alte, verlogene Märchen vom 'weiblichen Masochismus'!

Um es deutlich zu sagen: es geht hier nicht um Frauen, die angeblich die Schläge, die sie bekamen, gewollt hätten. In anderthalb Jahren im Frauenhaus ist mir noch keine solche Frau begegnet: sie ist die Erfindung von Männerphantasien. Es geht um uns — um mich, die ich dies schreibe, um euch, die ihr es lest. Ich könnte es viel harmloser und listiger sagen: was macht die Männer eigentlich für Frauen attraktiv?

Darüber ist in letzter Zeit nicht gerade wenig geschrieben und geredet worden: über das männliche Monopol des Zugangs zu nahezu allen 'interessanten' Bereichen und Tätigkeiten, über die Definition der weiblichen Identität durch den jeweiligen Mann, dem sie zugeordnet wird.

Es geht mir um eine Akzentverschiebung. Wir möchten glauben, daß uns ein Mann deshalb beeindruckt oder reizt, *weil* er z.B. klug, gebildet und selbstsicher redet; arbeitsam und verläßlich ist; spontan und sensibel ist; gut verdient; politisch sich engagiert und Durchblick hat; uns Schutz bietet; oder was immer es sein mag. Und es stimmt schon; das kann er jeweils eben deshalb, *weil* er als Mann ganz andere Möglichkeiten hat. Wir meinen also: was uns beeindruckt sind gute Eigenschaften; schade ist nur (und das wäre zu verändern), daß nicht auch Frauen zu diesen Möglichkeiten gleichermaßen Zugang haben. Hätten Frauen gleiche Möglichkeiten, die jeweils geschätzten Eigenschaften selbst zu entwikkeln, gäbe es gleichberechtigte Beziehungen.

Wie aber, wenn das, was uns beeindruckt hat, genau dies war: daß er etwas hat, was wir nicht haben? Wenn die Tatsache seines Zugangs zu anderen Machtquellen den Reiz ausmacht, wenn ich mich — je nach Geschmack — von seiner lockeren Sponti-Manier oder seinen gescheiten Reden oder seinem kräftigen, sportlich trainierten Körper angezogen fühle? Wenn das, was mich am Mann sexuell oder emotional reizt, in Wahrheit nur ein Symbol für seinen Anteil an einer Macht ist, von der ich prinzipiell ausgeschlossen bin, und die genau die Macht zu meiner Unterdrückung wäre? Dann müßte ich mir eingestehen, daß ich die Chance meiner Lust gerade in der innigen Nähe zu einer Männergewalt erhoffe, die ausgerechnet *mich* von ihren destruktiven Ausübungsformen ausnimmt. Das nennt frau dann: Liebe.

Ich will hier nicht die Vielschichtigkeit unseres tatsächlichen Verhaltens beschreiben, sondern den schrecklich einfachen Bodensatz von Gefühlen, den ich hinter den verschiedensten Enttäuschungen und schmerzlichen Verwirrungen vermute, die ich bei mir selbst und mit Freundinnen durchgearbeitet habe. Ich denke z.B. an die Beziehungen, in denen frau von dem Wunsch gequält wurde, 'Ihn' häufiger zu sehen. Meist war eine für ihn bequeme Routine eingespielt (Sonntags immer oder Sonntags nie oder wie auch immer); frau sehnt sich nach dem Tag, an dem er 'außerplanmäßig' Lust hat, mit ihr zusammenzusein. Wenn es einmal vorkommt, leidet sie darunter, daß es nicht öfter vorkommt. Es kommt ihr so vor, als denke sie viel mehr an ihn, als er an sie. Der Punkt ist nun: ein halbes Jahr lang oder noch länger bringt frau es nicht fertig, ihm ihren Wunsch mitzuteilen: sie meint (bewußt), es wäre nur echt, wenn er spontan von sich aus darauf käme. 

Unbewußt bedeutet das, daß sie nur glücklich sein könnte, wenn er (irgend ein Mann, der Richtige) ihre Wünsche ahnt und erfüllt, ohne daß sie selbst sie aussprechen müßte. Frau fühlt, es wäre unerträglich beschämend, wenn sie Bedürfnisse äußern würde, die er nicht annimmt; sie empfindet ihre eigenen Bedürfnisse und Antriebe als etwas, das nur existieren darf, wenn ein Anderer (ein Mann) diese ‘genehmigt’. Die Angst abgelehnt zu werden, ist eine existenzielle Panik; sie ist hinter dem Gefühl der Wertlosigkeit versteckt, der Identitätslosigkeit, hinter dem Gefühl, überhaupt nicht das Recht zu haben, Ansprüche zu stellen.

Umso frappierender war es für mich zu begreifen, was alles in dieser abwartenden Demutshaltung steckt. Er soll ja ihre Bedürfnisse und Sehnsüchte erahnen und von sich aus vorschlagen, was sie gerne möchte: das heißt doch, daß er sie bis ins letzte verstehen soll. Letztendlich erwartet sie von ihm alles, was sie je an Bedürfnissen von anderen Menschen zu beanspruchen gehabt hätte. Frau trägt ein ganzes Paket von Bedürfnissen und Erwartungen mit sich herum, denn überall, wo sie zurückgesteckt und sich nicht durchgesetzt hat, wo sie bescheiden und anspruchslos gewesen ist, immer sind die nicht gestellten Ansprüche noch lebendig in ihr geblieben. Was ein starkes Ich von seiner Umwelt gefordert hätte, und, wenn nicht bekommen, so doch zum realistischen Wunsch umgestaltet hätte, das packt frau in ihr unbewußtes Bombenpaket und wartet auf den herrlichen Tag, an dem sie dieses Paket einem liebenden Mann schenken kann mit dem Spruch: ich liebe nur dich.

Die Folge ist: frau verhält sich zu den Männern so, daß mann oft gar nicht wissen *kann,* was sie von ihm will (auch wenn er die Sensibilität hat, darauf einzugehen zu wollen). Er fischt im Dunkeln, gewinnt den Eindruck, daß sie unerfindlicherweise zufällig genau das gerne tut, was er mag, und richtet sich darauf ein. Später in der Beziehung merkt mann gelegentlich mit Entsetzen, daß frau in Wirklichkeit alles, aber auch Alles von ihm will, und ergreift nicht selten die Flucht. Es sei denn, ihm ist eine solide männliche Grundhaltung zu eigen, die ihm versichert, Wünsche von Frauen seien ohnehin eine spinnerte Geschichte, etwas, was dem Reich des Kindes entspringt, dem er selbst entwachsen ist. (Und die Wünsche, die erst mit ungeheurer Verspätung geäußert werden, ähneln dem überschießenden, realitätsfremden kindlichen Wunsch tatsächlich.) Selbst dann aber, wenn er, seiner Sache sicher, bleibt, ist die Ahnung ihrer noch nicht gestellten Ansprüche für die meisten Männer bedrohlich. Wenn sie an der Beziehung überhaupt festhalten, setzen sie umso entschiedener — oft gewaltsam — die eigenen Vorstellungen durch, je weniger eigene Wünsche die Frau äußern kann.

So erhält frau eine reale Bestätigung der Ängste, die sie vielleicht für übersteigert hielt und überwinden wollte. Unsere Angst ist berechtigt. Wenn wir unsere Bedürfnisse äußern, ist individuell wie geschlechtsgeschichtlich derart maßlos viel 'drin', daß es den Mann — der von sich aus kein existenzielles Verlangen danach hat, sich und die Geschlechterverhältnisse in Frage zu stellen — total bedroht. Er kann mit Gewalt unsere Ansprüche zurückweisen.

Allerdings: das kann er auch, wenn wir unsere Bedürfnisse *nicht* äußern. Es ist eine gefährliche, aber verbreitete Illusion, daß wir durch geschicktes Einsetzen mütterlicher Verzichthaltungen einen Weg finden könnten, den Mann davon abzuhalten, gewalttätig zu werden. Zahllose Frauen glauben, daß sie durch die richtige Taktik, die richtige Ehekunst, die richtige Unterordnung (sich so klein machen wie nur möglich) es selbst in der Hand haben, daß ihr Mann nicht zuschlägt. Die Kehrseite dieser Überzeugung ist natürlich das Gefühl, irgendwie daran schuld zu sein, wenn er es doch tut. Letztendlich ist auch diese Illusion (eine sehr verlockende, denn sie bietet das Gefühl irgendeiner Kontrolle über das eigene Leben) eine Abwandlung der Ideologie von der Macht der Mütter. Behandelt die Frau in diesem Fall den Mann doch als kleinen Jungen, der selbst seine Aggressionsansprüche nicht kontrollieren kann, der verwöhnt werden muß, dem die Allmachtsphantasien des Säuglings erfüllt werden sollen. Nur: er ist kein Säugling mehr; je kunstreicher sie verzichtet und sich unterordnet, desto sicherer muß er ahnen, daß *ihre* Bedürfnisse ihm nie sichtbar werden; desto bedrohlicher/unheimlicher wird sie ihm. 

Wir wissen nur allzugut, daß Frauen aufgrund von Verlustängsten wenig Mut haben, Konflikte in Beziehungen zu Männern auszutragen. Frau befürchtet, verlassen zu werden, wenn sie Forderungen stellt, weil sie sich wertlos fühlt. Wie kann sie sich dann in der Beziehung glücklich fühlen?

Schenkt mir ein Mann Zuwendung, Aufmerksamkeit oder Liebe, so hebt er mich keineswegs aus der Wertlosigkeit meines Frauseins heraus, sondern: er läßt mich vorübergehend an seiner Macht teilhaben. Er verschont mich davon, seine Macht (die niemals aufhört, seine zu sein) gegen mich anzuwenden. Der Lehrer, der die Schülerin zu neuen Aufgaben ermutigt; der Junge mit dem Motorrad, der das Mädchen von der Disco abschleppt; der Kollege, der seiner Kollegin Anerkennung oder aber ein erotisches Interesse zeigt — frau wünscht sich zwar immer, darin die Anerkennung ihrer Fähigkeiten, ihrer Persönlichkeit zu sehen. Für ihr weibliches Unbewußtes aber haben sie keinen ihr zustehenden inneren Wert erkannt und begehrt, sondern sie haben ihr angeboten, sie von der Verachtung und Geringschätzung *auszunehmen*, die Frauen 'eigentlich' zukommt. Zeigt sie sich nicht angemessen dankbar, wird sie blitzschnell wie ein zu kleiner Fisch in den Teich der unterschiedslosen Wertlosigkeit und des Ausgeliefertseins zurückgeworfen. (Wobei das Zurückwerfen den Männern nicht immer so leicht fällt, da sie ihre eigenen Ängste haben; aber das häufige, verzweifelt wirkende Sichklammern an die Frau bleibt abstrakt. Oft geht es mit einer Unfähigkeit einher, den Gedanken zu ertragen, daß die nun einmal mit seiner Liebe ausgezeichnete Frau sich von ihm je selbständig machen könnte.)

Ob nun der Studentin heiß oder kalt wird, weil ein allseits bewunderter Genosse ausgerechnet auf *sie* einen interessierten Blick wirft — oder ob eine Verkäuferin beschließt, einen Mann zu heiraten, von dem sie weiß, daß er seine vorige Freundin fast täglich schwarz und blau geschlagen hat — ist kein wesentlicher Unterschied. Er liebt sie nicht, weil er Frauen schätzt und achtet, sondern weil er Frauen geringschätzt und verachtet — und sie davon ausnimmt.

Das ist die Vorstellung, die die weibliche Psyche von der Liebe erwirbt. Liebe ist, wenn er bloß alle anderen Frauen mißhandelt, aber dich nicht. Emanzipation ist, wenn alle anderen Frauen blöde, zufriedene Glucken sind und bloß du Professorin geworden bist. Schönheit ist, wenn alle anderen Frauen im Vergleich zu Dir häßlich sind . . . Diese gehässige, wetteifernde Bestätigung brauchst du, weil du in dir selbst weder liebenswert, noch frei, noch schön sein kannst, sondern nur für die Dauer der Heraushebung aus der Masse.

Mir scheint, diese Gefühlslage geht viel tiefer als die Ebene der 'verbreiteten Meinungen'. Es ist nicht nur so, daß wir 'dahin gebracht werden sollen', so zu denken; daß es im Interesse der Männer ist, wenn wir uns restlos auf deren Anerkennung angewiesen fühlen; es ist auch nicht nur so, daß jeder Ansatz zur praktischen Umsetzung eines eigenständigen Selbstwertgefühls bestraft oder zerschlagen wird und so die Identifikation mit der Ohnmacht immer wieder neu erzwungen wird. Diese Gefühlslage wird gleichzeitig noch vom Schicksal unserer Sexualtriebe her gespeist. 

Männergewalt ist nicht nur deshalb anziehend, weil sie den Zugang zu allerlei Annehmlichkeiten verspricht, sondern weil nur sie die Chance bietet, Lust durch Teilhabe an Macht zu erleben. Der Penis symbolisiert nicht nur das Verbot der Entdeckung eigener Sexualität, er verspricht auch, um das Verbot herumzukommen, wenn wir das andere Geschlecht in uns hereinnehmen: wie manche Völker das Fleisch eines Tieres essen, dem sie ähnlich sein möchten.

Während Sozialisationstheorien, die das Konzept des Rollenlernens oder das der Aneignung zugrundelegen, letztendlich affirmativ die gewordenen Bedürfnisse — so, wie sie sich in gegebenen Gesellschaftsverhältnissen äußern dürfen — nachzeichnen und deren Erwerb aus vielfältigen Aufforderungen und Sanktionen bruchlos ableiten, hat die Psychoanalyse einen methodischen Zugang zu der Geschichte *unterdrückter* Bedürfnisse. Dieser Zugang scheint mir unabdingbar, um die doppelbödige Subjektivität von Frauen zu begreifen. Doppelbödig bedeutet, daß wir den Anschein geben das zu wollen, was uns zugestanden oder aufgezwungen wird, solange die Randbedingungen leidlich aushaltbar sind und ein Ausweg, eine grundsätzlich andersgeartete Möglichkeit, nicht vorstellbar/nicht realisierbar ist. Gleichzeitig besteht aber ein deutliches Bewußtsein dessen, daß wir ganz anders könnten, daß wir nicht alles sagen, was wir wissen, daß z.B. 'die liebe Familie' ein Zwangs- und Unterdrückungszusammenhang ist; und wir haben Träume, über die wir kaum sprechen.

Neben dem Zwang der ökonomischen Verhältnisse wirkt die deutliche Sprache fortwährender Gewalt, mit der die Herrschaft in diesen Verhältnissen aufrechterhalten wird, dahin, Frauen immer wieder auf ihre untergeordnete Stellung zu verweisen. Dies zu begreifen heißt wissen, daß keine einzige Frau 'emanzipiert' oder auch nur 'gleichberechtigt' sein kann, bis wir alle es sind. Das heißt vorerst noch: als Frau leben bedeutet, dem Mann ökonomisch subsumiert und dessen persönlicher und institutioneller Gewalt ausgeliefert zu sein. Oder aber: wir erwerben alle die Fähigkeit, mit dieser Situation umzugehen. Wenn wir besser verstehen würden, *wie* wir damit umgehen lernen — wie die Verhältnisse ihren Niederschlag nicht nur in unserem Bewußtsein, sondern auch im Unbewußten finden — wäre die solidarische Verständigung zwischen unterschiedlichen Lebenssituationen vielleicht etwas leichter.

# Anmerkungen

Anmerkungen Kapitel I

1 J. Chasseguet-Smirgel hat in ihrer Einleitung zu dem von ihr herausgegebenen Band (1964) eine übersichtliche Kurzdarstellung der verschiedenen Ansichten der verschiedenen, Freud verwandten und Freud widersprechenden Analytikern zu diesem Problem vorgelegt. Dies umfaßt Exzerpte der einzelnen Aufsätze und Bücher, jeweils etwa eine bis fünf Seiten lang, jedoch leider ohne Bibliographie.
Zwei Schwerpunkthefte der Zeitschrift *Psyche* (Sept. 1975 und August 1978) sind dem Thema 'Psychoanalyse und weibliche Sexualität' gewidmet; dort, sowie bei Gugel (1975) finden sich bibliographische Angaben zu den 'klassischen' und zu neueren Positionen.

2 Formal gibt es die rechtliche Gleichberechtigung auf globaler Ebene schon lange; die inhaltliche Gesetzgebung verwirklicht jedoch dieses Gebot auch heute noch keineswegs, vgl. hierzu nur das Familienrecht im BGB, die Rentenregelung und Krankenversicherung (eine berufstätige Frau kann ihren den Haushalt führenden Ehemann nicht mitversichern), das Arbeitsrecht (Zulässigkeit von Frauenlohngruppen und Beschäftigungsverbote verschiedener Art) sowie das Recht auf körperliche Integrität. Nach beiden Weltkriegen wurde in den verschiedenen am Krieg beteiligten Staaten gesetzlich dafür gesorgt, daß Frauen zugunsten zurückkehrender Soldaten entlassen wurden.

3 Allerdings sind die Vorurteile schon in den früheren Beiträgen erkennbar, die in Freuds spätere Darlegungen einfließen: dazu gehört z.B. die Neigung, geschlechtsspezifische psychosexuelle Schicksale auf biologische Notwendigkeiten zurückzuführen, oder zum Kulturschicksal zu verklären. Zum Vorurteil gehört aber auch, daß das Bedürfnis nach einer die längst wahrgenommenen Unterschiede erklärenden Theorie erst sehr spät, wenn überhaupt, verspürt wird.

4 Strouse (1974), S. 32

5 (1970), S. 147

6 Strouse (1974), S. 28

7 Ph. Chesler (1975)

8 Friedan (1970), S. 72

9 Rush und Mander (1974)

10 ebd., S. 39-40 (meine Übersetzung, C H-W)

11 Firestone (1970/75)

12 Firestone (1970), S. 61; die Übersetzung ins Deutsche läßt sehr zu wünschen übrig; insbesondere werden an entscheidenden Stellen unbestimmte Ausdrücke eingesetzt, welche die im Original dezidierten Stellungnahmen Firestones verwischen. So heißt es etwa im deutschen Text: „Wie der Junge, merkt auch das Mädchen etwa im Alter von fünf Jahren, daß der Vater die größere Macht hat." (1975, S. 54) 'Merken' könnte die unbewußten Prozesse mitbedeuten. Im Englischen grenzt sich Firestone aber an dieser Stelle von der Untersuchung unbewußter Prozesse ab: „she consciously begins to observe the father's greater power" (1970, S. 59). Die wechselnden Identifikationen des Mädchens — sowohl die Abwendung von der Mutter (1970, S. 59) wie auch die erneute weibliche

Identifikation (1970, S. 60) sind nach Firestone ausdrücklich durch bewußte Einschätzungen vermittelt: „Realistically sizing up the situation . . .“ (S. 60).

13 Eine rationalistische Radikalität führt bei amerikanischen Psychologinnen z.T. zur Behauptung der Erblichkeit der Schizophrenie zurück, um die stereotype Annahme einer schizophenogenen Mutter zu entkräften. J. J. Waldstadt (1972) kommentiert in ihrer einflußreichen Bibliographie die psychoanalytischen Beiträge mit Hinweisen auf die Fortschritte der Biochemie, die im Begriff sei, z.B. für Magersucht, Schizophrenie, Schwangerschafts- und Menstruationsbeschwerden physiologische Ursachen zu finden — als sei damit die Frage nach der psychischen Bedeutung und der psychischen Geschichte somatischer Leiden überflüssig geworden. Mir graut es vor der Bereitschaft, sich einer Medizin anzuvertrauen, die gegenüber sozialen und emotionalen Verhältnissen durchgehend ignorant ist, und die zudem heute in einer bedenklichen Komplizenschaft mit einer profitorientierten pharmazeutischen Industrie steht. Im allgemeinen geht es bei der Anwendung der Psychopharmaka nicht um die Behandlung von Ursachen sondern um die Unterdrückung von Symptomen; und damit steht diese Art Psychiatrie in einem natürlichen Bündnis mit den staatlichen Organen, die an der Unterdrückung von Symptomen interessiert sind.

14 Chesler (1972), S. 16

15 Torok (1975), S. 199

16 ebd., S. 228; diese Erklärung für die allgemeine Schwierigkeit der Entwicklung einer eigenständigen Identität bei Mädchen steht bei Torok im Zusammenhang mit einer These, die das absolute Primat heterosexueller Bedürfnisse beinhaltet. „Mit dem Ende des analen Stadiums müßte das kleine Mädchen in seinen Masturbationsphantasien eine gleichzeitige Identifizierung mit beiden Eltern realisieren können.“ (S. 228) Warum das die unhinterfragbare Norm für gesunde Entwicklung ist, wird nicht begründet, und das macht nachdenklich. Vorstellungen des kleinen Mädchens, sich selbst Lust zu machen, wären auch auf die körperliche Intimität mit der Mutter bezogen denkbar. Das impliziert nicht notwendig die Vertreibung der Mutter in der ‘Urszene’, sondern alternativ vielleicht auch, daß die Mutter durch eine Frau Lust gewinnen könnte. Es bleibt bei Torok dunkel, warum und inwiefern diese Vorstellung den Masturbationsphantasien des Mädchens *nicht* (niemals?) zugrundeliegen kann. Widerspricht sie für Torok der Natur? oder dem Ziel gesunder Sexualentwicklung? Oder geht es um andere Dinge (z.B. die phantasieanregende Anziehungskraft des ‘anderen’ im jeweils anderen Geschlecht, die zur Erklärung für die sexuelle Abweisung durch die Mutter dient . . .)? Warum stellt sich Torok gar nicht erst die Frage?

17 ebd., S. 197

18 (1931), S. 524; vgl. auch im Quellenanhang

19 Millett (1969), S. 180 (meine Übersetzung; vgl. auch im Anhang, die Übersetzung der deutschen Ausgabe ist auch hier ungenau.)

20 Nicht nur die Schriften aus der Anfangsphase der neuen Frauenbewegung zeigen diese Tendenz. Wo die Psychoanalyse nicht glattweg abgelehnt wird, wird oft Horney gegen Freud ausgespielt, so z.B. bei R. R. Ruether (1975), so als ginge es darum, wer die Entwicklung der Frau in das günstigste Licht rückt.

21 Mitchell (1974), S. 401

22 Freud (1933), S. 135-136

23 (1975), S. 18-19

24 Freud (1931) XIV, S. 518; vgl. auch im Quellenanhang

25 Freud (1932) XV, S. 137

26 Abraham, *Äußerungsformen des weiblichen Kastrationskomplexes*, in: Psychoanalytische Studien II, Frankfurt/M, 1971, S. 75

27 Freud (1932) XV, S. 158

28 Freud (1932) XV, S. 144-45

29 Freud (1914) X, S. 155

30 ebd., S. 156

31 Freud (1932) XV, S. 124

32 Horn (1973), S. 86

33 (1976)

34 ebd., S. 49

35 Freud (1931) XIV, S. 519; vgl. im Anhang

36 Vgl. dagegen die Beschreibung der Rattner-Therapie im Buch *Frauen lernen leben* von A. Westphal und J. Ziem. 'Luisa' berichtet reumütig, daß sie „am Anfang der Therapie die Partnerschaft durch wochen- und monatelange /sexuelle/ Verweigerung gestört" habe; „die Aufmunterungen des Therapeuten (Rattner), ich solle jetzt mal reingehen ins Schulbett, das muß man lernen wie's ABC, haben mich so ein, zwei Wochen angeregt, dann brach alles wieder zusammen. Dann kehrten entweder die Entzündungen zurück oder ich kriegte Ekelgefühle, weil der Geruch mich störte oder mir das Küssen nicht gefiel: lauter Ausweichmanöver." Bis der Therapeut das Paar ungeduldig fragt, wie lange sie sich denn nun mit der Sexualität aufhalten wolle. Luisa dachte: „jetzt glaub ich einfach mal, daß Sexualität was Schönes ist und schlafe zwei- oder dreimal die Woche mit Bruno, egal ob ich Entzündungen habe oder ob ich will oder nicht. Und das war gut. Bruno wußte, jetzt, er konnte sich auf mich verlassen. Er bedrängte mich nicht mehr, und ich hatte den Kopf frei." (S. 39) Kritisch zum Problem der Beziehungen von Frauen zu männlichen Therapeuten Renate Westphal (1979).

37 Allerdings kann eine feministisch reflektierte Orientierung in der Therapie wenigstens den bewußten Umgang mit der Übertragung und Gegenübertragung verändern, sodaß die unbewußten Anteile, die mit den herrschenden Geschlechterbeziehungen konform gehen, bearbeitet werden können. Dies führt u.a. dazu, daß die Wahrnehmung der tatsächlichen Zusammenhänge bei den Patientinnen geschärft wird, sowie, daß die Rekrutierung der Patientinnen sich verschiebt; wenn gleichzeitig die Definitionen von krank/problematisch und gesund/normal sich in Richtung auf das Ziel einer starken, selbständigen Weiblichkeit verlagern, entstehen wesentlich andere theoretische Modelle auch für konkrete Symptomkomplexe. Ein beachtlicher Beitrag in diesem Sinne ist z.B. der Aufsatz von Boskind-Lodahl (1976).

38 Bart (1971), S. 740-741

39 S. Bernfeld, *Die psychoanalytische Psychologie des Kleinkindes*, S. 69-70

40 M. Lejeune wollte für ihre Diplomarbeit Frauen interviewen, die sich bewußt gegen Kinderhaben entschieden hatten; sie fand aber letztendlich nur solche, die ihre Kinderlosigkeit den Umständen, oder den jeweiligen Partnererfahrungen zuschrieben; endgültig wurde die 'Entscheidung' immer erst dadurch, daß es biologisch 'zu spät' wurde.

41 Brockmann-Volker (1978), S. 27

42 ebd., S. 31-32

43 ebd., S. 28

44 ebd., S. 39

45 Ich habe hier Zitate durcheinandergewürfelt aus Richter, Stierlin, Bowen, Ackermann.

# Bibliographischer Hinweis

Abraham, Karl: *Psychoanalytische Studien*, Bd. II, Frankfurt/M (Fischer) 1971.

Barth, P. B. (1971): *Sexism and Social Sciences.* From the gilded cage to the iron cage, or, the perils of Pauline. In: Journal of Marriage and the Family (Special Issue: Sexism in Family Studies, Teil 2), 734-745.

Bernfeld, Siegfried: *Die Psychoanalytische Psychologie des Kleinkindes.* In: Antiautoritäre Erziehung und Psychoanalyse. Ausgewählte Schriften, hrsg. von v. Werder/Wolff. Frankfurt/M (Ullstein) 1974[4], Band I, S. 61-74.

Boskind-Lodahl, M. (1976): *Cinderella's Stepsisters:* A Feminist Perspective on Anorexia Nervosa and Bulimia. In: Signs, Journal of Women in Culture and Society, 2, No. 2, 342-356.

Breen, D. (1975): *The Birth of a First Child.* Towards an Understanding of Feminity. London (Tavistock).

Brockmann-Völker, Sibylle (1978): *Warum doch Kinder.* Eine Auseinandersetzung um Mutterschaft auf dem Hintergrund feministischer Positionen. Unveröff. Diplomarbeit, Berlin.

Brovermann, I. K. et al. (1970): *Sex-role Stereotypes and Clinical Judgements of Mental Health. In: Journal of Consulting and Clinical Psychology, 34*, No. 1, 1-7.

Burgard, Roswitha (1977): *Wie Frauen „verrückt" gemacht werden.* Berlin (Frauenselbstverlag).

Chasseguet-Smirgel, J. (Hg.) (1964): *Psychoanalyse der weiblichen Sexualität.* Frankfurt/M (Suhrkamp) 1974.

Chesler, Ph. (1972): *Frauen – das verrückte Geschlecht?* Reinbek (Rowohlt) 1975

Dahmer, H. (1973): *Libido und Gesellschaft.* Studien über Freud und die Freudsche Linke. Frankfurt/M (Suhrkamp).

Dahmer/Horn/Leithäuser/Lorenzer/Sonnemann (1973): *Das Elend der Psychoanalyse-Kritik.* Beispiel Kursbuch 29. Subjektverleugnung als politische Magie. Frankfurt/M (Athenäum).

Dinnerstein, Dorothy (1976): *The Mermaid and the Minotaur.* Sexual Arrangements and Human Malaise. New York (Harper Colophon). (dt. Ausgabe in Vorbereitung)

Figes, E. (1970): *Patriarchal Attitudes.* New York (Stein & Day).

Firestone, Sh. (1970): *The Dialectic of Sex.* New York (Morrow); deutsch: *Frauenbefreiung und sexuelle Revolution.* Frankfurt/M (Fischer TB) 1975.

Fliegel, Z. O.: *Freuds Theorie der psychosexuellen Entwicklung der Frau.* In: Psyche 29. Jg. 1975, S. 813-834.

*Frauen gegen Männergewalt.* Berliner Frauenhaus für mißhandelte Frauen: Erster Erfahrungsbericht. Berlin-West (1978) Frauenselbstverlag.

Freud, S. (1914): *Zur Einführung des Narzißmus.* GW X, S. 137-170.

— (1925): *Einige psychische Folgen des anatomischen Geschlechtsunterschiedes.* GW XIV, S. 17-30.

— (1931): *Über die weibliche Sexualität.* GW XIV, S. 515-537; auch bei den Quellen in diesem Band abgedruckt.

— (1933): Neue Folge der Vorlesungen zur Einführung in die Psychoanalyse. XXXIII: *Die Weiblichkeit.* GW XV, S. 119-145.

Friedan, B. (1963): *Der Weiblichkeitswahn* oder die Selbstbefreiung der Frau. Reinbek (Rowohlt) 1970.

Grunberger, B. (1964): *Beitrag zur Untersuchung des Narzißmus in der weiblichen Sexualität.* In: Chasseguet-Smirgel (Hg.) (1964), S. 97-119.

v. Guretzky, Ulrike: *Männerangst – Männerlust.* (Rezension zu Klaus Theweleit *Männerphantasien).* In: Courage, 3. Jg. 1978, H. 2, S. 32-34.

Hagemann-White, C. und R. Wolff (1975): *Lebensumstände und Erziehung.* Frankfurt/M (Verlag Roter Stern).

Lejeune, Marguerite (1977): *Gleichsetzung von Frau mit Mutter.* Probleme bei der Entscheidung für oder gegen ein Kind. Unveröff. Diplomarbeit Berlin-West.

Millett, K. (1969): *Sexual Politics.* New York (Doubleday); deutsch: *Sexus und Herrschaft.* Die Tyrannei des Mannes in unserer Gesellschaft. München (Desch) 1971. Vgl. den Abschnitt über Freud aus diesem Buch in Anhang dieses Bandes.

Mitchell, J. (1974): *Psychoanalysis and Feminism.* London (Allan Lane); deutsch. *Psychoanalyse und Feminismus.* Frankfurt/M (Suhrkamp) 1976.

Reincke-Köberer, Ellen: *Zur heutigen Diskussion der weiblichen Sexualität in der psychoanalytischen Bewegung.* In: Psyche 32. Jg. 1978, S. 695-731.

Ruether, R. R. (1975): *New Woman, New Earth.* Sexist Ideologies and Human Liberation. New York (Seabury Press).

Rush, A. K. und A. V. Mander (1974): *Feminism as Therapy.* New York (Random House); deutsch: *Frauentherapie.* Frauenbewegung als heilende Energie. München (Frauenoffensive) [2]1977.

Strouse, J. (Hg.) (1974): *Women and Analysis.* Dialogues on Psychoanalytic Views of Feminity. New York (Grossmann). Vgl. auch die Beiträge von J. Mitchell und E. Janeway aus diesem Band, die sich in deutscher Übersetzung im Quellenanhang finden.

Theweleit, K. (1977/78): *Männerphantasien.* Bd. 1: Frauen, Fluten, Körper, Geschichte; Bd. 2: Männerkörper — zur Psychoanalyse des Weißen Terrors. Frankfurt/M (Verlag Roter Stern).

Torok, M. (1964): *Die Bedeutung des Penisneids bei der Frau.* In: Chasseguet-Smirgel (Hg.) (1964), S. 192-232.

Waldstadt, J. J. (1972): *The Psychology of Women.* A Partially Annotated Bibliography. Pittsburgh, Pa. (KNOW).

Westphal, Andrea u. Ziem, Jochen (1977): *Frauen lernen leben.* Berichte aus der Gruppen-Psychotherapie. Darmstadt (Luchterhand).

Westphal, Renate (1979): *Aspekte geschlechtsspezifischer Macht in den Beziehungen von Frauen zu männlichen Therapeuten.* Unveröff. Diplomarbeit Berlin-West.

Windhoff-Heritier, A. (1976): *Sind Frauen so, wie Freud sie sah?* Reinbek (Rowohlt).

Yorburg, B. (1974): *Psychoanalysis and Women's Liberation.* In: Psychoanalytic Review, *61,* No. 1.

Zilboorg, G. (1944): *Masculine and Feminine.* Some Biological and Cultural Aspects. In: Psychiatry, 7, S. 257-296. Vgl. auch die deutsche Übersetzung in diesem Band.

# Nachbemerkung

## Zur Veröffentlichungsgeschichte oder warum hat es so lange gedauert, bis dieses Buch erschien?

Meinen Vortrag fand ich gut; viele wollten auch den Text haben. Ich beschloß, ihn zu veröffentlichen. Da ich in meinem Beruf nie eine Stelle bekommen werde, wenn ich nicht hin und wieder was veröffentliche (wobei oft die Menge zählt), möchte ich wenigstens Beiträge drucken lassen, zu denen ich stehe. Ich fand es auch wichtig, daß Artikel mit einem dezidierten Frauenstandpunkt in den anerkannten Fachzeitschriften — soweit dies möglich ist — erscheinen, denn das macht es leichter für Frauen 'in der Provinz', die Wissenschaftlichkeit ihrer Ansichten zu belegen.

Mir schien es angemessen, daß der Artikel in *Psyche. Zeitschrift für Psychoanalyse und ihre Anwendungen* erscheint. Ich schickte den Text an M. Mitscherlich-Nielsen, die eine Veröffentlichung befürwortete. Gleichzeitig entstand das Projekt, mit dem Aufsatz und den wichtigsten Texten, auf die ich mich bezogen hatte, im Verlag Roter Stern ein Buch zu machen; das Buch könnte allerdings erst nach Erscheinen des Aufsatzes herauskommen, da eine Fachzeitschrift den Text sonst nicht gebracht hätte.

So weit, so gut. Es folgten nun über ein Jahr Verhandlungen mit der *Psyche*-Redaktion und drei Überarbeitungen des Textes (wobei ich nur die Anzahl der fertig abgeschickten Fassungen nehme), bis zweieinhalb Jahre nach Eingang des Manuskripts der Artikel erschien.

Ich meine, letztendlich habe ich keine Kompromisse gemacht bei der Endfassung des Textes. Ich mußte aber vieles erläutern und begründen, was innerhalb der Frauenbewegung so umständlich nicht hätte erklärt werden müssen. Einige Erweiterungen waren mein eigenes Bedürfnis, da ich im Laufe der Zeit einige Dinge klarer zu sehen meinte. Die Widerstände, die ich überwinden mußte, ehe die Redaktion sich zum Druck des Artikels bereiterklärte, sind lehrreich. In einem Brief im Februar 1977 habe ich sie beschrieben; ich gebe ihn hier leicht gekürzt wieder:

> Ihr Vorschlag, meinen Aufsatz erst zusammen mit den explizierten Einwänden eines Teils der Redaktion, und dies frühestens im Spätherbst, zu veröffentlichen, leuchtet mir nicht ein. Die folgenden Überlegungen sprechen dagegen, so zu verfahren.
>
> 1. Die Auffassungen der verschiedenen Redaktionsmitglieder der *Psyche* fanden bisher durchaus Ausdruck in dieser Zeitschrift, sind den *Psyche*-Lesern also nicht unbekannt. Es ist zu erwarten, daß der Leser meinen Aufsatz in bestimmten Hinsichten als Kontrast in diesem Rahmen wahrnimmt und beurteilt. Da ich im Text auch nicht auf neuere psychoanalytische Autoren eingehe, besteht nicht etwa die Gefahr einer die Auffassungen dieser Kollegen betreffenden einseitigen oder irreführenden Darstellung, die sofortige Entgegnung fordern würde. Allenfalls wäre es einleuchtend gewesen, die von mir kritisierten feministischen Autoren um gleichzeitig zu veröffentlichende Beiträge zu bitten.
>
> 2. Wenn Redaktionsmitglieder Einwände gegen einen von auswärts kommenden Beitrag haben, steht ihnen die *Psyche* als Publikationsorgan auch künftig zur Verfügung. Sie können ihre Einwände den gleichen Lesern nahebringen, die einen kontroversen Beitrag in dieser Zeitschrift gelesen haben (und insofern müßte es gerade in deren Interesse sein, aktuelle Kontroversen *in* der Zeitschrift auszutragen). Umgekehrtes trifft aber nicht zu: ich z.B. habe nicht die Möglichkeit, meine Einwände gegen Auffassungen von Redaktionsmitgliedern der *Psyche* immer wieder dort zu veröffentlichen. Die Idee, mein Aufsatz dürfe erst dann erscheinen, wenn die Einwände aus der Redaktion gleichzeitig miterscheinen, ist ein klassischer Fall von demjenigen Pluralismus, der z. Zt. 'Kampfbegriff' (v. Brentano) ist: die unerwünschte Auffassung darf nur im Rahmen neutralisierender Ausgewogenheit vorgetragen werden, die Mehrheitsposition darf jederzeit ohne Zusätze ihrer Gegner (ich nehme an, auch diese Redaktionsmitglieder haben solche) erscheinen. Der Kompromiß impliziert eine Disqualifizierung meines Beitrags (und eine Entmündigung Ihrer Leser), die ich so nicht hinnehmen kann.
>
> 3. Selbstverständlich können inhaltliche Gründe dafür sprechen eine provozierende Position nur zusammen mit der Gegenposition vorzulegen. (Geschieht das aber nicht schon damit, daß mein Beitrag in der *Psyche* erscheint?) Nur teilen sie mir keine solchen inhaltlichen Gründe mit.
>
> Ich darf Sie an den bisherigen Verlauf erinnern.
>
> Im April 1976 schrieb mir Frau Dr. Mitscherlich, der ich den Aufsatz im März zugesandt hatte, daß die *Psyche*-Redaktion in bestimmten Punkten eine Überarbeitung wünsche. Ich habe im Juni

die Einwände, die sie mir übermittelt hatte, persönlich mit ihr besprochen und mit ihr Einigkeit über eine Überarbeitung erreicht. Den überarbeiteten Aufsatz habe ich Ende Juli Ihnen zugesandt; nach Mitteilung von Frau Dr. Mitscherlich war zu dieser Zeit ein Heft über Frauenprobleme für Anfang 1977 geplant.

Im Oktober haben Sie mir geschrieben und einige Einwände formuliert, die Sie hatten. Zugleich haben Sie angekündigt, daß Frau Dr. Mitscherlich mich über 'bestimmte in der Redaktion geltend gemachte Einwände gegen meine Argumentation' informieren werde; das hat sie Anfang November getan.

Bald danach war ich in Frankfurt bei Frau Dr. Mitscherlich sowie bei Ihnen und habe im Gespräch den Eindruck gewonnen, durch klärende Zusätze die wesentlichen Einwände entkräften zu können. Ich habe den Aufsatz noch einmal eingehend überarbeitet und ihnen zugesandt. Sie haben mir Mitte Dezember geschrieben, daß sie selbst den Aufsatz 'so', d.h. wohl ohne Vorbehalt, gut fänden. Sie versprachen mir bis Mitte Januar endgültigen Bescheid. Bei dieser gesamten Korrespondenz hatte ich das merkwürdige Gefühl, daß meine eigentlichen Kontrahenten nicht greifbar würden, denn sowohl Sie wie auch Frau Dr. Mitscherlich haben in Ihren Briefen zwischen den 'in der Redaktion geäußerten' Einwänden und dem, was Sie selbst meinen, deutlich unterschieden. Die gegenwärtige Blockierung macht dies nun offenkundig.

Über einen Zeitraum von fast einem Jahr finden sich die Gegner eines Abdrucks meines Beitrags nicht dazu bereit, selbst ihre Einwände mir gegenüber zu äußern. Weder die Möglichkeit der Verständigung über Intentionen, der Vermittlung, noch die Chance zum Aufeinanderprallen von Gegensätzen, aus dem ich hätte Konsequenzen ziehen können, wurde mir gegeben. Es kann mir schon gar nicht einsichtig werden, warum die Einwände dieser sprachlosen Kontrahenten unbedingt zusammen mit meinem Beitrag erscheinen müssen. Dies umso weniger, als die Sprachlosigkeit offensichtlich so weit reicht, daß sie noch ein halbes Jahr zur Formulierung ihrer Einwände benötigen würden.

4. Es bleibt mir nur die Möglichkeit, aus den mir übermittelten Einwänden zu erraten, welcher Art der Widerstand ist. Wiederholt ging es in den Briefen darum, ob der Analytiker eine Fortschreibung patriarchalischer Strukturen wünsche, welches Ziel ein guter Analytiker der Behandlung setze, wer 'analysierbar' sei und was in der analytischen Situation nach Ansicht des Analytikers geleistet werden solle. Über all dies habe ich aber schlichtweg nichts geschrieben. Nichts. Es war nicht mein Thema. Ich habe andere Probleme. Können Ihre Kollegen dies denn nicht begreifen? Die Frauen waren für mich in meinem ganzen Gedankengang Subjekt; nicht nur inhaltlich: mein Vortrag bezieht sich dialogisch auf die Frauenbewegung, in diesem Text spricht eine Frau zu Frauen. In allen vorhin genannten Formulierungen werden dagegen die Frauen zu Objekten reduziert: Patientinnen, (Er-) Leidende — wenn auch zu Objekten einer Behandlung, die, von der subjektiven Absicht des Analytikers her gesehen, sie zu Subjekten machen soll. Es scheint den Redaktionskollegen nicht vorstellbar zu sein, daß Frauen mit Frauen in ernstzunehmender Weise und sachkundig über die Anwendungen der Psychoanalyse sprechen, ohne selbst Analytiker zu sein.

 Herr Dahmer schrieb mir daraufhin, um *seine* Einwände zu verdeutlichen. Ich hätte programmatisch angekündigt, mich zu der Frage der Absichten, Wünsche und Ziele des Analytikers äußern zu wollen, dies aber nicht eingelöst. Am schwersten wog aber wohl immer noch der Einwand, ich hätte die These der Nichtbehandelbarkeit von Frauen aufgestellt; es sollten derartige 'unausgewiesene Globalthesen über den Patriarchalismus der Psychoanalyse nicht unwidersprochen stehenbleiben.'

Wahrscheinlich hätte ich zu diesem Zeitpunkt oder schon viel eher ganz aufgegeben, wenn nicht Margarete Mitscherlich-Nielsen sich so stark für die Veröffentlichung eingesetzt hätte. Ich las die bis dahin letzte Fassung meines Aufsatzes nochmal und merkte, daß ich zwar für mich wichtige Erweiterungen vorgenommen hatte, andererseits aber derart viele Abgrenzungen, Einschränkungen, Wenn und Aber eingebaut hatte, daß ich den Text selbst nicht mehr mochte. Ich mußte also die dritte Überarbeitung auf jeden Fall machen, und da beschloß ich, sie auch der *Psyche* zu schicken — was ich mit folgendem Brief ankündigte:

> als Frau Dr. Mitscherlich-Nielsen mir zuerst die Einwände der Redaktion zu meinem Aufsatz schrieb, nannte sie für den Punkt, der immer noch der Haupteinwand ist, eine Seitenzahl, die es in meinem Text gar nicht gab. Dem entsprach die Tatsache, daß ich das, was Gegenstand des Einwandes war, in meinem Text nirgendwo ausgesprochen habe.
> Nun, in der Redaktion sind eben Psychoanalytiker. Es reicht ihnen, wenn sie spüren, daß ich etwas denke, was ich nicht sage. Tatsächlich habe ich bei der Abfassung des Vortrages strenge Zeitbegrenzung beachten müssen, seither hatte ich weder Zeit, noch Lust, noch ein für meine Ansprüche ausreichendes Material, um Ausführungen darüber zu schreiben, wie Analytiker sich zu Frauen verhalten. Die ausdrückliche Versicherung, daß dies nicht mein Thema ist, reicht offenbar nicht aus, sie wollen im Grunde die ausdrückliche Anerkennung, daß Psychoanalytiker, sofern sie nicht gerade 'schlechte Analytiker' sind, keine Handlanger oder Komplizen des Patriarchats sind. Wenn ich das Gegenteil auch nur für möglich halte — und meine Formulierungen gehen nicht weiter als das — soll ich es bitte sehr beweisen oder abschwören.
> Sie spüren vielleicht schon meine Empörung. Warum in aller Welt soll ich die Beweislast in dieser Frage tragen? Wenn unterdrückungsverhältnisse real vorhanden sind, die bis in die Verkehrsformen der Individuen hinein wirksam sind und die von der Fort-

setzung dieser Verkehrsformen her auch reproduziert werden — muß nicht jeder selbst unter Beweis stellen, daß er nicht blind mitschuldig ist? Selbstverständlich drücken meine Formulierungen den Verdacht aus, daß die Analytiker so lange der Versuchung der Übertragungsbeziehung erliegen, Frauen in Richtung auf eine Hinnahme ihrer eigenen Unterdrückung zu beeinflussen, wie diese Analytiker nicht selbst radikal mit ihrer eigenen Hinnahme des Patriarchats klargekommen sind, so lange, wie sie nicht begonnen haben, entschieden am Abbau der Ungleichheit zu arbeiten — im eigenen Leben, in den eigenen Institutionen, in ihrer Öffentlichkeitswirkung. Davon hat man (frau) wahrlich noch wenig gehört. Eine Fußnote von Paul Parin und eine Sondernummer Sept. 1975 sind bislang alles, was mir bei regelmäßiger Lektüre der *Psyche* aufgefallen ist.



Hinzu kommt, daß ich gemerkt habe, daß selbst die letzte Fassung des Schlußabschnitts meines Beitrags schon zu offensichtlich durch die Bemühung um Kompromisse gekennzeichnet ist. Das, was den Beitrag im doppelten Sinne provokativ machte, d.h. auch Gedanken anregend, war die bewußt gestaltete und beziehungsreiche Sprache, die sehr viel mehr denken ließ, als definitiv gesagt wurde. Das geht bei solchen mühsamen Abgrenzungs- und Absicherungsversuchen verloren.

Ich werde den letzten Abschnitt völlig neu schreiben und das ausführen, was in Andeutungen Stein des Anstoßes war. Sie werden das Ergebnis nicht veröffentlichen, aber ich schicke es Ihnen in 2-3 Wochen zu! (Oder unterschätze ich die Redaktionskollegen?)

Ende Juli 1977 erhielt ich die Zusage zur Veröffentlichung. Erschienen ist der Aufsatz ein Jahr später, im August 1978.

August 1978: die Zeit, in der ich meinen Vortrag ausgearbeitet habe, ist drei Jahre her. Der *Psyche*-Aufsatz ist mir zu lang; ich möchte ihn unterteilen, zumal er im Zuge der Überarbeitungen so ausgewachsen ist, daß der ursprüngliche Aufbau gesprengt wird.

Ich beginne die vierte Überarbeitung, und ziehe die Aussagen, die im engeren Sinne auf die feministische Auseinandersetzung mit Freud bezogen sind, zum ersten Kapitel zusammen, wie es hier erscheint. Nun: wohin mit dem Rest, ein Wust von Gedanken, Assoziationen, Überlegungen über das Verhältnis von Lust und Macht?

Es zieht sich eine Weile hin, bis ich merke, daß ich einen solchen philosophierenden Text heute nicht mehr schreiben kann. Es hat sich bei mir zu viel geändert. Meine Tochter, damals zwei, ist inzwischen fünf. Meine Ehe ist seit zwei Jahren getrennt. Aus dem damals beginnenden Frauenprojekt wurde ein Projekt Hausarbeit, eine Frauengruppe, die mit dem Ziel Frauenforschung machte, uns selbst und die Arbeit, die Frauen alle Tage tun, ernst zu nehmen. Wir haben über Hausarbeit geredet, Hausarbeit beobachtet und protokolliert, mit anderen Frauen Gespräche darüber geführt, (vergeblich) versucht, Geld für eine umfangreichere Forschung zu bekommen, ein Buch (Ann Oakleys *Soziologie der Hausarbeit*) zusammen übersetzt, Studienabschlußarbeiten geschrieben und unsere Erkenntnisse in verschiedene neue Projekte eingebracht.

Seit zwei Jahren arbeite ich praktisch im berliner Frauenhaus in der Beratung mißhandelter Frauen (im Rahmen der wissenschaftlichen Begleitung); ich arbeite dabei gerne mit Frauen zusammen, von denen ich 1976 nicht geglaubt hätte, daß wir jemals auch nur freundliche Gespräche führen können. Die täglichen Erfahrungen mit den unterschiedlichen Formen unserer gemeinsamen Erfahrung, als Frau der Gewalt ausgesetzt zu sein, und mit den zahlreich auftretenden Schwierigkeiten, wenn frau sich dagegen zur Wehr setzen will, haben uns alle, die wir da arbeiten, verändert.

Ich habe mich intensiver als früher auf die Kämpfe und die Entwicklungen einzelner Frauen und Kinder eingelassen und bin dabei auch fähiger geworden, sowohl Hilfe zu geben wie auch Abstand dazu zu finden. Dadurch ist für mich der Prozeß der *Verallgemeinerung* konkreter geworden. Vieles, was ich früher nur zaghaft in Abstraktionen umreißen konnte, hat durch die gegenseitige Teilnahme an Erfahrungen so viel Substanz für mich gewonnen, daß ich den Rückbezug auf Literatur oder auf Techniken der Beweisführung überflüssig finde. Ich traue mich stärker, in sinnlichen Erfahrungen zu denken und dies (was allerdings durch die Vorprägung unserer Theoriesprache nicht leicht ist) in der Darstellung beizubehalten.

Langsam wächst meine Distanz zu dieser merkwürdigen Form von Angstabwehr der patriarchalischen Theorietradition, für die nur das Formale und das Austauschbare verallgemeinerbar, gemeinsam gültig sein können. Es ist, als würden unsere Wissenschaftler irgend eine Bedrohung von sich abweisen können, wenn sie verlangen, die Erzählung konkreter Geschichten und die Teilnahme an sinnlicher Erfahrung als eine minderwertige und unwesentliche Kommunikation zu begreifen, bei der bloß Erscheinungen, niemals aber das Wesen sich zeigen könne. Das, was wir leben und erfahren können, muß verlassen werden, um zu dem Wesen aufzusteigen; zugelassen wird's noch in der Ausbildung (oder Volksbildung) als Mittel zum Zweck: als didaktischer Einstieg oder zur Bebilderung.

Wenngleich diese Forderung, gelebtes als zufällig und nicht zur Sache gehörig beiseite zu tun, wenn wir in die Wissenschaft eintreten, uns nicht immer unverfroren als Programm entgegentritt, so ist sie in der üblichen Art und Weise, wie Theorien dargestellt und verhandelt werden, eingebaut.

Mir liegt viel daran, anders zu schreiben. Für das Schreiben selbst habe ich aber wenig Zeit — nicht nur, weil ich mich davor schützen muß, von der 'Sorge für Andere' völlig vereinnahmt zu werden, sondern weil ich von dem, was mit Frauen und Kindern hierzulande angestellt wird, oft derart betroffen bin, daß eine Abgrenzung weder mein Bedürfnis noch meine Möglichkeit ist. So ist es schließlich dem Verlag zu danken, daß dieses Buch überhaupt fertig wurde.

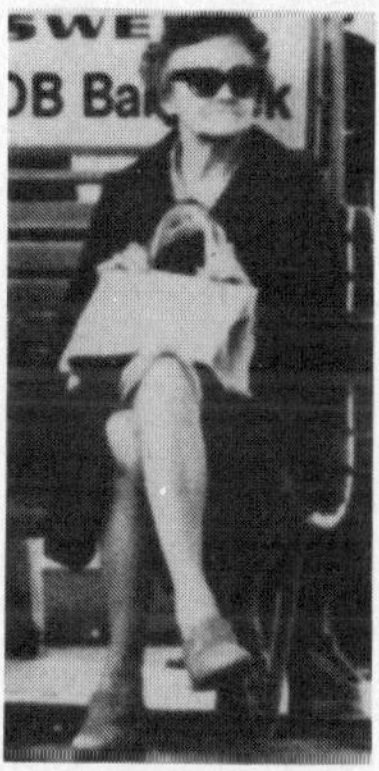

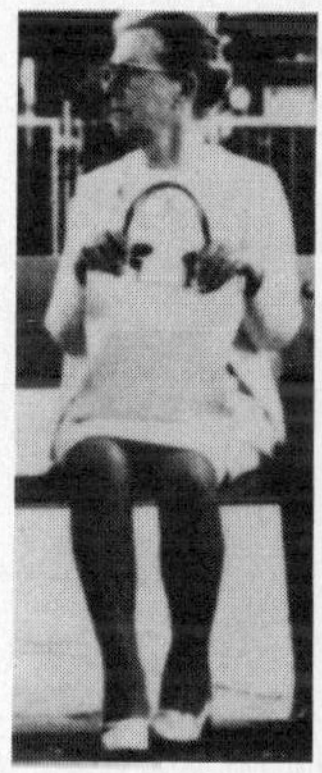

Minuten

Minuten

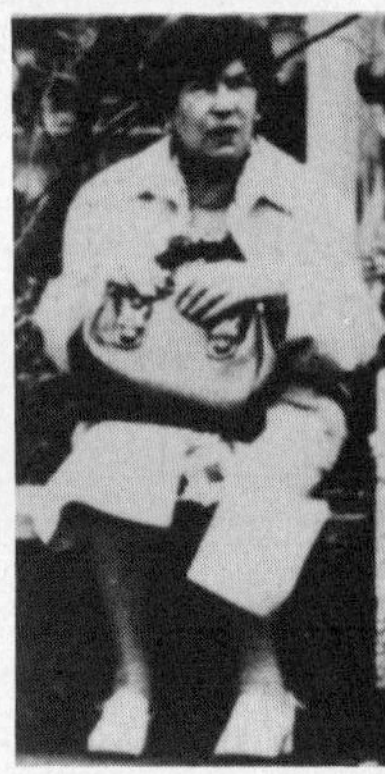

*Sigmund Freud*

# Über die weibliche Sexualität

## I

In der Phase des normalen Ödipuskomplexes finden wir das Kind an den gegengeschlechtlichen Elternteil zärtlich gebunden, während im Verhältnis zum gleichgeschlechtlichen die Feindseligkeit vorwiegt. Es macht uns keine Schwierigkeiten, dieses Ergebnis für den Knaben abzuleiten. Die Mutter war sein erstes Liebesobjekt; sie bleibt es, mit der Verstärkung seiner verliebten Strebungen und der tieferen Einsicht in die Beziehung zwischen Vater und Mutter muß der Vater zum Rivalen werden. Anders für das kleine Mädchen. Ihr erstes Objekt war doch auch die Mutter; wie findet sie den Weg zum Vater? Wie, wann und warum macht sie sich von der Mutter los? Wir haben längst verstanden, die Entwicklung der weiblichen Sexualität werde durch die Aufgabe kompliziert, die ursprünglich leitende genitale Zone, die Klitoris, gegen eine neue, die Vagina, aufzugeben. Nun erscheint uns eine zweite solche Wandlung, der Umtausch des ursprünglichen Mutterobjekts gegen den Vater, nicht weniger charakteristisch und bedeutungsvoll für die Entwicklung des Weibes. In welcher Art die beiden Aufgaben miteinander verknüpft sind, können wir noch nicht erkennen.

Frauen mit starker Vaterbindung sind bekanntlich sehr häufig; sie brauchen auch keineswegs neurotisch zu sein. An solchen Frauen habe ich die Beobachtungen gemacht, über die ich hier berichte und die mich zu einer gewissen Auffassung der weiblichen Sexualität veranlaßt haben. Zwei Tatsachen sind mir da vor allem aufgefallen. Die erste war: wo eine besonders intensive Vaterbindung bestand, da hatte es nach dem Zeugnis der Analyse vorher eine Phase von ausschließlicher Mutterbindung gegeben von gleicher Intensität und Leidenschaftlichkeit. Die zweite Phase hatte bis auf den Wechsel des Objekts dem Liebesleben kaum einen neuen Zug hinzugefügt. Die primäre Mutterbeziehung war sehr reich und vielseitig ausgebaut gewesen.

Die zweite Tatsache lehrte, daß man auch die Zeitdauer dieser Mutterbindung stark unterschätzt hatte. Sie reichte in mehreren Fällen bis weit ins vierte, in einem bis ins fünfte Jahr, nahm also den bei weitem längeren Anteil der sexuellen Frühblüte ein. Ja, man mußte die Möglichkeit gelten lassen, daß eine Anzahl von weiblichen Wesen in der ursprünglichen Mutterbindung stecken bleibt und es niemals zu einer richtigen Wendung zum Manne bringt.

Die präödipale Phase des Weibes rückt hiemit zu einer Bedeutung auf, die wir ihr bisher nicht zugeschrieben haben.

Da sie für alle Fixierungen und Verdrängungen Raum hat, auf die wir die Entstehung der Neurosen zurückführen, scheint es erforderlich, die Allgemeinheit des Satzes, der Ödipuskomplex sei der Kern der Neurose, zurückzunehmen. Aber wer ein Sträuben gegen diese Korrektur verspürt, ist nicht genötigt, sie zu machen. Einerseits kann man dem Ödipuskomplex den weiteren Inhalt geben, daß er alle Beziehungen des Kindes zu beiden Eltern umfaßt, anderseits kann man den neuen Erfahrungen auch Rechnung tragen, indem man sagt, das Weib gelange zur normalen positiven Ödipussituation erst, nachdem es eine vom negativen Komplex beherrschte Vorzeit überwunden. Wirklich ist während dieser Phase der Vater für das Mädchen nicht viel anderes als ein lästiger Rivale, wenngleich die Feindseligkeit gegen ihn nie die für den Knaben charakteristische Höhe erreicht. Alle Erwartungen eines glatten Parallelismus zwischen männlicher und weiblicher Sexualentwicklung haben wir ja längst aufgegeben.

Die Einsicht in die präödipale Vorzeit des Mädchens wirkt als Überraschung, ähnlich wie auf anderem Gebiet die Aufdeckung der minoisch-mykenischen Kultur hinter der griechischen.

Alles auf dem Gebiet dieser ersten Mutterbindung erschien mir so schwer analytisch zu erfassen, so altersgrau, schattenhaft, kaum wiederbelebbar, als ob es einer besonders unerbittlichen Verdrängung erlegen wäre. Vielleicht kam dieser Eindruck aber davon, daß die Frauen in der Analyse bei mir an der nämlichen Vaterbindung festhalten konnten, zu der sie sich aus der in Rede stehenden Vorzeit geflüchtet hatten. Es scheint wirklich, daß weibliche Analytiker, wie Jeanne Lampl-de Groot und Helene Deutsch, diese Tatbestände leichter und deutlicher wahrnehmen konnten, weil ihnen bei ihren Gewährspersonen die Übertragung auf einen geeigneten Mutterersatz zu Hilfe kam. Ich habe es auch nicht dahin gebracht, einen Fall vollkommen zu durchschauen, beschränke mich daher auf die Mitteilung der allgemeinsten Ergebnisse und führe nur wenige Proben aus meinen neuen Einsichten an. Dahin gehört, daß diese Phase der Mutterbindung eine besonders intime Beziehung zur Ätiologie der Hysterie vermuten läßt, was nicht überraschen kann, wenn man erwägt, daß beide, die Phase wie die Neurose, zu den besonderen Charakteren der Weiblichkeit gehören, ferner auch, daß man in dieser Mutterabhängigkeit den Keim der späteren Paranoia des Weibes findet.[1] Denn dies scheint die überraschende, aber regelmäßig angetroffene Angst, von der Mutter umgebracht (aufgefressen?) zu werden, wohl zu sein. Es liegt nahe, anzunehmen, daß diese Angst einer Feindseligkeit entspricht, die sich im Kind gegen die Mutter infolge der vielfachen Einschränkungen der Erziehung und Körperpflege entwickelt, und daß der Mechanismus der Projektion durch die Frühzeit der psychischen Organisation begünstigt wird.

Ich habe die beiden Tatsachen vorangestellt, die mir als neu aufgefallen sind, daß die starke Vaterabhängigkeit des Weibes nur das Erbe einer ebenso starken Mutterbindung antritt und daß diese frühere Phase durch eine unerwartet lange Zeitdauer angehalten hat. Nun will ich zurückgreifen, um diese Ergebnisse in das uns bekanntgewordene Bild der weiblichen Sexualentwicklung einzureihen, wobei Wiederholungen nicht zu vermeiden sein werden. Die fortlaufende Vergleichung mit den Verhältnissen beim Manne kann unserer Darstellung nur förderlich sein.

Zunächst ist es unverkennbar, daß die für die menschliche Anlage behauptete Bisexualität beim Weib viel deutlicher hervortritt als beim Mann. Der Mann hat doch nur eine leitende Geschlechtszone, ein Geschlechtsorgan, während das Weib deren zwei besitzt: die eigentlich weibliche Vagina und die dem männlichen Glied analoge Klitoris. Wir halten uns für berechtigt anzunehmen, daß die Vagina durch lange Jahre so gut wie nicht vorhanden ist, vielleicht erst zur Zeit der Pubertät Empfindungen liefert. In letzter Zeit mehren sich allerdings die Stimmen der Beobachter, die vaginale Regungen auch in diese frühen Jahre verlegen. Das Wesentliche, was also an Genitalität in der Kindheit vorgeht, muß sich beim Weibe an der Klitoris abspielen. Das Geschlechtsleben des Weibes zerfällt regelmäßig in zwei Phasen, von denen die erste männlichen Charakter hat; erst die zweite ist die spezifisch weibliche. In der weiblichen Entwicklung gibt es so einen Prozeß der Überführung der einen Phase in die andere, dem beim Manne nichts analog ist. Eine weitere Komplikation entsteht daraus, daß sich die Funktion der virilen Klitoris in das spätere weibliche Geschlechtsleben fortsetzt in einer sehr wechselnden und gewiß nicht befriedigend verstandenen Weise. Natürlich wissen wir nicht, wie sich diese Besonderheiten des Weibes biologisch begründen; noch weniger können wir ihnen teleologische Absicht unterlegen. 

Parallel dieser ersten großen Differenz läuft die andere auf dem Gebiet der Objektfindung. Beim Manne wird die Mutter zum ersten Liebesobjekt infolge des Einflusses von Nahrungszufuhr und Körperpflege, und sie bleibt es, bis sie durch ein ihr wesensähnliches oder von ihr abgeleitetes ersetzt wird. Auch beim Weib muß die Mutter das erste Objekt sein. Die Urbedingungen der Objektwahl sind ja für alle Kinder gleich. Aber am Ende der Entwicklung soll der Mann-Vater das neue Liebesobjekt geworden sein, d.h. dem Geschlechtswechsel des Weibes muß ein Wechsel im Geschlecht des Objekts entsprechen. Als neue Aufgaben der Forschung entstehen hier die Fragen, auf welchen Wegen diese Wandlung vor sich geht, wie gründlich oder unvollkommen sie vollzogen wird, welche verschiedenen Möglichkeiten sich bei dieser Entwicklung ergeben.

Wir haben auch bereits erkannt, daß eine weitere Differenz der Geschlechter sich auf das Verhältnis zum Ödipuskomplex bezieht. Unser Eindruck ist hier, daß unsere Aussagen über den Ödipuskomplex in voller Strenge nur für das männliche Kind passen, und daß wir recht daran haben, den Namen Elektrakomplex abzulehnen, der die Analogie im Verhalten beider Geschlechter betonen will. Die schicksalhafte Beziehung von gleichzeitiger Liebe zu dem einen und Rivalitätshaß gegen den anderen Elternteil stellt sich nur für das männliche Kind her. Bei diesem ist es dann die Entdeckung der Kastrationsmöglichkeit, wie sie durch den Anblick des weiblichen Genitales erwiesen wird, die die Umbildung des Ödipuskomplexes erzwingt, die Schaffung des Über-Ichs herbeiführt und so all die Vorgänge einleitet, die auf die Einreihung des Einzelwesens in die Kulturgemeinschaft abzielen. Nach der Verinnerlichung der Vaterinstanz zum Über-Ich ist die weitere Aufgabe zu lösen, dies letztere von den Personen abzulösen, die es ursprünglich seelisch vertreten hat. Auf diesem merkwürdigen Entwicklungsweg ist gerade das narzißtische Genitalinteresse, das an der Erhaltung des Penis, zur Einschränkung der infantilen Sexualität gewendet worden.

Beim Manne erübrigt vom Enfluß des Kastrationskomplexes auch ein Maß von Geringschätzung für das als kastriert erkannte Weib. Aus dieser entwickelt sich im Extrem eine Hemmung der Objektwahl und bei Unterstützung durch organische Faktoren ausschließliche Homosexualität. Ganz andere sind die Wirkungen des Kastrationskomplexes beim Weib. Das Weib anerkennt die Tatsache seiner Kastration und damit auch die Überlegenheit des Mannes und seine eigene Minderwertigkeit, aber es sträubt sich auch gegen diesen unliebsamen Sachverhalt. Aus dieser zwiespältigen Einstellung leiten sich drei Entwicklungsrichtungen ab. Die erste führt zur allgemeinen Abwendung von der Sexualität. Das kleine Weib, durch den Vergleich mit dem Knaben geschreckt, wird mit seiner Klitoris unzufrieden, verzichtet auf seine phallische Betätigung und damit auf die Sexualität überhaupt wie auf ein gutes Stück seiner Männlichkeit auf anderen Gebieten. Die zweite Richtung hält in trotziger Selbstbehauptung an der bedrohten Männlichkeit fest; die Hoffnung, noch einmal einen Penis zu bekommen, bleibt bis in unglaublich späte Zeiten aufrecht, wird zum Lebenszweck erhoben, und die Phantasie, trotz alledem ein Mann zu sein, bleibt oft gestaltend für lange Lebensperioden. Auch dieser „Männlichkeitskomplex" des Weibes kann in manifest homosexuelle Objektwahl ausgehen. Erst eine dritte, recht umwegige Entwicklung mündet in die normal weibliche Endgestaltung aus, die den Vater als Objekt nimmt und so die weibliche Form des Ödipuskomplexes findet. Der Ödipuskomplex ist also beim Weib das Endergebnis einer längeren Entwicklung, er wird durch den Einfluß der Kastration nicht zerstört, sondern durch ihn geschaffen, er entgeht den starken feindlichen Einflüssen, die beim Mann zerstörend auf ihn einwirken, ja er wird allzuhäufig vom Weib überhaupt nicht überwunden. Darum sind auch die kulturellen Ergebnisse seines Zerfalls geringfügiger und weniger belangreich. Man geht wahrscheinlich nicht fehl, wenn man aussagt, daß dieser Unterschied in der gegenseitigen Beziehung von Ödipus- und Kastrationskomplex den Charakter des Weibes als soziales Wesen prägt.[2]

Die Phase der ausschließlichen Mutterbindung, die präödipal genannt werden kann, beansprucht also beim Weib eine weitaus größere Bedeutung, als ihr beim Mann zukommen kann. Viele Erscheinungen des weiblichen Sexuallebens, die früher dem Verständnis nicht recht zugänglich waren, finden in der Zurückführung auf sie ihre volle Aufklärung. Wir haben z.B. längst bemerkt, daß viele Frauen, die ihren Mann nach dem Vatervorbild gewählt oder ihn an die Vaterstelle gesetzt haben, doch in der Ehe an ihm ihr schlechtes Verhältnis zur Mutter wiederholen. Er sollte die Vaterbeziehung erben und in Wirklichkeit erbt er die Mutterbeziehung. Das versteht man leicht als einen naheliegenden Fall von Regression. Die Mutterbeziehung war die ursprüngliche, auf sie war die Vaterbindung aufgebaut, und nun kommt in der Ehe das Ursprüngliche aus der Verdrängung zum Vorschein. Die Überschreibung affektiver Bindungen vom Mutter- auf das Vaterobjekt bildete ja den Hauptinhalt der zum Weibtum führenden Entwicklung.

Wenn wir bei so vielen Frauen den Eindruck bekommen, daß ihre Reifezeit vom Kampf mit dem Ehemann ausgefüllt wird, wie ihre Jugend im Kampf mit der Mutter verbracht wurde, so werden wir im Licht der vorstehenden Bemerkungen den Schluß ziehen, daß deren feindselige Einstellung zur Mutter nicht eine Folge der Rivalität des Ödipuskomplexes ist, sondern aus der Phase vorher stammt und in der Ödipussituation nur Verstärkung und Verwendung erfahren hat. So wird es auch durch direkte analytische Untersuchung bestätigt. Unser Interesse muß sich den Mechanismen zuwenden, die bei der Abwendung von dem so intensiv und ausschließlich geliebten Mutterobjekt wirksam geworden sind. Wir sind darauf vorbereitet, nicht ein einziges solches Moment, sondern eine ganze Reihe von solchen Momenten zu finden, die zum gleichen Endziel zusammenwirken.

Unter ihnen treten einige hervor, die durch die Verhältnisse der infantilen Sexualität überhaupt bedingt sind, also in gleicher Weise für das Liebesleben des Knaben gelten. In erster Linie ist hier die Eifersucht auf andere Personen zu nennen, auf Geschwister, Rivalen, neben denen auch der Vater Platz findet. Die kindliche Liebe ist maßlos, verlangt Ausschließlichkeit, gibt sich nicht mit Anteilen zufrieden. Ein zweiter Charakter ist aber, daß diese Liebe auch eigentlich ziellos, einer vollen Befriedigung unfähig ist, und wesentlich darum ist sie dazu verurteilt, in Enttäuschung auszugehen und einer feindlichen Einstellung Platz zu machen. In späteren Lebenszeiten kann das Ausbleiben einer Endbefriedigung einen anderen Ausgang begünstigen. Dies Moment mag wie bei den zielgehemmten Liebesbeziehungen die ungestörte Fortdauer der Libidobesetzung versichern, aber im Drang der Entwicklungsvorgänge ereignet es sich regelmäßig, daß die Libido die unbefriedigende Position verläßt, um eine neue aufzusuchen.

Ein anderes weit mehr spezifisches Motiv zur Abwendung von der Mutter ergibt sich aus der Wirkung des Kastrationskomplexes auf das penislose Geschöpf. Irgendeinmal macht das kleine Mädchen die Entdeckung seiner organischen Minderwertigkeit, natürlich früher und leichter, wenn es Brüder hat oder andere Knaben in der Nähe sind. Wir haben schon gehört, welche drei Richtungen sich dann voneinander scheiden: a) die zur Einstellung des ganzen Sexuallebens; b) die zur trotzigen Überbetonung der Männlichkeit; c) die Ansätze zur endgültigen Weiblichkeit. Genauere Zeitangaben zu machen und typische Verlaufsweisen festzulegen, ist hier nicht leicht. Schon der Zeitpunkt der Entdeckung der Kastration ist wechselnd, manche andere Momente scheinen inkonstant und vom Zufall abhängig. Der Zustand der eigenen phallischen Betätigung kommt in Betracht, ebenso ob diese entdeckt wird oder nicht, und welches Maß von Verhinderung nach der Entdeckung erlebt wird. 

Die eigene phallische Betätigung, Masturbation an der Klitoris, wird vom kleinen Mädchen meist spontan gefunden, ist gewiß zunächst phantasielos. Dem Einfluß der Körperpflege an ihrer Erweckung wird durch die so häufige Phantasie Rechnung getragen, die Mutter, Amme oder Kinderfrau zur Verführerin macht. Ob die Onanie der Mädchen seltener und von Anfang an weniger energisch ist als die der Knaben, bleibt dahingestellt; es wäre wohl möglich. Auch wirkliche Verführung ist häufig genug, sie geht entweder von anderen Kindern oder von Pflegepersonen aus, die das Kind beschwichtigen, einschläfern oder von sich abhängig machen wollen. Wo Verführung einwirkt, stört sie regelmäßig den natürlichen Ablauf der Entwicklungsvorgänge; oft hinterläßt sie weitgehende und andauernde Konsequenzen.

Das Verbot der Masturbation wird, wie wir gehört haben, zum Anlaß, sie aufzugeben, aber auch zum Motiv der Auflehnung gegen die verbietende Person, also die Mutter oder den Mutterersatz, der später regelmäßig mit ihr verschmilzt. Die trotzige Behauptung der Masturbation scheint den Weg zur Männlichkeit zu eröffnen. Auch wo es dem Kind nicht gelungen ist, die Masturbation zu unterdrükken, zeigt sich die Wirkung des anscheinend machtlosen Verbots in seinem späteren Bestreben, sich mit allen Opfern von der ihm verleideten Befriedigung frei zu machen. Noch die Objektwahl des reifen Mädchens kann von dieser festgehaltenen Absicht beeinflußt werden. Der Groll wegen der Behinderung in der freien sexuellen Betätigung spielt eine große Rolle in der Ablösung von der Mutter. Dasselbe

Motiv wird auch nach der Pubertät wieder zur Wirkung kommen, wenn die Mutter ihre Pflicht erkennt, die Keuschheit der Tochter zu behüten. Wir werden natürlich nicht daran vergessen, daß die Mutter der Masturbation des Knaben in gleicher Weise entgegentritt und somit auch ihm ein starkes Motiv zur Auflehnung schafft.

Wenn das kleine Mädchen durch den Anblick eines männlichen Genitales seinen eigenen Defekt erfährt, nimmt sie die unerwünschte Belehrung nicht ohne Zögern und ohne Sträuben an. Wie wir gehört haben, wird die Erwartung, auch einmal ein solches Genitale zu bekommen, hartnäckig festgehalten, und der Wunsch danach überlebt die Hoffnung noch um lange Zeit. In allen Fällen hält das Kind die Kastration zunächst nur für ein individuelles Mißgeschick, erst später dehnt es dieselbe auch auf einzelne Kinder, endlich auf einzelne Erwachsene aus. Mit der Einsicht in die Allgemeinheit dieses negativen Charakters stellt sich eine große Entwertung der Weiblichkeit, also auch der Mutter, her.

Es ist sehr wohl möglich, daß die vorstehende Schilderung, wie sich das kleine Mädchen gegen den Eindruck der Kastration und das Verbot der Onanie verhält, dem Leser einen verworrenen und widerspruchsvollen Eindruck macht. Das ist nicht ganz die Schuld des Autors. In Wirklichkeit ist eine allgemein zutreffende Darstellung kaum möglich. Bei verschiedenen Individuen findet man die verschiedensten Reaktionen, bei demselben Individuum bestehen die entgegengesetzten Einstellungen nebeneinander. Mit dem ersten Eingreifen des Verbots ist der Konflikt da, der von nun an die Entwicklung der Sexualfunktion begleiten wird. Es bedeutet auch eine besondere Erschwerung der Einsicht, daß man so große Mühe hat, die seelischen Vorgänge dieser ersten Phase von späteren zu unterscheiden, durch die sie überdeckt und für die Erinnerung entstellt werden. So wird z.B. später einmal die Tatsache der Kastration als Strafe für die onanistische Betätigung aufgefaßt, deren Ausführung aber dem Vater zugeschoben, was beides gewiß nicht ursprünglich sein kann. Auch der Knabe befürchtet die Kastration regelmäßig von seiten des Vaters, obwohl auch bei ihm die Drohung zumeist von der Mutter ausgeht.

Wie dem auch sein mag, am Ende dieser ersten Phase der Mutterbindung taucht als das stärkste Motiv zur Abwendung von der Mutter der Vorwurf auf, daß sie dem Kind kein richtiges Genitale mitgegeben, d.h. es als Weib geboren hat. Nicht ohne Überraschung vernimmt man einen anderen Vorwurf, der etwas weniger weit zurückgreift: die Mutter hat dem Kind zu wenig Milch gegeben, es nicht lange genug genährt. Das mag in unseren kulturellen Verhältnissen recht oft zutreffen, aber gewiß nicht so oft, als es in der Analyse behauptet wird. Es scheint vielmehr, als sei diese Anklage ein Ausdruck der allgemeinen Unzufriedenheit der Kinder, die unter den kulturellen Bedingungen der Monogamie nach sechs bis neun Monaten der Mutterbrust entwöhnt werden, während die primitive Mutter sich zwei bis drei Jahre ausschließlich ihrem Kinde widmet, als wären unsere Kinder für immer ungesättigt geblieben, als hätten sie nie lang genug an der Mutterbrust gesogen. Ich bin aber nicht sicher, ob man nicht bei der Analyse von Kindern, die solange gesäugt worden sind wie die Kinder der Primitiven, auf dieselbe Klage stoßen würde. So groß ist die Gier der kindlichen Libido! Überblickt man die ganze Reihe der Motivierungen, welche die Analyse für die Abwendung von der Mutter aufdeckt, daß sie es unterlassen hat, das Mädchen mit dem einzig richtigen Genitale auszustatten, daß sie es ungenügend ernährt hat, es gezwungen hat, die Mutterliebe mit anderen zu teilen, daß sie nie alle Liebeserwartungen erfüllt, und endlich, daß sie die eigene Sexualbetätigung zuerst angeregt und dann verboten hat, so scheinen sie alle zur Rechtfertigung der endlichen Feindseligkeit unzureichend. Die einen von ihnen sind unvermeidliche Abfolgen aus der Natur der infantilen Sexualität, die anderen nehmen sich aus wie später zurechtgemachte Rationalisierungen der unverstandenen Gefühlswandlung. Vielleicht geht es eher so zu, daß die Mutterbindung zugrunde gehen muß, gerade darum, weil sie die erste und so intensiv ist, ähnlich wie man es so oft an den ersten, in stärkster Verliebtheit geschlossenen Ehen der jungen Frauen beobachten kann. Hier wie dort würde die Liebeseinstellung an den unausweichlichen Enttäuschungen und an der Anhäufung der Anlässe zur Aggression scheitern. Zweite Ehen gehen in der Regel weit besser aus.

Wir können nicht so weit gehen zu behaupten, daß die Ambivalenz der Gefühlsbesetzungen ein allgemeingültiges psychologisches Gesetz ist, daß es überhaupt unmöglich ist, große Liebe für eine Person zu empfinden, ohne daß sich ein vielleicht ebenso großer Haß hinzugesellt oder umgekehrt. Dem Normalen und Erwachsenen gelingt es ohne Zweifel, beide Einstellungen voneinander zu sondern, sein Liebesobjekt nicht zu hassen und seinen Feind nicht auch lieben zu müssen. Aber das scheint das Ergebnis späterer Entwicklungen. In den ersten Phasen des Liebeslebens ist offenbar die Ambivalenz das Regelrechte. Bei vielen Menschen bleibt dieser archaische Zug über das ganze Leben erhalten, für die Zwangsneurotiker ist es charakteristisch, daß in ihren Objektbeziehungen Liebe und Haß einander die Waage halten. Auch für die Primitiven dürfen wir das Vorwiegen der Ambivalenz behaupten. Die intensive Bindung des kleinen Mädchens an seine Mutter müßte also eine stark ambivalente sein und unter der Mithilfe der anderen Momente gerade durch diese Ambivalenz zur Abwendung von ihr gedrängt werden, also wiederum infolge eines allgemeinen Charakters der infantilen Sexualität.

Gegen diesen Erklärungsversuch erhebt sich sofort die Frage: Wie wird es aber den Knaben möglich, ihre gewiß nicht weniger intensive Mutterbindung unangefochten festzuhalten? Ebenso rasch ist die Antwort bereit: Weil es ihnen ermöglicht ist, ihre

Ambivalenz gegen die Mutter zu erledigen, indem sie all ihre feindseligen Gefühle beim Vater unterbringen. Aber erstens soll man diese Antwort nicht geben, ehe man die präödipale Phase der Knaben eingehend studiert hat, und zweitens ist es wahrscheinlich überhaupt vorsichtiger, sich einzugestehen, daß man diese Vorgänge, die man eben kennen gelernt hat, noch gar nicht gut durchschaut.

III

Eine weitere Frage lautet: Was verlangt das kleine Mädchen von der Mutter? Welcher Art sind seine Sexualziele in jener Zeit der ausschließlichen Mutterbindung? Die Antwort, die man aus dem analytischen Material entnimmt, stimmt ganz mit unseren Erwartungen überein. Die Sexualziele des Mädchens bei der Mutter sind aktiver wie passiver Natur, und sie werden durch die Libidophasen bestimmt, die das Kind durchläuft. Das Verhältnis der Aktivität zur Passivität verdient hier unser besonderes Interesse. Es ist leicht zu beobachten, daß auf jedem Gebiet des seelischen Erlebens, nicht nur auf dem der Sexualität, ein passiv empfangener Eindruck beim Kind die Tendenz zu einer aktiven Reaktion hervorruft. Es versucht, das selbst zu machen, was vorhin an oder mit ihm gemacht worden ist. Es ist das Stück der Bewältigungsarbeit an der Außenwelt, die ihm auferlegt ist, und kann selbst dazu führen, daß es sich um die Wiederholung solcher Eindrücke bemüht, die es wegen ihres peinlichen Inhalts zu vermeiden Anlaß hätte. Auch das Kinderspiel wird in den Dienst dieser Absicht gestellt, ein passives Erlebnis durch eine aktive Handlung zu ergänzen und es gleichsam auf diese Art aufzuheben. Wenn der Doktor dem sich sträubenden Kind den Mund geöffnet hat, um ihm in den Hals zu schauen, so wird nach seinem Fortgehen das Kind den Doktor spielen und die gewalttätige Prozedur an einem kleinen Geschwisterchen wiederholen, das ebenso hilflos gegen es ist, wie es selbst gegen den Doktor war. Eine Auflehnung gegen die Passivität und eine Bevorzugung der aktiven Rolle ist dabei unverkennbar. Nicht bei allen Kindern wird diese Schwenkung von der Passivität zur Aktivität gleich regelmäßig und energisch ausfallen, bei manchen mag sie ausbleiben. Aus diesem Verhalten des Kindes mag man einen Schluß auf die relative Stärke der Männlichkeit und Weiblichkeit ziehen, die das Kind in seiner Sexualität an den Tag legen wird.

Die ersten sexuellen und sexuell mitbetonten Erlebnisse des Kindes bei der Mutter sind natürlich passiver Natur. Es wird von ihr gesäugt, gefüttert, gereinigt, gekleidet und zu allen Verrichtungen angewiesen. Ein Teil der Libido des Kindes bleibt an diesen Erfahrungen haften und genießt die mit ihnen verbundenen Befriedigungen, ein anderer Teil versucht sich an ihrer Umwendung zur Aktivität. An der Mutterbrust wird zuerst das Gesäugtwerden durch das aktive Saugen abgelöst. In den anderen Beziehungen begnügt sich das Kind entweder mit der Selbständigkeit, d.h. mit dem Erfolg, daß es selbst ausführt, was bisher mit ihm geschehen ist, oder mit aktiver Wiederholung seiner passiven Erlebnisse im Spiel, oder es macht wirklich die Mutter zum Objekt, gegen das es als tätiges Subjekt auftritt. Das letztere, was auf dem Gebiet der eigentlichen Betätigung vor sich geht, erschien mir lange Zeit hindurch unglaublich, bis die Erfahrung jeden Zweifel daran widerlegte.

Man hört selten davon, daß das kleine Mädchen die Mutter waschen, ankleiden oder zur Verrichtung ihrer exkrementellen Bedürfnisse mahnen will. Es sagt zwar gelegentlich: jetzt wollen wir spielen, daß ich die Mutter bin und du das Kind, — aber zumeist erfüllt es sich diese aktiven Wünsche in indirekter Weise im Spiel mit der Puppe, in dem es selbst die Mutter darstellt wie die Puppe das Kind. Die Bevorzugung des Spiels mit der Puppe beim Mädchen im Gegensatz zum Knaben wird gewöhnlich als Zeichen der früh erwachten Weiblichkeit aufgefaßt. Nicht mit Unrecht, allein man soll nicht übersehen, daß es die Aktivität der Weiblichkeit ist, die sich hier äußert, und daß diese Vorliebe des Mädchens wahrscheinlich die Ausschließlichkeit der Bindung an die Mutter bei voller Vernachlässigung des Vaterobjekts bezeugt. 

Die so überraschende sexuelle Aktivität des Mädchens gegen die Mutter äußert sich der Zeitfolge nach in oralen, sadistischen und endlich selbst phallischen, auf die Mutter gerichteten Strebungen. Die Einzelheiten sind hier schwer zu berichten, denn es handelt sich häufig um dunkle Triebregungen, die das Kind nicht psychisch erfassen konnte zur Zeit, da sie vorfielen, die darum erst eine nachträgliche Interpretation erfahren haben und dann in der Analyse in Ausdrucksweisen auftreten, die ihnen ursprünglich gewiß nicht zukamen. Mitunter begegnen sie uns als Übertragungen auf das spätere Vaterobjekt, wo sie nicht hingehören und das Verständnis empfindlich stören. Die aggressiven oralen und sadistischen Wünsche findet man in der Form, in welche sie durch frühzeitige Verdrängung genötigt werden, als Angst, von der Mutter umgebracht zu werden, die ihrerseits den Todeswunsch gegen die Mutter, wenn er bewußt wird, rechtfertigt. Wie oft diese Angst vor der Mutter sich an eine unbewußte Feindseligkeit der Mutter anlehnt, die das Kind errät, läßt sich nicht angeben. (Die Angst, gefressen zu werden, habe ich bisher nur bei Männern gefunden, sie wird auf den Vater bezogen, ist aber wahrscheinlich das Verwandlungsprodukt der auf die Mutter gerichteten oralen Aggression. Man will die Mutter auffressen, von der man sich genährt hat; beim Vater fehlt für diesen Wunsch der nächste Anlaß.)

Die weiblichen Personen mit starker Mutterbindung, an denen ich die präödipale Phase studieren konnte, haben übereinstimmend berichtet, daß sie den Klystieren und Darmeingießungen, die die Mutter bei ihnen vornahm, größten Widerstand entgegenzusetzen und mit Angst und Wutgeschrei darauf zu reagieren pflegten. Dies kann wohl ein sehr häufiges oder selbst regelmäßiges Verhalten der Kinder sein. Die Einsicht in die Begründung dieses besonders heftigen Sträubens gewann ich erst durch eine Bemerkung von Ruth Mack Brunswick, die sich gleichzeitig mit den nämlichen Problemen beschäftigte, sie möchte den Wutausbruch nach dem Klysma dem Orgasmus nach genitaler Reizung vergleichen. Die Angst dabei wäre als Umsetzung der rege gemachten Aggressionslust zu verstehen. Ich meine, daß es wirklich so ist und daß auf der sadistisch-analen Stufe die intensive passive Reizung der Darmzone durch einen Ausbruch von Aggressionslust beantwortet wird, die sich direkt als Wut oder infolge ihrer Unterdrückung als Angst kundgibt. Diese Reaktion scheint in späteren Jahren zu versiegen.

Unter den passiven Regungen der phallischen Phase hebt sich hervor, daß das Mädchen regelmäßig die Mutter als Verführerin beschuldigt, weil sie die ersten oder doch die stärksten genitalen Empfindungen bei den Vornahmen der Reinigung und Körperpflege durch die Mutter (oder die sie vertretende Pflegeperson) verspüren mußte. Daß das Kind diese Empfindungen gerne mag und die Mutter auffordert, sie durch wiederholte Berührung und Reibung zu verstärken, ist mir oft von Müttern als Beobachtung an ihren zwei- bis dreijährigen Töchterchen mitgeteilt worden. Ich mache die Tatsache, daß die Mutter dem Kind so unvermeidlich die phallische Phase eröffnet, dafür verantwortlich, daß in den Phantasien späterer Jahre so regelmäßig der Vater als der sexuelle Verführer erscheint. Mit der Abwendung von der Mutter ist auch die Einführung ins Geschlechtsleben auf den Vater überschrieben worden.

In der phallischen Phase kommen endlich auch intensive aktive Wunschregungen gegen die Mutter zustande. Die Sexualbetätigung dieser Zeit gipfelt in der Masturbation an der Klitoris, dabei wird wahrscheinlich die Mutter vorgestellt, aber ob es das Kind zur Vorstellung eines Sexualziels bringt und welches dies Ziel ist, ist aus meiner Erfahrung nicht zu erraten. Erst wenn alle Interessen des Kindes durch die Ankunft eines Geschwisterchens einen neuen Antrieb erhalten haben, läßt sich ein solches Ziel klar erkennen. Das kleine Mädchen will der Mutter dies neue Kind gemacht haben, ganz so wie der Knabe, und auch seine Reaktion auf dies Ereignis und sein Benehmen gegen das Kind ist dasselbe. Das klingt ja absurd genug, aber vielleicht nur darum, weil es uns so ungewohnt klingt. 

Die Abwendung von der Mutter ist ein höchst bedeutsamer Schritt auf dem Entwickungsweg des Madchens, sie ist mehr als ein bloßer Objektwechsel. Wir haben ihren Hergang und die Häufung ihrer vorgeblichen Motivierungen bereits beschrieben, nun fügen wir hinzu, daß Hand in Hand mit ihr ein starkes Absinken der aktiven und ein Anstieg der passiven Sexualregungen zu beobachten ist. Gewiß sind die aktiven Strebungen stärker von der Versagung betroffen worden, sie haben sich als durchaus unausführbar erwiesen und werden darum auch leichter von der Libido verlassen, aber auch auf Seite der passiven Strebungen hat es an Enttäuschungen nicht gefehlt. Häufig wird mit der Abwendung von der Mutter auch die klitoridische Masturbation eingestellt, oft genug wird mit der Verdrängung der bisherigen Männlichkeit des kleinen Mädchens ein gutes Stück ihres Sexualstrebens überhaupt dauernd geschädigt. Der Übergang zum Vaterobjekt wird mit Hilfe der passiven Strebungen vollzogen, soweit diese dem Umsturz entgangen sind. Der Weg zur Entwicklung der Weiblichkeit ist nun dem Mädchen freigegeben, insoferne er nicht durch die Reste der überwundenen präödipalen Mutterbindung eingeengt ist.

Überblickt man nun das hier beschriebene Stück der weiblichen Sexualentwicklung, so kann man ein bestimmtes Urteil über das Ganze der Weiblichkeit nicht zurückdrängen. Man hat die nämlichen libidinösen Kräfte wirksam gefunden wie beim männlichen Kind, konnte sich überzeugen, daß sie eine Zeitlang hier wie dort dieselben Wege einschlagen und zu den gleichen Ergebnissen kommen.

Es sind dann biologische Faktoren, die sie von ihren anfänglichen Zielen ablenken und selbst aktive, in jedem Sinne männliche Strebungen in die Bahnen der Weiblichkeit leiten. Da wir die Zurückführung der Sexualerregung auf die Wirkung bestimmter chemischer Stoffe nicht abweisen können, liegt zuerst die Erwartung nahe, daß uns die Biochemie eines Tages einen Stoff darstellen wird, dessen Gegenwart die männliche, und einen, der die weibliche Sexualerregung hervorruft. Aber diese Hoffnung scheint nicht weniger naiv als die andere, heute glücklich überwundene, unter dem Mikroskop die Erreger von Hysterie, Zwangsneurose, Melancholie usw. gesondert aufzufinden.

Es muß auch in der Sexualchemie etwas komplizierter zugehen. Für die Psychologie ist es aber gleichgültig, ob es einen einzigen sexuell erregenden Stoff im Körper gibt oder deren zwei oder eine Unzahl davon. Die Psychoanalyse lehrt uns, mit einer einzigen Libido auszukommen, die allerdings aktive und passive Ziele, also Befriedigungsarten, kennt. In diesem Gegensatz, vor allem in der Existenz von Libidostrebungen mit passiven Zielen, ist der Rest des Problems enthalten.

## IV

Wenn man die analytische Literatur unseres Gegenstandes einsieht, überzeugt man sich, daß alles, was ich hier ausgeführt habe, dort bereits gegeben ist. Es wäre unnötig gewesen, diese Arbeit zu veröffentlichen, wenn nicht auf einem so schwer zugänglichen Gebiet jeder Bericht über eigene Erfahrungen und persönliche Auffassungen wertvoll sein könnte. Auch habe ich manches schärfer gefaßt und sorgfältiger isoliert. In einigen der anderen Abhandlungen wird die Darstellung unübersichtlich infolge der gleichzeitigen Erörterung der Probleme des

Über-Ichs und des Schuldgefühls. Dem bin ich ausgewichen, ich habe bei der Beschreibung der verschiedenen Ausgänge dieser Entwicklungsphase auch nicht die Komplikationen behandelt, die sich ergeben, wenn das Kind infolge der Enttäuschung am Vater zur aufgelassenen Mutterbindung zurückkehrt oder nun im Laufe des Lebens wiederholt von einer Einstellung zur anderen herüberwechselt. Aber gerade weil meine Arbeit nur ein Beitrag ist unter anderen, darf ich mir eine eingehende Würdigung der Literatur ersparen und kann mich darauf beschränken, bedeutsamere Übereinstimmungen mit einigen und wichtigere Abweichungen von anderen dieser Arbeiten hervorzuheben.

In die eigentlich noch unübertroffene Schilderung Abrahams der *Äußerungsformen des weiblichen Kastrationskomplexes* (Internat. Zeitschrift f. PsA., VII, 1921) möchte man gerne das Moment der anfänglich ausschließlichen Mutterbindung eingefügt wissen. Der wichtigen Arbeit von Jeanne[3] Lampl-de Groot[4] muß ich in den wesentlichen Punkten zustimmen. Hier wird die volle Identität der präödipalen Phase bei Knaben und Mädchen erkannt, die sexuelle (phallische) Aktivität des Mädchens gegen die Mutter behauptet und durch Beobachtungen erwiesen. Die Abwendung von der Mutter wird auf den Einfluß der zur Kenntnis genommenen Kastration zurückgeführt, die das Kind dazu nötigt, das Sexualobjekt und damit auch oft die Onanie aufzugeben, für die ganze Entwicklung die Formel geprägt, daß das Mädchen eine Phase des „negativen" Ödipuskomplexes durchmacht, ehe sie in den positiven eintreten kann. Eine Unzulänglichkeit dieser Arbeit finde ich darin, daß sie die Abwendung von der Mutter als bloßen Objektwechsel darstellt und nicht darauf eingeht, daß sie sich unter den deutlichsten Zeichen von Feindseligkeit vollzieht. Diese Feindseligkeit findet volle Würdigung in der letzten Arbeit von Helene Deutsch (*Der feminine Masochismus und seine Beziehung zur Frigidität,* Internat. Zeitschr. f. PsA., XVI,

1930) woselbst auch die phallische Aktivität des Mädchens und die Intensität seiner Mutterbindung anerkannt werden. H. Deutsch gibt auch an, daß die Wendung zum Vater auf dem Weg der (bereits bei der Mutter rege gewordenen) passiven Strebungen geschieht. In ihrem früher (1925) veröffentlichten Buch *Psychoanalyse der weiblichen Sexualfunktionen* hatte die Autorin sich von der Anwendung des Ödipusschemas auch auf die präödipale Phase noch nicht frei gemacht und darum die phallische Aktivität des Mädchens als Identifizierung mit dem Vater gedeutet.

Fenichel *(Zur prägenitalen Vorgeschichte des Ödipuskomplexes,* Internat. Zeitschrift f. PsA., XVI, 1930) betont mit Recht die Schwierigkeit, zu erkennen, was von dem in der Analyse erhobenen Material unveränderter Inhalt der präödipalen Phase und was daran regressiv (oder anders) entstellt ist. Er anerkennt die phallische Aktivität des Mädchens nach Jeanne Lampl-de Groot nicht, verwahrt sich auch gegen die von Melanie Klein *(Frühstadien des Ödipuskonfliktes,* Internat. Zeitschr. f. PsA., XIV, 1928 u.a.a.O.) vorgenommene „Vorverlegung" des Ödipuskomplexes, dessen Beginn sie schon in den Anfang des zweiten Lebensjahres versetzt. Diese Zeitbestimmung, die notwendigerweise auch die Auffassung aller anderen Verhältnisse der Entwicklung verändert, deckt sich in der Tat nicht mit den Ergebnissen der Analyse an Erwachsenen und ist besonders unvereinbar mit meinen Befunden von der langen Andauer der präödipalen Mutterbindung der Mädchen. Einen Weg zur Milderung dieses Widerspruchs weist die Bemerkung, daß wir auf diesem Gebiet noch nicht zu unterscheiden vermögen, was durch biologische Gesetze starr festgelegt und was unter dem Einfluß akzidentellen Erlebens beweglich und veränderlich ist. Wie es von der Wirkung der Verführung längst bekannt ist, können auch andere Momente, der Zeitpunkt der Geburt von Geschwistern, der Zeitpunkt der Entdeckung des Geschlechtsunterschieds, die direkte Beobachtung des Geschlechtsverkehrs, das werbende oder abweisende Benehmen der Eltern u.a., eine Beschleunigung und Reifung der kindlichen Sexualentwicklung herbeiführen. 

Bei manchen Autoren zeigt sich die Neigung, die Bedeutung der ersten ursprünglichsten Libidoregungen des Kindes zugunsten späterer Entwicklungsvorgänge herabzudrücken, so daß jenen — extrem ausgedrückt — die Rolle verbliebe, nur gewisse Richtungen anzugeben, während die Intensitäten, welche diese Wege einschlagen, von späteren Regressionen und Reaktionsbildungen bestritten werden. So z.B. wenn K. Horney (*Flucht aus der Weiblichkeit*, Internat. Zeitschr. f. PsA., XII, 1926) meint, daß der primäre Penisneid des Mädchens von uns weit überschätzt wird, während die Intensität des später entfalteten Männlichkeitsstrebens einem sekundären Penisneid zuzuschreiben ist, der zur Abwehr der weiblichen Regungen, speziell der weiblichen Bindung an den Vater, gebraucht wird. Das entspricht nicht meinen Eindrücken. So sicher die Tatsache späterer Verstärkungen durch Regression und Reaktionsbildung ist, so schwierig es auch sein mag, die relative Abschätzung der zusammenströmenden Libidokomponenten vorzunehmen, so meine ich doch, wir sollen nicht übersehen, daß jenen ersten Libidoregungen eine Intensität eigen ist, die allen späteren überlegen bleibt, eigentlich inkommensurabel genannt werden darf. Es ist gewiß richtig, daß zwischen der Vaterbindung und dem Männlichkeitskomlex eine Gegensätzlichkeit besteht, — es ist der allgemeine Gegensatz zwischen Aktivität und Passivität, Männlichkeit und Weiblichkeit, — aber es gibt uns kein Recht anzunehmen, nur das eine sei primär, das andere verdanke seine Stärke nur der Abwehr. Und wenn die Abwehr gegen die Weiblichkeit so energisch ausfällt, woher kann sie sonst ihre Kraft beziehen als aus dem Männlichkeitsstreben, das seinen ersten Ausdruck im Penisneid des Kindes gefunden hat und darum nach ihm benannt zu werden verdient?

Ein ähnlicher Einwand ergibt sich gegen die Auffassung von Jones (*Die erste Entwicklung der weiblichen Sexualität,* Internat. Zeitschr. f. PsA., XIV, 1928), nach der das phallische Stadium bei Mädchen eher eine sekundäre Schutzreaktion sein soll als ein wirkliches Entwicklungsstadium. Das entspricht weder den dynamischen noch den zeitlichen Verhältnissen.

[1] In dem bekannten Fall von Ruth Mack Brunswick (*Die Analyse eines Eifersuchtswahnes,* Int. Zeitschr. f. PsA. XIV, 1928) geht die Affektion direkt aus der präödipalen (Schwester-) Fixierung hervor.

[2] Man kann vorhersehen, daß die Feministen unter den Männern, aber auch unsere weiblichen Analytiker mit diesen Ausführungen nicht einverstanden sein werden. Sie dürften kaum die Einwendung zurückhalten, solche Lehren stammen aus dem „Männlichkeitskomplex" des Mannes und sollen dazu dienen, seiner angeborenen Neigung zur Herabsetzung und Unterdrückung des Weibes eine theoretische Rechtfertigung zu schaffen. Allein eine solche psychoanalytische Argumentation mahnt in diesem Falle, wie so häufig, an den berühmten „Stock mit zwei Enden" Dostojewskis. Die Gegner werden es ihrerseits begreiflich finden, daß das Geschlecht der Frauen nicht annehmen will, was der heiß begehrten Gleichstellung mit dem Manne zu widersprechen scheint. Die agonale Verwendung der Analyse führt offenbar nicht zur Entscheidung.

[3] Nach dem Wunsch der Autorin korrigiere ich so ihren Namen, der in der Zeitschrift als A.L. de Gr. angeführt ist.

[4] *Zur Entwicklungsgeschichte des Ödipuskomplexes der Frau.* Internat. Zeitschr. f. PsA., XIII, 1927.

*Karen Horney*

# Flucht aus der Weiblichkeit

## Der Männlichkeitskomplex der Frau im Spiegel männlicher und weiblicher Betrachtung

Freud weist uns in einigen seiner letzten Arbeiten mit wachsender Dringlichkeit auf eine Einseitigkeit in der Richtung der analytischen Forschungen hin, die darin besteht, daß bis vor nicht allzulanger Zeit nur die Psyche des Knaben und des Mannes zum Objekt der Untersuchungen gemacht wurde.

Der Grund hierzu liegt ja auf der Hand: Die Psychoanalyse ist die Schöpfung eines männlichen Genies, und auch fast alle, die seine Ideen weiterbildeten, waren Männer. Es ist nur recht und billig, daß ihnen eine männliche Psychologie näher lag, und daß sie von der Entwicklung des Mannes mehr verstanden als von der der Frau.

Einen grundlegenden Schritt zum Verständnis weiblicher Eigenart machte Freud selbst mit der Aufdeckung des Penisneides, und bald zeigten die Arbeiten von van Ophuijsen und Abraham, welche große Rolle diesem Faktor in der Entwicklung der Frau und in der Bildung weiblicher Neurosen zukäme. Die Bedeutung des Penisneides ist in jüngster Zeit erweitert worden durch die Aufstellung der „phallischen Phase". Ihr Sinn besagt, daß in der infantilen Genitalorganisation für beide Geschlechter nur ein Genitale, nämlich das männliche, eine Rolle spiele, und daß eben hierin der Unterschied von der endgültigen *Genitalorganisation der Erwachsenen* liege.[1] Im Lichte dieser Anschauung wird die Klitoris als Phallus aufgefaßt und wird angenommen, daß auch das kleine Mädchen die Klitoris zunächst voll und ganz als Penis werte.[2]

 Diese Phase wirke sich dann auf die weitere Entwicklung teils hemmend, teils fördernd aus. Helene Deutsch hat uns vorwiegend die hemmenden Wirkungen gezeigt; sie meint, daß im Beginn jeder neuen Sexualfunktion, also zu Beginn der Pubertät, des Sexualverkehrs, der Schwangerschaft und des Wochenbettes, diese Phase auflebe und jedesmal erst überwunden werden müsse, ehe es zu einer weiblichen Einstellung kommen könne. Freud hat ihre Auswirkung nach der positiven Seite hin erweitert, indem er meint, daß der Penisneid und seine Überwindung erst den Wunsch nach einem Kind und von da aus die Liebesbindung an den Vater ermögliche.[3]

Es fragt sich nun, ob durch diese Aufstellungen unsere Einsichten in die weibliche Entwicklung, die Freud selbst als unbefriedigend und lückenhaft bezeichnet, befriedigender und klarer geworden sind.

Es hat sich in der Wissenschaft oft als fruchtbar erwiesen, wenn man altbekannte Tatsachen von einem neuen Gesichtspunkt aus betrachtet. Denn es besteht sonst die Gefahr, daß man unwillkürlich alle neuen Beobachtungen immer wieder demselben festumrissenen Vorstellungskreis einordnet.

Diesen neuen Gesichtspunkt entnahm ich der Philosophie, und zwar einigen Essays von Georg Simmel.[4] Was Simmel dort ausführt und was seither vielfach, besonders von weiblicher Seite[5] her, durchgearbeitet worden ist, ist folgendes: Unsere ganze Kultur ist eine männliche Kultur. Staat, Gesetze, Religion, Wissenschaften sind Schöpfungen des Mannes. Weit entfernt davon, aus diesen Tatsachen — wie sonst üblich — auf eine Minderwertigkeit der Frau zu schließen, erweitert und vertieft er zunächst diesen Begriff der männlichen Kultur um ein Erhebliches: „Die künstlerischen Forderungen und der Patriotismus, die allgemeine Sittlichkeit und die besonderen sozialen Ideen, die Gerechtigkeit des praktischen Urteils und die Objektivität des theoretischen Erkennens, die Kraft und die Vertiefung des Lebens — alle diese Kategorien sind zwar gleichsam ihrer Form und ihrem Anspruch nach allgemein menschlich, aber in ihrer tatsächlichen historischen Gestaltung durchaus männlich. Nennen wir solche als absolut auftretenden Ideen einmal das Objektive schlechthin, so gilt im geschichtlichen Leben unserer Gattung die Gleichung: objektiv = männlich."

Simmel meint nun, daß die Erkenntnis dieser geschichtlichen Tatsachen darum so schwierig sei, weil auch die Normen, an denen die Werte männlichen und weiblichen Wesens gemessen würden, nicht „neutral, dem Gegensatz der Geschlechter enthoben, sondern selbst männlichen Wesens" seien. „Daß man an eine nicht nach Mann und Weib fragende, rein 'menschliche' Kultur glaubt, entstammt demselben Grunde, aus dem sie eben nicht besteht: der sozusagen naiven Identifizierung von 'Mensch' und 'Mann', die auch in vielen Sprachen für beide Begriffe dasselbe Wort setzen läßt. Ich lasse für jetzt dahingestellt, ob dieser maskuline Charakter der Sachelemente unserer Kultur aus dem inneren Wesen der Geschlechter hervorgegangen ist oder nur einem, mit der Kulturfrage eigentlich nicht verbundenen Kraftübergewicht der Männer. Jedenfalls ist er die Veranlassung, weshalb unzulängliche Leistungen der verschiedensten Gebiete als 'feminin' deklassiert und hervorragende Leistungen von Frauen als 'ganz männlich' gerühmt werden."

Wie alle Wissenschaften, wie alle Wertsetzungen, war auch die Psychologie der Frau bisher nur vom Manne aus gesehen. Es liegt im Wesen dieser männlichen Vormachtstellung, daß die subjektiven Gefühlsbeziehungen des Mannes zur Frau objektive Gültigkeit erlangten. Tatsächlich war nach Delius[6] die Psychologie der Frau ein Niederschlag von Wünschen und Enttäuschungen des Mannes.

Hierzu kommt als weiteres sehr verhängnisvolles Moment, daß die Frau sich den männlichen Wünschen anpaßte und ihre Anpassung als eigenes Wesen empfand, d.h. sich selbst auch sah oder sieht, wie der männliche Wille es von ihr verlangte; also sich unbewußt der Suggestion des männlichen Denkens fügte.

Wenn man sich den Umfang klar macht, in dem unser ganzes Sein, Denken und Tun von diesen männlichen Normen durchsetzt ist, so wird klar, wie schwer es dem Einzelnen, auch der einzelnen Frau ist, sich von dieser Denkart wirklich frei zu machen.

Und die Frage ist die, inwieweit nicht auch die psychoanalytische Psychologie, soweit sie die Frau zum Objekt ihrer Forschung hat, unter ihrem Bann steht, und insofern das Stadium, in dem man mit unbefangener Selbstverständlichkeit nur die männliche Entwicklung sah, noch nicht ganz überwunden hätte. Anders gesagt: wie weit nicht die weibliche Entwicklung, wie sie sich uns jetzt analytisch darstellt, mit männlichem Maß gemessen ist und also dem eigentlichen Wesen der Frau nicht ganz gerecht wird.

Von hier aus gesehen erhält man zunächst einmal einen überraschenden Eindruck: *Unser jetziges analytisches Bild der weiblichen Entwicklung – ob richtig oder falsch – gleicht auf alle Fälle auf ein Haar den Vorstellungen, die sich der Knabe aus seiner typischen Situation heraus vom Mädchen macht.*

Diese Vorstellungen des Knaben sind uns gut bekannt. Ich will sie daher nur in wenigen Schlagworten skizzieren und unsere Vorstellungen von der weiblichen Entwicklung vergleichsweise danebensetzen.

| *Vorstellungen des Knaben:* | *Unsere Vorstellungen der weibl. Entwicklung:* |
|---|---|
| Naive Annahme, daß auch das Mädchen einen Penis besitze. | Für beide Geschlechter spielt nur das männliche Genitale eine Rolle. |
| Beobachtung des Penismangels- | Traurige Entdeckung der Penislosigkeit. |
| Vorstellung, das Mädchen sei ein kastrierter, verstümmelter Knabe. | Glaube des Mädchens, sie habe einen Penis besessen und sei kastriert. |

| | |
|---|---|
| Glaubt, daß das Mädchen, von einer Strafe betroffen sei, die auch ihm drohe. | Kastration wird als vollzogene Strafe aufgefaßt. |
| Hält das Mädchen für minderwertig. | Hält sich für minderwertig. Penisneid. |
| Kann sich nicht vorstellen, wie das Mädchen jemals über diesen Verlust, resp. Neid wegkommen könnte. | Kommt nie über das Gefühl des Mangels und der Minderwertigkeit hinweg und muß ihre Männlichkeitswünsche immer aufs neue wieder überwinden. |
| Fürchtet ihren Neid. | Möchte sich dauernd am Mann für seinen Mehrbesitz rächen. |

Diese gar zu genaue Übereinstimmung besagt nun sicherlich nichts über ihre objektive Richtigkeit: Die infantile Genitalorganisation des kleinen Mädchens könnte in Wirklichkeit eine so frappante Ähnlichkeit mit der des Knaben haben, wie wir das ja bisher angenommen haben.

Aber sie ist doch wohl geeignet, uns nachdenklich zu stimmen und andere Möglichkeiten in Betracht zu ziehen. Einmal könnte man, den Gedankengängen von Georg Simmel folgend, erwägen, ob die weibliche Anpassung an die männliche Struktur vielleicht schon in einem so frühen Zeitpunkt und in einem so hohen Grade einsetze, daß die biologische Eigenheit des kleinen Mädchens davon überwältigt würde. Ich komme an einer späteren Stelle kurz darauf zurück, daß es mir tatsächlich wahrscheinlich ist, daß eine solche Infizierung mit männlichem Denken schon in der Kindheit vor sich geht; aber, daß sie so restlos alles von Natur Gegebene in sich aufnehmen sollte, ist von vornherein nicht einleuchtend. Und so müssen wir uns der schon aufgeworfenen Frage zuwenden, ob diese merkwürdige Übereinstimmung vielleicht der Ausdruck einer Einseitigkeit unserer männlich gerichteten Beobachtungen sein könnte.

 Gegen eine solche Vermutung macht sich zwar sofort ein innerer Protest geltend, der auf den sicheren Boden der Erfahrung hinweist, auf dem die analytische Forschung sich von jeher aufgebaut hat. Aber gleichzeitig mahnt uns eine erkenntnistheoretische Einsicht daran, daß dieser Boden nicht gar so zuverlässig ist, sondern daß jede Erfahrung ihrer Natur nach einen subjektiven Faktor enthält. So setzt sich auch unsere Erfahrung zusammen aus den direkten Beobachtungen an dem Material, das uns die Analysanden in Einfällen, Träumen und Symptomen in die Analyse bringen und den Deutungen, die wir geben, resp. den Schlüssen, die wir aus diesem Material ziehen. Daher ist auch bei gleich korrekter Technik die prinzipielle Möglichkeit verschiedener Erfahrungen gegeben.

Wenn man nun versucht, sich von dieser männlichen Art der Betrachtung frei zu machen, gewinnen fast alle Probleme der weiblichen Psychologie ein anderes Aussehen.

Zunächst fällt auf, daß immer nur oder doch vorwiegend der genitale Unterschied zwischen den Geschlechtern zum Angelpunkt der Betrachtungen gemacht wird und nicht auch der andere große biologische Unterschied, der in dem verschiedenen Anteil an der Fortpflanzung liegt.

Der männliche Standpunkt in der Auffassung der Mutterschaft tritt am reinsten in der äußerst geistreichen Genitaltheorie von Ferenczi[7] zutage. Er meint, daß der wesentliche Antrieb zum Koitus, sein eigentlicher letzter Sinn für beide Geschlechter in dem Verlangen liege, wieder in den Mutterleib zurückzukehren. Der Mann habe in einer Kampfphase sich das Vorrecht geschaffen, in Gestalt seines Gliedes wirklich in einen Mutterleib einzudringen. Die Frau, als der früher einmal unterlegene Teil, habe sich dieser organischen Situation in ihrer Organisation fügen müssen und sei mit „Trosteinrichtungen" bedacht worden. Sie müsse sich „begnügen", mit phantasiemäßigen Ersatzprodukten und insbesondere mit dem Beherbergen des Kindes, dessen Glück sie mitgenieße. Höchstens beim Gebärakt stünden ihr vielleicht Lustmöglichkeiten offen, die der Mann nicht hätte.[8]

Die psychische Situation für die Frau sähe demnach wirklich nicht sehr erfreulich aus. Der eigentliche Urantrieb zum Koitus fehlt ihr, resp. es ist ihr jede direkte — wenn auch nur partielle — Erfüllung verschlossen. Der Antrieb und der Lustgewinn beim Koitus müßte demnach für sie zweifellos geringer sein als für den Mann. Denn sie kommt nur auf Umwegen, indirekt, zu einer gewissen Erfüllung der Ursehnsucht, also teils auf dem Umwege über eine masochistische Umwandlung, teils in der Identifizierung mit dem ev. Kind. Es sind das aber nur „Trosteinrichtungen". Das einzige, was sie schließlich vor dem Mann voraus hätte, wären die doch sehr fraglichen Lustgewinne beim Gebärakt.

An dieser Stelle muß man als Frau erstaunt fragen: Und die Mutterschaft? Und das selige Bewußtsein, ein neues Leben in sich zu tragen? Und das unerhörte Glück in der sich steigernden Erwartungsspannung auf das Erscheinen dieses neuen Wesens? Und das Glück, wenn es endlich da ist? Und wenn man es zuerst im Arm hat? Und die tiefe, lustvolle Befriedigung beim Stillen? Und das Glück der ganzen Säuglingspflege?

Nach mündlichen Äußerungen von Ferenczi hätte in jener Urkampfzeit, die für das Weibchen so betrüblich ausging, das Männchen als Sieger ihm auch die Last der Mutterschaft und was damit zusammenhängt, aufgebürdet.

Gewiß: vom sozialen Kampf aus gesehen, *kann* die Mutterschaft eine Beeinträchtigung bedeuten. Sicher tut sie das in heutiger Zeit, viel weniger sicher in Zeiten, in denen die Menschen naturnäher waren.

Aber wir erklären ja auch den Penisneid aus den *biologischen* Verhältnissen und nicht von den *sozialen* Momenten her, sondern pflegen im Gegenteil das Gefühl der sozialen Beeinträchtigung der Frau unbesehen nur als Rationalisierung ihres Penisneides aufzufassen.

Biologisch betrachtet, verschafft aber die Mutterschaft, resp. die Fähigkeit zu ihr, der Frau eine ganz unbestreitbare und nicht geringe physiologische Überlegenheit. Das spiegelt sich auch aufs deutlichste im Unbewußten der männlichen Psyche wieder, in dem intensiven Mutterschaftsneid des Knaben. Er ist uns als solcher allgemein bekannt, dürfte aber als dynamischer Faktor kaum genügend gewürdigt worden sein. Wenn man, wie ich, erst nach einer ziemlich langen Erfahrung an weiblichen Analysen, begonnen hat, männliche Analysen zu machen, erhält man einen völlig überraschenden Eindruck von der Intensität dieses Neides auf Schwangerschaft, Gebären und Mutterschaft sowie auf die Brüste und das Stillen.

Angesichts dieses analytischen Eindruckes liegt die Frage nahe, ob nicht in der oben beschriebenen Bewertung der Mutterschaft eine unbewußte männliche Entwertungstendenz ihren Weg über das Intellektuelle genommen hat? Eine Entwertung, die besagen würde: eigentlich wünscht sich die Frau ja doch nur einen Penis; die Mutterschaft ist doch schließlich nur eine Bürde, die den Kampf ums Dasein erschwert; und der Mann kann froh sein, daß er sie nicht zu tragen braucht.

Wenn Helene Deutsch schreibt, daß der Männlichkeitskomplex der Frau eine viel dominierendere Rolle spiele als der Weiblichkeitskomplex des Mannes, so scheint sie dabei zu übersehen, daß der männliche Neid offenbar erfolgreicher sublimiert wird als der Penisneid des Mädchens und sicher einen, wenn nicht den wesentlichen Impuls zur Schaffung kultureller Werte abgibt.

Schon sprachliche Bezeichnungen weisen auf diesen Ursprung kultureller Produktivität hin. Sie ist beim Manne in der historischen Zeit, die uns bekannt ist, zweifellos ungleich größer als bei der Frau. Sollte er nicht darum den ungeheuren Antrieb zur schöpferischen Gestaltung auf jedem Gebiet haben, weil die Empfindung seiner relativ geringen Rolle bei der Schaffung lebendigen Lebens ihn beständig zu einer überkompensierenden Leistung drängt? 

Wenn dieser Zusammenhang richtig ist, so drängt sich das Problem auf, warum vom Penisneid der Frau kein entsprechender Antrieb zu einer Ausgleichsleistung ausgeht? Hier ergeben sich zwei Möglichkeiten: entweder er ist absolut geringer als der männliche Neid oder er wird weniger glücklich verarbeitet. Für beide Möglichkeiten ließen sich Begründungen anführen.

Für die größere Intensität des männlichen Neides könnte man die Betrachtung anstellen, daß ja eine faktische anatomische Benachteiligung der Frau doch nur vom Gesichtspunkt der prägenitalen Organisationsstufen gegeben ist,[9] während sie für die Genitalorganisation der Erwachsenen nicht besteht, denn die Frau ist doch offenbar nicht weniger, sondern nur anders zum Koitus befähigt als der Mann. Wohingegen der Anteil des Mannes an der Fortpflanzung endgültig geringer ist als der der Frau.

Ferner sehen wir, daß der Mann offenbar eine größere Nötigung dazu empfindet, die Frau zu entwerten als umgekehrt. Daß das Dogma der Minderwertigkeit der Frau von einer unbewußten männlichen Tendenz geschaffen war, konnte uns als Erkenntnis erst aufdämmern, nachdem man angefangen hatte, an der realen Berechtigung dieser Anschauung zu zweifeln. Stehen aber wirklich hinter diesen Überzeugungen von der weiblichen Minderwertigkeit Entwertungstendenzen des Mannes, so müssen wir von da aus auf einen sehr respektablen Antrieb zur Entwertung schließen.

Aber es spricht auch manches für eine in kultureller Hinsicht weniger glückliche Verarbeitung des Penisneides. Wir wissen ja, daß er im besten Falle im Wunsch nach Mann und Kind aufgeht und damit wahrscheinlich auch seinen Hauptantrieb zu einer Sublimierungsleistung einbüßt. In ungünstigen

Fällen aber ist er, wie ich gleich näher ausführen werde, mit mehr Schuldgefühl belastet, als einer fruchtbaren Gestaltung dienlich ist; während die männliche Unfähigkeit zur Mutterschaft, wahrscheinlich als einfache Minderwertigkeit empfunden, ungehemmt ihre antreibende Kraft entfalten kann.

In diesen Ausführungen habe ich schon ein Problem gestreift, das gerade neuerdings wieder von Freud in den Vordergrund des Interesses geschoben worden ist:[10] die Entstehung und Auswirkung des Kinderwunsches. Unsere Stellung zu diesem Problem hat sich im Laufe des letzten Jahrzehnts geändert. Es sei daher gestattet, kurz den Ausgangs- und den Endpunkt dieser historischen Entwicklung zu bezeichnen.

Die ursprüngliche Auffassung[11] ging dahin, daß der Penisneid sowohl zum Kinderwunsch als zum Wunsch nach dem Mann eine narzißtische Verstärkung abgäbe, daß aber der Wunsch nach dem Mann unabhängig vom Kindwunsch entstünde. In der weiteren Entwicklung verschob sich der Akzent immer mehr auf den Penisneid, bis Freud in seiner jüngsten Arbeit über dieses Problem die Vermutung aussprach, daß der Penisneid und die Enttäuschung über den Penismangel beim Kinde überhaupt erst den Wunsch nach dem Kinde schaffe, und daß die zärtliche Zuwendung zum Vater erst auf diesem Umweg über Peniswunsch — Kindwunsch — ermöglicht würde.

Die Entwicklung im Sinne dieser letzteren Hypothese entsprach offenbar dem Bedürfnis, das biologische Prinzip der gegengeschlechtlichen Anziehung psychologisch zu erklären — entsprechend dem schon von Groddeck aufgestellten Problem: daß der Knabe die Mutter zum Liebesobjekt beibehält, ist verständlich; „aber wie kommt das Mädchen zum Anschluß an das andere Geschlecht?“[12]

Um diesem Problem näher zu kommen, müssen wir uns zunächst klar machen, daß unser Erfahrungsmaterial über den Männlichkeitskomplex der Frau aus zwei ganz verschiedenwertigen Quellen stammt. Die erste wird gebildet von direkten Kindheitsbeobachtungen. Bei ihnen spielt der subjektive Erfahrungsfaktor eine relativ geringe Rolle. Jedes nicht eingeschüchterte Mädchen zeigt ihren Penisneid offen und unbefangen. Wir sehen, daß sein Vorkommen typisch ist und verstehen gut, warum er das ist; verstehen, wie zu der narzißtischen Kränkung des scheinbar Wenigerhabens sich für das kleine Mädchen eine Reihe von Benachteiligungen aus den verschiedenen prägenitalen Besetzungen ergeben: die augenscheinliche Bevorzugung des Knaben hinsichtlich der Harnerotik, des Schautriebes, der Onanie.[13] Ich möchte vorschlagen, diesen Penisneid des kleinen Mädchens, der sich offenbar rein auf den anatomischen Unterschied gründet, den primären zu nennen.

Die zweite Quelle, die unsere Erfahrungen speist, ist in dem Analysenmaterial erwachsener Frauen zu finden. Es liegt in der Natur der Sache, daß dieses schwieriger zu beurteilen ist und daher dem subjektiven Erfahrungsfaktor großen Spielraum gewährt. Wir sehen hier zunächst den Penisneid als einen Faktor von ungeheurer dynamischer Stärke wirksam. Wir beobachten, wie Patientinnen ihre weiblichen Funktionen ablehnen, mit der unbewußten Begründung der Männlichkeitswünsche. Wir sehen Phantasien, die besagen: „ich habe einen Penis besessen, ich bin ein kastrierter, verstümmelter Mann" mit ihrem Gefolge von Minderwertigkeitsgefühlen und ihrer Auswirkung in allen möglichen hartnäckigen hypochondrischen Vorstellungen. Wir sehen eine intensive feindselige Einstellung gegen den Mann, teils im Sinne der Entwertung, teils im Sinne des Kastrieren-, Lahmlegen-Wollens. Wir sehen, wie ganze Schicksale von hier aus entscheidend beeinflußt erscheinen.

Es lag sicher der Schluß nahe, — und er lag besonders unser aller männlich orientiertem Denken nahe — von diesen Eindrücken her eine Brücke zu schlagen zu jenem primären Penisneid und *rückläufig* zu schließen, daß ihm also eine ungeheure Intensität, eine ungeheure dynamische Kraft zu eigen sein müsse, da er doch imstande sei, solche Wirkungen zu entfalten. Und man übersah dabei, weniger im einzelnen als in der Gesamtbewertung, *daß diese Männlichkeitswünsche, die wir aus den Analysen Erwachsener kennen, nur mehr sehr wenig mit jenem frühinfantilen primären Penisneid zu tun haben, sondern daß sie eine sekundäre Bildung darstellen, in der alles Platz gefunden hat, was in der weiblichen Entwicklung mißglückt ist.*

Meine Erfahrungen haben mir nach wie vor in gleichbleibender Deutlichkeit gezeigt, daß es vom weiblichen Ödipuskomplex aus nicht nur in Fällen extremen Scheiterns, sondern *regelmäßig* zu einer Regression auf den Penisneid kommt, natürlich in allen möglichen Graden und Abstufungen. Der Unterschied zwischen dem Ausgang des männlichen und des weiblichen Ödipuskomplexes stellt sich mir für eine durchschnittliche Entwicklung etwa folgendermaßen dar: beim Knaben wird infolge der Kastrationsangst nur das Sexualobjekt, die Mutter, aufgegeben, aber die männliche Rolle als solche wird nicht nur weiter bejaht, sondern als Reaktion auf die Kastrationsangst eher überbetont, wie wir das in der männlichen Latenzzeit und Vorpubertät und meist auch im späteren Leben deutlich sehen. Beim Mädchen wird nicht nur der Vater als Sexualobjekt aufgegeben, sondern es kommt gleichzeitig zu einem Zurückweichen vor der weiblichen Rolle überhaupt.

Um diese Flucht aus der Weiblichkeit zu verstehen, muß man die Verhältnisse der frühkindlichen Onanie berücksichtigen, in der ja die Erregungen des Ödipuskomplexes ihren körperlichen Ausdruck finden.

Auch hier liegen die Verhältnisse für den Knaben viel klarer; — oder vielleicht sind sie uns auch nur bekannter? Sind sie uns beim Mädchen am Ende nur darum so unverständlich geworden, weil wir sie immer nur mit männlichen Augen gesehen haben? Es sieht ein wenig danach aus, wenn man dem kleinen Mädchen nicht einmal eine eigene Onanie zubilligt, sondern ihre autoerotischen Betätigungen schlechtweg als männlich kennzeichnet! Und wenn man den Unterschied, der doch nun einmal da sein muß, einfach als den des Negativs zum Positiv, d.h. im Falle der Onanieängste als den der angedrohten zur vollzogenen Kastration. Meine analytischen Erfahrungen lassen durchaus Raum für die Auffassung, daß das kleine Mädchen ihre eigene, weibliche, nebenbei auch technisch von der männlichen verschiedene, Onanie hat, selbst wenn diese, was mir nicht gesichert scheint, nur an der Klitoris stattfinden sollte. Ich sehe auch nicht ein, warum man der Klitoris, trotz ihrer entwicklungsgeschichtlichen Vergangenheit nicht ihre legitime Zugehörigkeit zum weiblichen Genitalapparat zubilligen soll.

Ob das Mädchen zur Zeit der Frühblüte ihrer genitalen Entwicklung vaginale Organempfindungen hat, ist aus dem analytischen Material Erwachsener ungeheuer schwer zu beurteilen. Ich bin in einer ganzen Reihe von Fällen geneigt, darauf zu schließen und werde das dazugehörige Material später vorlegen. Ihr Vorkommen ist mir aus den folgenden Überlegungen theoretisch sehr wahrscheinlich. Sicher zeigen die bekannten Phantasien, daß ein allzugroßer Penis gewaltsam eindringen, Schmerzen und Blutungen hervorrufen und etwas zerstören könnte, daß das kleine Mädchen ihren Ödipusphantasien das reale Mißverhältnis in der Größe zwischen Vater und Kind höchst realistisch zugrunde legt, so wie es dem plastisch-konkreten Denken des Kindes entspricht. Ich meine also, daß in diesem Sinne, sowohl der Ödipusphantasien, als auch der sich konsequenterweise daran knüpfenden Angst vor einer inneren — also vaginalen — Beschädigung, doch die Vagina neben der Klitoris eine Rolle in der frühinfantilen weiblichen Genitalorganisation spielt.[14] Man könnte sogar aus den späteren Erscheinungen der Frigidität schließen, daß die Vaginalzone eher stärker mit

Angst- und Abwehreffekten besetzt ist als die Klitoris, und zwar darum, weil die inzestuösen Wünsche mit der vollen Treffsicherheit des Unbewußten auf sie bezogen wurden. Im Sinne dieser Betrachtung müßte man die Frigidität als einen Ausdruck der Abwehr jener für das Ich so bedrohlichen Phantasien auffassen. Auch auf die von verschiedenen Autoren behaupteten unbewußten Lustgefühle bei der Entbindung, resp. die Angst vor ihr, würde von hier aus ein neues Licht fallen. Die Entbindung wäre nämlich in weit höherem Maße als der spätere Geschlechtsverkehr geeignet, gerade durch das Mißverhältnis zwischen Vagina und Kind und die dadurch entstehenden Schmerzen, für das Unbewußte eine — und zwar schuldfreie — Realisierung jener frühen Inzestphantasien darzustellen. Wie die Kastrationsangst des Knaben steht auch die weibliche Genitalangst durchaus unter dem Druck der Schuldgefühle und verdankt ihnen ihre nachhaltige Wirkung.

Hierzu kommt eine Folgeerscheinung des anatomischen Geschlechtsunterschiedes, die in derselben Richtung wirkt. Der Knabe kann nämlich sein Genitale daraufhin beobachten, ob die gefürchteten Folgen der Onanie eintreten; das Mädchen tappt hier buchstäblich im Dunkeln und bleibt in völliger Unsicherheit. Diese Möglichkeit einer Realitätsprüfung fällt natürlich bei schwererer Kastrationsangst für den Knaben nicht ins Gewicht, aber für die praktisch wegen ihrer Häufigkeit bedeutsameren Fälle leichterer Befürchtungen halte ich diesen Unterschied für recht beachtlich. Jedenfalls habe ich aus dem analytischen Material meiner weiblichen Analysen den Schluß gezogen, daß dieser Faktor eine beträchtliche Rolle im weiblichen Seelenleben spielt und zu der eigentümlichen inneren Unsicherheit beiträgt, wie wir sie bei Frauen so häufig finden.

Unter dem Druck dieser Angst flüchtet nun das Mädchen in eine fiktive männliche Rolle.

*Was ist der ökonomische Gewinn dieser Flucht?* Ich muß hier auf eine Erfahrung hinweisen, die wohl alle gemacht haben dürften; daß nämlich die Männlichkeitswünsche in der Regel relativ bereitwillig zugegeben werden, aber daß sie — einmal akzeptiert — hartnäckig festgehalten werden, und zwar aus dem Grunde, um nicht die libidinösen Wünsche und Phantasien auf den Vater einsehen zu müssen. *Sie stehen also im Dienste der Verdrängung dieser weiblichen Wünsche resp. des Widerstandes gegen ihre Aufdeckung.* Diese immer wiederkehrende typische Erfahrung zwingt nach analytischen Grundsätzen zu dem Schluß, *daß die Männlichkeitsphantasien früher einmal zu eben diesem Zweck der Sicherung gegen die libidinösen Wünsche auf den Vater aufgerichtet waren.* Durch die Fiktion der Männlichkeit würde also die jetzt schuld- und angstbeladene weibliche Rolle vermieden. Zwar hat ein solches Ausweichen auf die männliche Linie notwendig Minderwertigkeitsgefühle im Gefolge, denn das Mädchen fängt jetzt an, sich an Ansprüchen und Werten zu messen, die ihrem eigenen biologischen Wesen fremd sind, und denen gegenüber sie sich also unzulänglich fühlen muß.

Obgleich nun diese Minderwertigkeitsgefühle sehr quälend sind, zeigen unsere analytischen Erfahrungen doch recht nachdrücklich, daß sie vom Ich leichter ertragen werden als die Schuldgefühle, mit denen die weibliche Einstellung verknüpft ist, und daß es also für das Ich doch zweifellos einen Gewinn bedeutet, wenn das Mädchen aus der Scylla der Schuldgefühle in die Charybdis der Minderwertigkeitsgefühle flüchtet.

Ein zweiter ökonomischer Gewinn erwächst aus der *Vateridentifizierung*, mit der die Regression auf den Penisbesitzwunsch ja in der Regel verknüpft ist: auch dieser Vorgang dient offenbar einer Lockerung der Objektbeziehung zum Vater und hilft gleichzeitig dazu, den schmerzlichen Objektverlust auf eine dem Ich annehmbare Weise zu überwinden.

In eben diesem Vorgang der Vateridentifizierung liegt ja bekanntlich auch die eine Antwort auf die Frage, warum die Flucht vor den weiblichen Wünschen auf den Vater gerade immer zu einer Männlichkeitseinstellung führt. Aus einigen Überlegungen, die sich an die obigen Betrachtungen anschließen, läßt sich diese Frage noch von einem anderen Gesichtspunkt her beleuchten.

Wir wissen, daß immer, wenn die Libidoentwicklung an eine Schranke stößt, eine frühere Organisationsstufe regressiv belebt wird. Nach der letzten Arbeit Freuds würde aber die Vorstufe zur eigentlichen Objektliebe zum Vater eben durch den Penisneid gebildet. Und so würde gerade dieser Gedankengang Freuds uns ein Verständnis für die innere Notwendigkeit geben, daß die Libido gerade auf dieses Vorstadium zurückströmen muß, wenn und soweit sie an der Inzestschranke zurückgeworfen wird.

Ich möchte der Auffassung Freuds, daß die Entwicklung zur Objektliebe für das Mädchen über den Penisneid geht, prinzipiell beistimmen, nur glaube ich, daß man sich von der Art dieses Entwicklungsganges auch ein anderes Bild machen könnte.

Wenn man nämlich sieht, einen wie starken Anteil seiner Wirksamkeit der primäre Penisneid erst rückläufig vom Ödipuskomplex her empfängt, so muß man der Verlockung entsagen, die Äußerungen eines so elementaren Naturprinzips, wie es die gegengeschlechtliche Anziehung ist, von diesem Gesichtspunkt zu erfassen.

Man würde also hinsichtlich der psychologischen Erfassung dieses biologischen Urprinzips wieder vor einem *Ignoramus* stehen. Ja, darüber hinaus drängt sich mir immer stärker die Vermutung auf, ob nicht der Kausalzusammenhang gerade umgekehrt so sein könnte, daß es gerade die schon von früh an wirksame gegengeschlechtliche Anziehung ist, die das libidinöse Interesse des kleinen Mädchens auf den Penis hinzieht. Ein Interesse, das sich der Entwicklungsstufe entsprechend zunächst in autoerotischer und narzißtischer Weise auswirkt, so wie ich es früher beschrieben habe. Aus dieser Betrachtungsweise würden sich folgerichtig auch neue Problemstellungen für die Entstehung des männlichen Ödipuskomplex ergeben, die ich jedoch auf eine spätere Arbeit verschieben möchte. Wäre aber der Penisneid schon der erste Ausdruck jener rätselhaften Anziehung, so dürften wir uns auch von hier aus gesehen nicht wundern, ihn in Analysen in einer tieferen Schicht als den Kindwunsch und die zärtliche Vaterbindung anzutreffen. Der Penisneid würde dann der zärtlichen Einstellung zum Vater in einer anderen Weise als nur der der Enttäuschung den Weg bereiten. Man müßte dann vielmehr das libidinöse Interesse für den Penis im Sinne Abrahams als eine „Partialliebe" auffassen,[15] die, wie er meint, stets ein Vorstadium der eigentlichen Objektliebe bildet. Man könnte sich den Vorgang auch an einer Analogie aus dem späteren Leben verständlich machen, und zwar an der Beobachtung, daß gerade ein bewundernder Neid leicht zu einer Liebeseinstellung führt.

Was die überaus leichte Gangbarkeit dieser Regression betrifft, so möchte ich auf die analytische Erfahrung hinweisen,[16] daß in den Einfällen der Patientinnen der narzißtische Besitzwunsch nach dem Penis und das objektlibidinöse Begehren desselben oft so ineinander übergehen, daß man schwanken kann, in welchem Sinne ein „Haben-Wollen" gemeint ist.

Nun noch ein Wort zu den eigentlichen Kastrationsphantasien, die als auffallendster Bestandteil dem ganzen Komplex ihren Namen gegeben haben. Entsprechend meiner Auffassung der weiblichen Entwicklung muß ich auch sie als eine sekundäre Bildung betrachten. Ihre Entstehung denke ich mir so, daß bei der Flucht in die fiktive männliche Rolle auch die weibliche Genitalangst gewissermaßen in eine männliche Sprache übersetzt wird: aus der Angst vor der vaginalen Beschädigung wird eine Kastrationsphantasie. Diese Umwandlung bringt gleichzeitig den Gewinn mit sich, daß das Mädchen die Unsicherheit ihrer Straferwartung, die durch ihren anatomischen Bau bedingt ist, gegen eine konkrete Vorstellung eintauscht. Auch die Kastrationsphantasie steht unter dem Druck der alten Schuldgefühle — und der Penis wird von hier aus gewünscht als ein Beweis der Schuldlosigkeit.

Diese aus dem Ödipuskomplex stammenden typischen Motive zu einer Flucht in die männliche Rolle werden nun verstärkt und unterhalten durch die tatsächliche Benachteiligung der Frau im sozialen Leben. Es ist natürlich gar nicht zu verkennen, daß die aus dieser letzten Quelle stammenden Männlichkeitswünsche sehr geeignet sind, jene unbewußten Motive zu rationalisieren. Aber wir dürfen nicht vergessen, daß diese Benachteiligung doch eben ein Stück Realität ist, und daß sie sogar unendlich viel größer ist, als den meisten Frauen bewußt ist.

Georg Simmel sagt hierüber: „Das kulturelle Übergewicht des Mannes sei von seiner Machtstellung getragen" und man könne das geschichtliche Verhältnis der Geschlechter kraß als das des Herrn zum Sklaven ausdrücken. Wie immer gehöre es auch hier „zu den Privilegien des Herrn, daß er nicht immer daran zu denken braucht, daß er Herr ist, während die Position des Sklaven dafür sorgt, daß er seine Position nie vergißt".

In diesen Erwägungen dürfte wohl auch die Erklärung dafür liegen, warum dieser Faktor in der analytischen Literatur doch gar zu gering bewertet ist. Tatsächlich steht das Mädchen von seiner Geburt an unter einer — ob gröberen oder feineren, aber unausweichlichen — Suggestion seiner Inferiorität, die den Männlichkeitskomplex dauernd speisen muß.

Dazu kommt noch eines: Infolge des bisher rein männlichen Charakters unserer Kultur war es für die Frau viel schwerer, zu einer ihrem Wesen adäquaten Sublimierung zu gelangen, denn alle gangbaren Berufe waren von männlichem Geist erfüllt. Von hier aus mußte wieder eine Rückwirkung auf ihre Minderwertigkeitsgefühle erfolgen. Denn natürlich konnte sie in diesen männlichen Berufen nicht dasselbe leisten wie der Mann, und so schien ihre Minderwertigkeit real begründet. Es scheint mir unmöglich, zu beurteilen, in einem wie hohen Grade die unbewußten Motive zu einer Flucht aus der Weiblichkeit von diesem Moment der tatsächlichen sozialen Unterlegenheit der Frau eine Verstärkung erfahren. Man könnte sich den Zusammenhang auch im Sinne einer Wechselwirkung der psychischen und sozialen Faktoren denken. Aber ich kann diese Probleme hier nur andeuten, denn sie sind so ernst und wichtig, daß sie einer gesonderten Untersuchung bedürfen. 

Dieselben Faktoren müssen auf die Entwicklung des Mannes ganz anders einwirken. Sie führen einerseits dazu, daß er seine Weiblichkeitswünsche als mit dem Makel der Inferiorität behaftet viel intensiver verdrängt; und andererseits dazu, daß er es viel leichter hat, sie erfolgreich zu sublimieren.

In den vorstehenden Betrachtungen bin ich zu einer Auffassung über einige Probleme der Psychologie des Weibes gekommen, welche in manchen Punkten von den bisherigen Anschauungen abweicht. Es ist möglich, sogar wahrscheinlich, daß dieses Bild nun von der anderen Seite her einseitig gesehen ist. In dieser Arbeit sollte aber vor allem der Versuch gemacht werden, auf eine mögliche Fehlerquelle hinzuweisen, die aus dem Geschlecht des Beobachters entspringt, und damit einen Schritt dem Ziele zu zu machen, das wir alle erstreben: jenseits von der Subjektivität männlicher oder weiblicher Betrachtung ein Bild von der psychischen Entwicklung der Frau zu gewinnen, das der Tatsache ihrer Eigenart und ihrem Anderssein in höherem Grade als bisher gerecht wird.

[1] Freud: *Die infantile Genitalorganisation.* (Ges. Schriften, Bd. V.)

[2] Helene Deutsch: *Psychoanalyse der weiblichen Sexualfunktionen.* (Int. PsA. Verlag, 1925.)

[3] Freud: *Einige psychische Folgen des anatomischen Geschlechtsunterschieds.* (Int. Zeitschrift f. PsA., Bd. XI, 1925.)

[4] Georg Simmel: *Philosophische Kultur.*

[5] Siehe besonders Vaerting: *Männliche Eigenart im Frauenstaat und weibliche Eigenart im Männerstaat.*

[6] Delius: *Vom Erwachen der Frau.*

[7] Ferenczi, *Versuch einer Genitaltheorie.* (Int. PsA. Verlag, 1924.)

[8] S. a. Helene Deutsch: *Psychoanalyse der weiblichen Sexualfunktionen* und Groddeck: *Das Buch vom Es.* (Int. PsA. Verlag.)

[9] S. Horney: *Zur Genese des weiblichen Kastrationskomplexes.* (Int. Zschrft. f. PsA., Bd. IX, 1923.)

[10] Freud: *Über einige psychische Folgen des anatomischen Geschlechtsunterschieds.*

[11] Freud: *Über Triebumsetzungen insbesondere der Analerotik.*

[12] Groddeck: *Buch vom Es.* (Int. PsA. Verlag.)

[13] Genauer in meiner früheren Arbeit: *Zur Genese des weiblichen Kastrationskomplexes.*

[14] Seitdem mir die Möglichkeit solcher Zusammenhänge klar wurde, habe ich viele Äußerungen, bei denen ich mich früher mit der Deutung einer Kastrationsphantasie im männlichen Sinne begnügt hätte, in diesem Sinne einer Angst vor der vaginalen Beschädigung aufzufassen gelernt.

[15] Abraham: *Versuch einer Entwicklungsgeschichte der Libido* (Int. PsA. Verlag, 1924.)

[16] Schon von Freud in *Tabu der Virginität* erwähnt.

*Juliet Mitchell*
# Über Freud und den Geschlechtsunterschied

Im Juli 1925 schrieb Freud aus seinem Wochenendhaus am Semmering bei Wien seinem Freund und Kollegen, Karl Abraham in Berlin: „Ich habe einige kleine Aufsätze geschrieben, aber sie sind nicht recht ernst gemeint. Vielleicht berichte ich ihnen später darüber, wenn ich mich zu ihnen bekennen will." (Freud/Abraham, *Briefe 1907-1926,* Ffm. 1965, S. 363, Brief vom 21.7.25) Einer dieser „nicht recht ernsten" Artikel war der höchst bedeutsame Essay mit dem schwerfälligen Titel *Einige psychische Folgen des anatomischen Geschlechtsunterschieds.* Vermutlich änderte Freud bis September sein Urteil, da er seine Tochter Anna Freud beauftragte, den Artikel als seinen Beitrag zum psychoanalytischen Jahreskongreß in Hamburg vorzutragen. Der Essay enthält, wenngleich in verkürzter Form, Freuds gesamte spätere Auffassung von diesem Thema. An dieser Veröffentlichung wird erstmals der grundlegende Wandel seiner Auffassungen über die weibliche Psychologie deutlich. Bis dahin hatte er mit allmählich nachlassender Hartnäckigkeit an den vagen Vorstellungen einer Parallelentwicklung bei Knaben und Mädchen festgehalten — wobei die Entwicklung des Knaben das Modell bildete. Im Essay von 1925 entledigt er sich schließlich dieser Theorie und wagt sich vorsichtig in Neuland bei der Erforschung der weiblichen Psychologie und der Deutung der weiblichen Sexualität.

Zu dieser Zeit war Freud chronisch an Krebs erkrankt und war jahrelang von dem Gefühl beherrscht, ihm seien nur noch wenig Chancen beschieden, irgendetwas substantiell Neues zu entdecken. Mehrere

Operationen hielten ihn jedoch noch vierzehn Jahre am Leben. Während dieses Zeitraums setzte er wenngleich mit verminderter Schaffenskraft seine Arbeit und seine Veröffentlichungen fort. Alle theoretischen Analysen der weiblichen Psychologie stammen aus dieser letzten Periode seines Werks. Vielleicht ist die Feststellung ganz interessant, daß Freud, als der Reputierteste aus der Runde der Frauenverächter, dennoch sehr wenig (zu wenig) Spezifisches über die Frage der Weiblichkeit geschrieben hat. Nimmt man sein sehr frühes, zusammen mit Josef Breuer verfaßtes Werk über Hysterie aus, dann finden sich in den 18 Bänden der Gesamtausgabe ganze drei kurze Essays, die speziell der Frage der weiblichen Psychologie gewidmet sind, neben drei detaillierten Fallgeschichten weiblicher Patienten. Dazu kommen selbstverständlich noch Erörterungen dieses Problems, die über die Schriften mit anderer Thematik verstreut sind.

Es scheint mir sinnvoll, eine Unterscheidung zwischen den Stellungnahmen, die vor den zwanziger Jahren entstanden sind, zu treffen und jenen, die seiner ersten zusammenhängenden Abhandlung, *Einige psychische Folgen des anatomischen Geschlechtsunterschieds,* nachfolgen. Bis zirka 1920 beschränken sich seine Äußerungen auf isolierte Beobachtungen. Danach zeigt ihre Wiederholung und Neubearbeitung einen intensiven Erkenntniswillen diesem Problem gegenüber. Das ist weniger seinem Interesse an der weiblichen Psychologie zu verdanken, als dem besonderen Typus der Fragestellung und den Reizen eines neuen Forschungsgebiets, womit er dadurch konfrontiert wurde. Der Wandel seines Interessenfelds rührte zu einem gewissen Ausmaß von der Entwicklung der eigenen Arbeit her. Es kam hinzu, daß sich die Interessen seiner Analytikerkollegen explizit diesem Problem zuwandten. Während der zwanziger und dreißiger Jahre wurden unter männlichen wie weiblichen praktizierenden Psychoanalytikern erhebliche Anstrengungen unternommen, eine freudianische Analyse der Weiblichkeit zu leisten. Karl Abraham war vor seinem frühen Tod im Dezember 1925 einer der Pioniere. Ihm als Einzigen hatte Freud die eigene Unwissenheit in dieser Hinsicht bekannt, bevor er daran ging, diesen Mangel wieder gut zu machen: „... wie ich doch überhaupt gern zugestehe, daß die weibliche Seite des Problems mir außerordentlich dunkel ist. Wenn Ihre Gedanken und Beobachtungen bereits eine Mitteilung vertragen, würde ich sehr gerne davon hören, kann aber warten." (a.a.O., S. 350, Brief vom 8.12.24) In Wirklichkeit wartete Freud weniger als 6 Monate, nicht nur in der weiteren Korrespondenz mit Abraham, sondern auch mit der eigenen Stellungnahme in dieser Problematik, dem Essay von 1925.

## I

*Einige psychische Folgen des anatomischen Geschlechtsunterschieds* kann verstanden werden als die Behandlung zweier eng verwandter, nichtsdestoweniger unterschiedlicher Themen: der Natur der weiblichen Sexualität und der allgemeineren Frage der weiblichen Psychologie in ihrer Herleitung aus den interpersonalen (soziosexuellen) Beziehungen. Im ersten Bereich, ausgenommen dort, wo er sich mit dem zweiten berührt, bringt der Essay kaum Neues, was nicht schon in den 1905 erschienenen *Drei Abhandlungen zur Sexualtheorie* formuliert wurde (bei Berücksichtigung der wichtigen Anmerkungen, die Freud periodisch bis 1924 ergänzte). Diese Erklärung der weiblichen Sexualität, enger gefaßt Freuds Annahme zweier Zonen der Sensibilität — der vaginalen und der klitoridalen — erlangte die größte Beachtung. Wenn ich Freuds Argumente bezüglich dieses Aspektes resümiere, tue ich dies ihrer Popularität — und der Auffassung wegen, daß sie nicht so sehr als solche, sondern in ihrer Bedeutung für die daraus folgende Problematik wichtig sind, die der weiblichen Psychologie überhaupt. An diesem Kernpunkt leitet der Essay von 1925 eine neue, entscheidende Analyse ein, auf die ich später zurückkomme.

Andeutungen der meisten späteren Theorien lassen sich in Freuds frühen Briefen an seinen ehemaligen Freund Wilhelm Fließ finden, mit dem er Ende der achtziger und Anfang der neunziger Jahre häufig und intensiv korrespondierte. 1897 schreibt Freud an Fließ folgende Bemerkungen über seine Theorie der Unterdrückung: „... somit ist es ersichtlich, wie mit den Entwicklungsschüben das Kind von der Frömmigkeit, Scham u. dgl. überzogen wird ... Diese Schübe werden beim männlichen und weiblichen Geschlecht anders zeitlich disponiert sein. (Der Ekel tritt beim kleinen Mädchen früher auf als beim Knaben.) Der Hauptunterschied zwischen beiden Geschlechtern stellt sich aber um die Zeit der Pubertät her, wo eine *nicht* neurotische *Sexual*abneigung das Mädchen, Libido den Mann erfaßt. Um diese Zeit geht nämlich beim Weib eine weitere Sexualzone (ganz oder teilweise) unter, die beim Mann bestehen bleibt. Ich meine die männliche Genitalzone, die Region der Klitoris, in der sich während der Kindheit die sexuelle Empfindlichkeit auch des Mädchens konzentriert zeigt. Daher der Überguß von Scham, den das Weib um diese Zeit zeigt, bis spontan oder reflektorisch die neue Vaginalzone geweckt wird. Daher etwa die Anästhesie der Frauen ..." (*Aus den Anfängen der Psychoanalyse*, Briefe an Wilhelm Fließ, Frankfurt 1962, S. 200f., Brief vom 14.2.1892) Diese Position ist in den *Drei Abhandlungen* beibehalten, und sorgfältiger formuliert, ebenso im Essay von 1925. Das Festhalten an dieser Position rührte jedoch keineswegs daher, daß sie nie problematisiert worden wäre. Gerade der Brief Abrahams, der Freuds Interesse so sehr erregte, legt besonderes Gewicht auf die Theorie einer Zweistadienentwicklung der weiblichen Sexualität. Doch war Abrahams Ausgangspunkt die frühe Vorherrschaft der vaginalen Sensibilität und nicht, wie neuere Untersuchungen ergeben

haben, eine kontinuierliche klitoridale Dominanz. 
Freud stand Abrahams These skeptisch gegenüber, nach welcher das kleine Mädchen die Vagina psychisch mit der höchst empfindlichen analen Zone verknüpfe. Dieser versuchte unter anderem zu beweisen, daß sich hier wie anderswo eine Gleichförmigkeit zwischen den Ereignissen der Kindheit und denen der Pubertät ablesen lasse: Das Mädchen überträgt während der Adoleszenz die Orientierung nach klitoridaler Stimulation auf den Wunsch nach vaginaler Penetration und wiederholt damit in umgekehrter Reihenfolge die Erfahrung der Kindheit. Freuds Auffassung, daß bis zur Pubertät die Vagina keineswegs als das zentrale Sexualorgan erlebt wird, mißt der Unterdrückung eine wesentlichere Rolle zu als Abraham. Von größter Bedeutung ist dabei die Annahme, daß es keine Parallelentwicklung von Knaben und Mädchen gibt. Die Voraussetzung Abrahams unterstellte eine originäre, psychologische „Weiblichkeit", eine infantile, empfängnisheischende Vagina als gleichgeartetes Gegenüber zur penisorientierten Maskulinität beim Knaben. Freuds Behauptung einer für beide Geschlechter geltenden maskulinen Sexualität während der Kindheit (die Klitoris ist die genaue Entsprechung des Penis) impliziert einen asymmetrischen Entwicklungsprozeß, ebenso wie die Feststellung, Weiblichkeit (deren definitives Sexualorgan die Vagina bildet) könne nur durch eine Reihe von Repressionen erworben werden. Damit wird eine gefällige Parallele zwischen den Geschlechtern abgewiesen, implizit aber auch die Vorstellung einer unmittelbaren Entsprechung von Psychologie und Biologie.

Die Anatomie mag uns, ausgehend von einem Punkt hypothetischer Normalität, zwei entgegengesetzte, aber einander entsprechende Geschlechter demonstrieren (wobei jeweils das eine Geschlecht die verkümmerten Sexualorgane des anderen in sich birgt), die Freudsche psychoanalytische Theorie tut dies nicht. Freuds Ablehnung der Abrahamschen Theorie basierte nicht auf einem willkürlichen theoretischen Standpunkt oder auf einer zufällig unterschiedlichen empirischen Beobachtung. Obwohl, wie schon früher angemerkt, dieses Problem der Frage der weiblichen Psychologie als ganzer gegenüber sekundär ist, muß die Analyse der umfassenderen Fragestellung den Gesichtspunkt einer asymmetrischen Entwicklung von Knaben und Mädchen wahren.

Die Untersuchungen von Masters und Johnson haben das Primat der klitoridalen Sensibilität wiederhergestellt. Die darauf basierende Theorie formuliert gerade das Gegenteil der Abrahamschen Annahmme. Dient sie als psychologischeTheorie, taucht dennoch dabei das Dilemma jedes Entwicklungsgesetzes innerhalb der Geschlechter auf. Abrahams Auffassung einer originär vaginalen Sensibilität und die konträre These der mit klitoridaler Dominanz verbundenen vaginalen Insensibilität mögen beide korrekt im biologischen oder neurologischen Sinn sein, psychologisch sind sie wenig ergiebig.

Betrachten wir für einen Moment das Problem an seinem Fundament: Wenn wir in einer patriarchalischen Gesellschaft leben, die — von welchem politischen Standpunkt auch immer geurteilt wird — die Geschlechter — gelinde gesagt — „unterschiedlich", um nicht zu behaupten „ungleich" behandelt, dann wäre es sehr seltsam, wenn die psychologische Entwicklung der Geschlechter gleich verliefe. Die Psychologie muß *mindestens* den sozialen, wie den biologischen Hintergrund berücksichtigen — ein Tatbestand, den all diejenigen vollständig übersehen, die von den unterschiedlichsten Standpunkten aus Freud in dieser Frage widersprechen.

In einer Anmerkung zu den *Drei Abhandlungen* fügte Freud 1915 folgendes hinzu:

„Es ist unerläßlich, sich klarzumachen, daß die Begriffe „männlich" und „weiblich", deren Inhalt der gewöhnlichen Meinung so unzweideutig erscheint, in der Wissenschaft zu den verworrensten gehören und nach mindestens *drei* Richtungen zu zerlegen sind. Man gebraucht männlich und weiblich bald im Sinne von *Aktivität* und *Passivität*, bald im *biologischen* und dann auch im *soziologischen* Sinne. Die erste dieser drei Bedeutungen ist die wesentliche und die in der Psychoanalyse zumeist verwertbare. Ihr entspricht es, wenn die Libido ... als männlich bezeichnet wird, denn der Trieb ist immer aktiv, auch wo er sich ein passives Ziel gesetzt hat ... Die Aktivität und ihre Nebenäußerungen, stärkere Muskelentwicklung, Aggression, größere Intensität der Libido, sind in der Regel mit der biologischen Männlichkeit verlötet, aber nicht notwendigerweise verknüpft, denn es gibt Tiergattungen, bei denen diese Eigenschaften vielmehr dem Weibchen zugeteilt sind ... Diese (Beobachtung) ergibt für den Menschen, daß weder im psychologischen noch im biologischen Sinne eine reine Männlichkeit oder Weiblichkeit gefunden wird. Jede Einzelperson weist vielmehr eine Vermengung ihres biologischen Geschlechtscharakters mit biologischen Zügen des anderen Geschlechts und eine Vereinigung von Aktivität und Passivität auf, sowohl insofern diese psychischen Charakterzüge von den biologischen abhängen als auch insoweit sie unabhängig von ihnen sind." (GW, Bd. V, S. 121)

Oder wie er es 15 Jahre später ausdrückte: „Die Geschlechtlichkeit ist eine biologische Tatsache, die, obwohl von außerordentlicher Bedeutung für das Seelenleben, psychologisch schwer zu erfassen ist. Wir sind gewohnt zu sagen: jeder Mensch zeige sowohl männliche als weibliche Triebregungen, Bedürfnisse, Eigenschaften, aber den Charakter des Männlichen und Weiblichen kann zwar die Anatomie, aber nicht die Psychologie aufzeigen. Für sie verblaßt der geschlechtliche Gegensatz zu dem von Aktivität und Passivität, wobei wir allzu unbedenklich die Aktivität mit der Männlichkeit, die Passivität mit der Weiblichkeit zusammenfallen lassen, was sich in der Tierreihe keineswegs ausnahmslos bestätigt."(*Das Unbehagen in der Kultur*, GW, Bd. XIV)

Freud bemühte sich stets zu demonstrieren, daß zwischen Biologie und Psychologie keine unmittelbare Entsprechung existiert. In seiner psychologischen Terminologie z.B. führte er Maskulinität und Feminität begrifflich auf Aktivität und Passivität zurück, obwohl er keinem der beiden Geschlechter eine absolute Prärogative über eine der beiden Haltungen einräumte. Was veranlaßte Freud, diese mit geschlechtsspezifischer Zuordnung behafteten Termini ständig anstelle neutralerer zu gebrauchen? Sicher nicht aus Nachlässigkeit oder unbewußtem Male-Chauvinismus; obwohl Freud gewiß beider fähig als auch schuldig war. Zur Beantwortung dieser Frage kehren wir zurück zur Asymmetrie des Freudschen Geschlechterschemas, das im deutlichen Gegensatz zu allen Arbeiten steht, die von einer Parallelentwicklung ausgehen.

Wenn Freud hier gegen Abrahams Auffassung der Entsprechung von Vagina und Penis opponierte, wenn er andere Analytiker wie Ernest Jones und Karen Horney wegen der Ablehnung seiner entscheidenen Feststellung der psychischen Bisexualität und eines phallischen Stadiums der Frau kritisierte, wenn er zudem eine männlich tendenziöse Terminologie anwandte, tat er all dies unter Voraussetzung einer dritten Hypothese: die Ablehnung der Konsequenzen der Weiblichkeit von Männern wie Frauen. Die berühmte Konzeption des Kastrationskomplexes (bei den Männern) und des Penisneides (bei den Frauen) stehen in diesem Zusammenhang. Sie drücken eine identische Furcht vor der weiblichen Rolle aus. Verwandte Freud daher beharrlich die Begriffe „maskulin“ und „feminin“ in Zusammenhängen, wo seinem eigenen Eingeständnis nach „Aktivität“ und „Passivität“ ebensogute Dienste geleistet hätten, so wegen des *ungleichgewichtigen* Verhältnisses der Möglichkeiten beider Geschlechter. Und dem versuchte er, sowohl im psychischen Schicksal der Einzelperson als auch in den Beziehungen zwischen den Individuen auf die Spur zu kommen. Die Behauptung etwa, der „Wolfsmann“ habe in dieser oder jener Hinsicht eine „passive“ Haltung, erklärt uns nicht seine Identifikationen und personalen Bindun-

gen. Die Beschreibung seiner Wünsche als in bestimmter Hinsicht „feminin“, lokalisiert seine Identifikation mit der Mutter (hinsichtlich dieser speziellen Fallgeschichte). Freuds psychoanalytische Theorien stehen jenseits des Sexismus. Zweifellos ist es von Wichigkeit, daß er bestimmte sexistische Sehweisen verbreitete und sein Werk zu einem Bollwerk in der ideologischen Unterdrückung der Frau gemacht wurde. Aber wir gelangen zu einem Verständnis seiner Bedeutung nur, wenn wir zuallererst bedenken, daß es sich bei seinen Beschreibungen um Analysen um genau die psychologischen Formationen handelt, die von patriarchalischen Gesellschaften produziert werden. Opposition gegen Freuds asymmetrische Entwicklungsgeschichte der Geschlechter, analytischer Provenienz, mag für die Lehre von der Gleichheit aller bequemer zu vertreten sein; für die
Gleichheit aller bequemer zu vertreten sein; für die
grundlegendere Aussage, zu deren Verständnis uns allein die Analyse Freuds verhelfen kann, daß nämlich unter dem Patriarchat die Frauen unterdrückt werden, leistet sie nichts.

Der Essay von 1925 ist gerade deshalb von solcher Bedeutung, weil Freud hier zum ersten Mal seine verstreuten Beobachtungen und unveröffentlichten Argumente über die differente psychosexuelle Entwicklungsgeschichte von Knaben und Mädchen zusammenfaßt. Nach seinem eigenen Eingeständnis dient im gesamten Frühwerk der Knabe als das Paradigma. Hinsichtlich des Mädchens nimmt er natürlich einige ziemlich konventionelle Variationen an seinem männlichen Modell vor. So war es angesichts der unbestreitbaren Befangenheit in männlicher Sehweise wahrscheinlich unvermeidbar, daß die frühen Arbeiten auch anderer Psychoanalytiker, eine eigene psychische Entwicklungsgeschichte des Mädchens zu rekonstruieren, entweder von den schon erwähnten Symmetrievorstellungen oder von Freuds speziellen Übertreibungen des Phallozentrismus geprägt waren. Im Essay von 1925 jedoch (und keine spätere

 Schrift enhält mehr als eine interessante Weiterverarbeitung der hier von Freud aufgestellten Theoreme) entwirft er nicht nur eine eigenständige Entwicklungsgeschichte des Mädchens, sondern erklärt auch deren Ausbildung in einer von Männern beherrschten Kultur.

Bis ungefähr zu jenem Zeitpunkt stellt der Ödipuskomplex in Freuds Werk das Schibboleth dar, mit dem die Psychoanalyse stand oder fiel. Auch für die aktuellen Analysen diente er im allgemeinen als wichtigster Ausgangspunkt. Ohne die Bedeutung des Ödipuskomplexes zu mindern, zeigt Freud nun die Wichtigkeit eines neuen Bereichs — der präödipalen Phase auf, mit besonderem Interesse von deren Verlauf beim Mädchen. Bis dahin war er im ödipalen Moment von der Symmetrie ausgegangen: Die Knaben lieben die Mutter und haben den Wunsch, sich ihrer unfairen Rivalen, der Väter, zu entledigen; die Mädchen begehren die Väter und richten von daher ihre Eifersucht gegen die Mutter. Aber sehr früh bemerkte Freud, daß hier dennoch keine Übereinstimmung besteht. Von Anfang an wandte er sich gegen das Vorhaben, die Erfahrung des Mädchens als „Elektrakomplex" zu bezeichnen, was ihr eine eigene, gleichermaßen mythische Bedeutung verliehen hatte. Die Wandlung, die des Mädchens Liebe zur Mutter (alle Babies lieben ihre Mutter) durch die Liebe zum Vater erleidet, könne nicht auf eine simple heterosexuelle quasi chemische Anziehungskraft reduziert werden (ihr Vorhandensein würde Psychologie überflüssig machen, und wäre gleichbedeutend mit der Leugnung der Personalität), noch auf eine einfache physiologische Reaktion, die eine entsprechende psychische Struktur überlagert — wie bei Abrahams Theorie, nach der die kindliche Vagina sehnlichst das Eindringen des väterlichen Penis erhofft. Ein emotionaler Umschwung dieses Ausmaßes, von der Liebe zur Mutter zu der Liebe zum Vater, bedingt notwendig einen komplexen psychischen Wandel. Bevor nämlich das Mädchen zu einer positiven weiblichen

Verarbeitung des Ödipuskomplexes findet (Liebe des Vaters), muß es die präödipale Situation kritisch gestalten. So sieht denn Freud im Essay den Ödipuskomplex des Mädchens als sekundäre Formation an (das mindert nicht seine Bedeutung als Kern oder Ausgangspunkt zukünftiger Neurosen, obgleich das hier nicht sehr relevant ist). Die präödipale Phase (bei Knaben wie Mädchen) war damals eine in der Psychoanalyse unerforschte Region, „in der es so gut wie keine Wegzeichen gab". Freud kam in der Erforschung dieser Probleme nie sehr weit. Hier liegt wohl einer der Gründe, warum es der Psychoanalyse zwar gelang, die Struktur der Neurosen zu entschleiern, warum sie aber bei den Psychosen scheiterte, und weshalb sie uns mehr über die sexuelle Entwicklungsgeschichte des Mannes als über die der Frau zu sagen vermag. Dennoch, in der Grundlegung des neuen Forschungsfeldes und der Implikationen seiner Erscheinungsformen schuf Freud die Basis einer Analyse der Weiblichkeit.

Knaben wie Mädchen zeigen maskuline und feminine Züge, beide teilen die Identifikationen und Bindungen der präödipalen Phase, beide haben männliche und weibliche Ödipuskomplexe. Bei der weiteren Entwicklung ist jedoch die Frage, welches Verhalten die Oberhand gewinnt. Dabei muß der Knabe jedenfalls nicht seine Liebe zur Mutter durch Identifikation mit ihrer Rolle preisgeben, während vom Mädchen genau das gefordert wird, mit anderen Worten, der Knabe muß weibliche Eigenschaften zurückweisen, während das Mädchen sie sich zueigen zu machen hat. Wir sehen also, daß die Situation des Ödipuskomplexes nicht durch eine symmetrische, sondern durch eine assymmetrische Struktur ausgezeichnet ist, womit wir zum Herzstück des ganzen Problems kommen. Anstelle von:

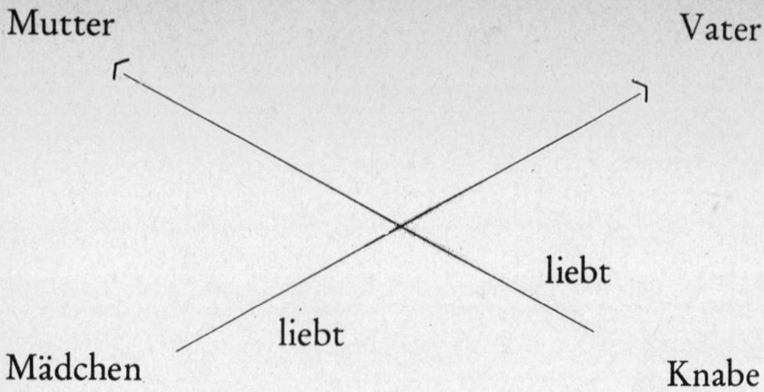


erhalten wir zwei die Mutter liebende Kinder. Beide verzichten auf sie bei der Intervention des Vaters:

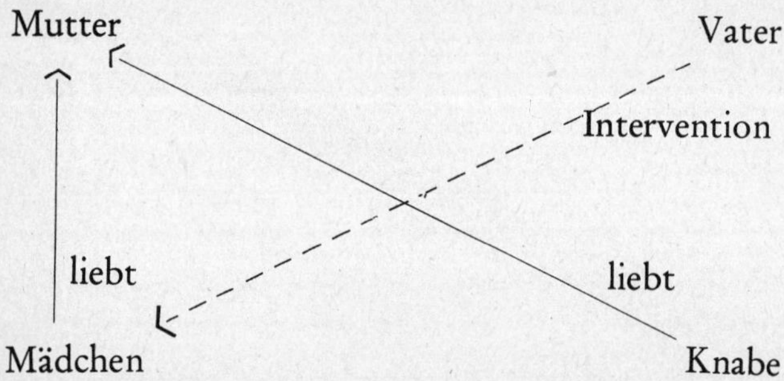


Die zweiseitige Beziehung zwischen Mutter und Kind wird durch den Vater unterbrochen, der die inzestiösen Wünsche beider nach der Mutter unterbindet, deren Besitz ihm allein erlaubt ist. Der Vater setzt seine Rechte nun im jeweiligen Fall unterschiedlich ein. Im „Ideal"fall lernt der Knabe, die Unterlegenheit seiner phallischen Macht anzuerkennen (daraus resultiert sein Kastrationskomplex), jedoch so, daß er später selbst die gleichen patriarchalischen Rechte und ein eigenes Weib besitzen will; das Mädchen lernt, daß sie keine phallische Macht besitzt und deshalb niemals ihre Mutter besitzen wird, bzw. sie später durch ein Weib substituieren kann. Vielmehr ist sie *wie* ihre Mutter ohne Phallus: sie erkennt ihre Kastration, ist auf die Macht des Phallus eifersüchtig und muß ihr Bestes tun, diesen Phallusneid zu überwinden. Wenn der Knabe die Möglichkeit der Kastration akzeptiert, ist sein Ödipuskomplex überwunden, sein sexuelles Verlangen nach der Mutter ist aufgegeben und in ein anderes scheinbar nichtsexuelles Verlangen kanalisiert: „... kann man die Katastrophe des Ödipuskomplexes — die Abwendung vom Inzest, die Einsetzung von Gewissen und Moral — als einen Sieg der Generation über das Individuum auffassen". (*Einige psychische Folgen des anatomischen Geschlechtsunterschieds* in: GW, Bd. XIV, S. 19-30) Die patriarchalische Kultur hat gesiegt, und die „zirkuläre" oder geschlossene (inzestuöse) Sexualität ist bezwungen.

Das Mädchen muß eine andere Biographie einüben. Ihre Liebe zur Mutter ist nicht kulturell gefährlich wie die des Knaben, sondern nur, innerhalb der Kategorien der Kultur, sexuell „unrealistisch". Wenn sie auf ihrem Glauben beharrt, einen eigenen Penis zu besitzen (eine präödipale Annahme, auf der ihre phallische, klitoridale Aktivität sich aufbaut), wird sie die Realität in Abrede stellen, was die Basis einer zukünftigen Psychose sein kann. Im „Ideal"-fall wird sie ihre phallische Minderwertigkeit anerkennen, sich mit der Mutter identifizieren, mit der sie gleichgestellt wird, und wünscht dann, ihren Platz beim Vater einzunehmen: „Die Mutter wird zum Objekt der Eifersucht, aus dem Mädchen ist ein kleines Weib geworden." (ebd.) Kein Verbot vereitelt ihre Liebe zur Mutter, aber sie lernt, daß sie nichts besitzt, womit sie diese vollenden kann. Minderwertigkeitsgefühle und — damit eng verbunden — die Unterdrückung der Masturbation, ebnen ihr den Weg zu ihrer Weiblichkeit. Diese Unterdrückung der Klitoris, die niemals wetteifern kann mit der nach vorn drängenden und sich ausbreitenden Macht des Phallus, läßt den späteren Verzicht auf die klitoridale Dominanz in der Pubertät erahnen; andrerseits stellt sie eine der Vorbedingungen auf dem Weg zur vaginalen Sensibilität dar. Die positive Seite des Ödipuskomplexes beim Mädchen (die Liebe zum Vater) kam nur durch einen Mangel zustande; er ist bei ihr nicht so heftig wie der Ödipuskomplex beim Knaben, noch hat sie Grund, ihn völlig aufzugeben — im Gegenteil, seine Annahme bedeutet den ersten Triumph des weiblichen Schicksals unter das Patriarchat. Will man Freud hier zu Ende denken, könnte man sagen, daß der Knabe mit der Überwindung des Ödipuskomplexes seine kulturelle Erbschaft antritt, während das Mädchen seinen Platz in einer patriarchalischen Kultur dann findet, wenn es die ödipale Liebe zum Vater zu leben vermag. Dieser Unterschied muß enorme Implikationen mit sich bringen.

Ich habe eine Darstellung der zentralen These von *Einige psychische Folgen des anatomischen Geschlechtsunterschieds* gegeben; es gibt andere Überlegungen darin, sie führen in andere, doch verwandte Richtungen. Mir scheint, daß in Freuds psychoanalytischem Schema hier wie anderswo letztlich der Anfang einer Analyse vorliegt, wie eine patriarchalische Gesellschaft jedem Mitglied ihre Strukturen übermittelt (mit gewaltigen Variationen der materiellen Bedingungen von Klasse und Rasse). Die Folgen sind aber, daß die kulturelle Atmosphäre, in der wir atmen und die Ideen von der Welt, in die wir hineingeboren sind, von uns wohl oder übel unseren Kindern und Kindeskindern tradiert werden — außer es gelänge, das Patriarchat zu vernichten. Individuelle Versuche mit Kommunen usw. können wenig mehr als Protest anmelden. Jedenfalls ist es nicht der einzelne Vater, dem die Perpetuierung der patriarchalischen Kultur durch die psychische Ausstattung des Individuums zuzuschreiben ist; vorhanden oder nicht, „der Vater“ spielt immer seine Rolle. Seine aktuelle Abwesenheit mag einerseits Verwirrung, andererseits Erleichterung bewirken. Der einzige Unterschied existiert dann in der konkreten Ausformung einer nichtsdestoweniger allmächtigen patriarchalischen Herrschaft. In unserer Kultur ist der Vater gerade auch in seiner Abwesenheit gegenwärtig.

Der Ödipuskomplex verkörpert im kleinen die Herrschaft des Vaters oder im Sinne des Vaters, aber eben immer die des Vaters. Alle feministischen Abhandlungen, die ich kenne, zeichnen die patriarchalische Gesellschaft fehlerhaft, wenn sie voraussetzen, daß in ihr die Macht der Männer generell verkörpert sei. In Wirklichkeit ist es sehr spezifisch die Bedeutung des *Vaters,* welche dem *Patriarchat* zugrundeliegt. Freuds Essay von 1925 ist ein Schlüssel zum Verständnis der Unterdrückung der Frauen im Patriarchat. 

*Elisabeth Janeway*

# Über „weibliche Sexualität“

Freuds Zwiespältigkeit der weiblichen Sexualität gegenüber hat oft (zu oft) dazu geführt, ihn ganz simpel als Musterbeispiel für männlichen Chauvinismus zu verdächtigen. (J. Mitchells Arbeit über den 1925 entstandenen Essay *Einige psychische Folgen des anatomischen Geschlechtsunterschieds* bildet hier eine bewundernswerte Ausnahme, wie auch ihre Aus-
*des anatomischen Geschlechtsunterschieds,* bildet hier eine bewundernswerte Ausnahme, wie auch ihre Aus-
führungen über Freud in ihrem Buch *Woman's Estate*). Ein solcher Schluß unterschätzt nicht nur den gewaltigen analytischen Verstand Freuds, sondern reduziert, was schwerer wiegt, die Möglichkeit, sein Werk zu verstehen und mit seiner Hilfe Wahrnehmungen zu machen, die für jede Untersuchung über die Situation der Frau in der Gegenwart wertvoll sein können. In der folgenden Auseinandersetzung mit der 1931 entstandenen Arbeit *Über die weibliche Sexualität* werde ich mich mit einigen Widersprüchen und wirklich gewichtigen terminologischen Mängeln beschäftigen, dies tue ich jedoch aus einem konstruktiven Interesse heraus. Ich glaube, daß an diesen Brüchen, wie die Geologie an den Tafelbrüchen die Erdgeschichte verdeutlichen kann, Freuds Begrifflichkeit die Stellung der Geschlechter offenbart. Wir erfahren dadurch Wesentliches über die Gesellschaft, in der er lebte, deren Erben wir sind, wie wir die Erben seines Denkens sind. Bei den auftauchenden Fragen wie der Motivation und der affektiven emotionalen Beziehungen geht es mir nicht darum, Freuds enorme Leistungen zu diskreditieren, sondern sie in eine Perspektive zu stellen, die uns instand setzt, ihre Dynamik leichter zu nutzen.

Ich will mit der Durchleuchtung dessen beginnen, was Freud wiederholt und bemerkenswert ungenau die „Tatsache der Kastration“ beim Weibe nennt. Das kleine Mädchen erfährt keine „tatsächliche“ Kastration. Intakt bleibt nicht allein ihr Körper, auch das Trauma der Beschneidung des Penis ist ihr nie widerfahren. Was soll unter dieser Voraussetzung Freuds beharrliche Verwendung dieses Terminus bedeuten? Bei meinem Respekt für Freuds Leistung wäre es unglaubwürdig, ein so schlagendes Exempel für die Psychopathologie des Alltagslebens einfach zu übergehen. Der Eindruck, daß diese Fehlleistung von Bedeutung ist, liegt zu nahe, in der Tat glaube ich, daß sie uns ins Zentrum der Freudschen Dilemmatas hinsichtlich der weiblichen Sexualität führt. „Was verlangt das kleine Mädchen?“ fragt er und wenn er schließlich notgedrungen eine Antwort gibt, so erklärt er, sie verlange einen Penis.

Mein Vorschlag wäre, daß dies bei Freud symbolisch zu verstehen ist, wenn es ihm auch (aus Gründen, die sich wenigstens teilweise feststellen lassen) nicht immer möglich war, die Erforschung dessen im einzelnen zu leisten, was der Penis symbolisiert. Die eigenartige Fehldarstellung, die in der Bezeichnung „Tatsache der Kastration“ steckt, bietet diesen Erklärungsweg offenbar an. Hat Freud nicht durch die Wiederholung dieses zweifelhaften Begriffs unbewußt die Aufmerksamkeit darauf gelenkt, daß sich in seiner Theorie des Kastrationskomplexes eine von der oberflächlichen Darstellung recht verschiedene Bedeutung verbirgt? Sie liegt wirklich so dicht unter der Oberfläche, daß sie hin und wieder fast durchbricht. Man hat keiner Frau je einen Penis geraubt; nie mußte sie etwas mit einem anfangen. Aber sie wurde anderer Dinge beraubt, deren sich die Männer erfreuen: namentlich Autonomie, Freiheit und die Macht, das eigene Schicksal zu bestimmen. Mit dem Fehlverweis auf eine Kastration weist Freud auf eine ihm durchaus bewußte aktuelle Deprivation der Frau. Zu Freuds Zeiten erfreute sich natürlich das

männliche Geschlecht gegenüber dem weiblichen 
noch gewichtigerer Vorteile als heutzutage, auch wurden sie in größerem Umfange als unvermeidlich und unentrinnbar akzeptiert. Die Kastration der Frauen war offensichtlich eine soziale, und die Verstümmelung jener Fähigkeiten, wodurch sich vollwertige menschliche Wesen auszeichnen, ging durchaus analog mit der physischen Wunde, eine Feststellung, die uns zu Freuds Aufsätzen von 1925 und 1931 zurückführt.

In der Schrift *Über die weibliche Sexualität* sind die Schwierigkeiten der Annahme der weiblichen Rolle schlüssig im Gegensatz gestellt zu der Ent wicklung des Knaben, die geradlinig stattfindet. Bei ihm führt die erste Bindung an die Mutter folgerichtig zur Kastrationsangst vor dem Vater, wobei jedoch die beiden Triebe zusammengenommen einen progressiven Prozeß einleiten. Indem der Knabe seine frühe inzestuöse Bindung an die Mutter überwindet, errichtet er aus respektvoller Furcht vor dem Vater sein eigenes Über-Ich, das ihn zu normaler Reife gelangen läßt. Sein Verlust ist etwas Unreales, der Traum vom Inzest. Sein Gewinn ist das beständige Fortschreiten zu jenem Zeitpunkt hin, wo er mit eigenem Weibe die Stelle des Vaters in einer neuen Familie ausfüllen kann.

Die Sache des kleinen Mädchen nimmt einen andersgearteten Verlauf. „Das Weib", schreibt Freud, „anerkennt die Tatsache seiner Kastration und damit auch die Überlegenheit des Mannes und seine eigene Minderwertigkeit, aber es sträubt sich auch gegen diesen unliebsamen Sachverhalt". (Nicht nachgewiesene Freud-Zitate sind dem Aufsatz *Über die weibliche Sexualität* in diesem Quellenanhang entnommen.) Sie akzeptiert sie nicht einfach und „nimmt . . . die unerwünschte Belehrung nicht ohne Zögern und ohne Sträuben an", während so der normale männliche Weg zur Reife zu einer befriedigenden Lösung führt, kann man die interessante Feststellung machen, daß *keine* der drei Entwicklungsmöglichkeiten, die dem Mädchen offenstehen, wirklich befriedigend ist. (Da ich von der Bedeutung des terminologischen Mißgriffs Freuds, der „Tatsache der Kastration“ ausging, weise ich an dieser Stelle auf die allgemeine Atmosphäre hin, die *sämtliche* Schriften Freuds über die Frau durchzieht: Sie sind stets von Traurigkeit getönt, mit einem Fühlen davon, wie die allgemeinen Bedingungen den Frauen ein unerfülltes Leben vorschreiben. Dies findet sich nicht nur in den späten Arbeiten, wie Juliet Mitchell festgestellt hat, zu einer Zeit als Freuds natürlicher Hang zum Pessimismus durch sein Krebsleiden wohl verstärkt worden sein muß. Schon zu einem Zeitpunkt wie 1905 *[Der Fall Dora]* und 1908 *[Die 'kulturelle' Sexualmoral und die moderne Nervosität]* charakterisiert Freud das Leben der Frauen als aktuell gefährdet, bedroht und leidvoll im allgemeinen.)

*Über die weibliche Sexualität* kennzeichnet die erste mögliche Reaktion des kleinen Mädchens auf das Bemerken der eigenen Inferiorität als „allgemeine Abwendung von der Sexualmoralität. Das kleine Weib durch den Vergleich mit dem Knaben geschreckt, wird mit seiner Klitoris unzufrieden, verzichtet auf seine phallische Betätigung und damit auf die eigene Sexualität überhaupt wie auf ein gutes Stück seiner Männlichkeit auf anderen Gebieten“. Das Verbot des Vergnügens der klitoridalen Masturbation und das Gleiten in Passivität begleiten die Erfahrung der Inferiorität.

Im *Fall Dora* wird eine Analyse berichtet, die im Jahre 1900 stattfand. Hier begegnen uns diese drei Elemente am Beginn der ersten neurotischen Erkrankung des Mädchens. Freud führt ihre „'Deckerinnerung'“ an, „wenn sie aussprach, bis zu der ersten Krankheit habe sie mit dem Bruder Schritt halten können, von da an sei sie im Lernen zurückgeblieben. Als wäre sie bis dahin ein Bub gewesen, dann erst mädchenhaft geworden. Sie war wirklich ein wildes Ding, vom 'Asthma' an wurde sie still und sittig (GW, Bd V, S. 244). Das 'hysterische Symptom' des

Asthma war in Freuds Sicht ein Ersatz für die Masturbation, welche Dora aufgegeben hatte. (Ich bin mir nicht sicher, ob Freud selber während der Zeit, als *Über die weibliche Sexualität* entstand, die Erfahrung Doras als Beweis für den Ansatz eines positiven [d.h. auf den Vater gerichteten] Ödipuskomplexes zugelassen hätte, denn sie war sieben und damit ziemlich alt. Andererseits spricht er im gesamten Aufsatz davon, wie lange die präödipale Mutterbindung beim Mädchen währen kann. Für den Wechsel zum Liebesobjekt Vater nimmt er fünf Jahre als 'normales' Alter an. Jedenfalls ist es Freud selbst, der die drei Elemente, Passivität — Bemerken der Inferiorität — Absetzen der klitoridalen Masturbation, in beiden Werken assoziiert.)

In der zweiten ihr offenstehenden Entwicklungsrichtung, wenn sie den physischen Unterschied feststellt, der ihren sozialen Unterschied vom Knaben symbolisiert, „hält (das Mädchen) in trotziger Selbstbehauptung an der bedrohten Männlichkeit fest . . . die Phantasie, trotz alledem ein Mann zu sein, bleibt oft gestaltend für lange Lebensperioden." (a.a.O.) Dies kann bis in „manifest homosexuelle Objektwahl" münden. Ich brauche kaum anzumerken, daß für Freud und seine Nachfolger eine solche „abnorme" sexuelle Objektwahl von der Unfähigkeit begleitet ist, das Ziel normaler Reife zu erlangen. Der Weg dazu führt über die dritte, die feminine Lösung des Ödipuskomplexes, bei welcher das kleine Mädchen seine Gefühle auf den Vater fixiert. Dies ist, sagt Freud, „eine recht umwegige Entwicklung". Doch selbst wenn dieses Ziel erreicht wird, ist das Ende durchaus nicht glücklich. Denn mit dem Wechsel von der frühen Liebe zur Mutter hin zum Vaterobjekt „(ist) ein starkes Absinken der aktiven und ein Anstieg der passiven Sexualregungen zu beobachten. . . Gewiß sind die aktiven Strebungen stärker von der Versagung betroffen worden . . . aber auch auf der Seite der passiven Strebungen hat es an Enttäuschungen nicht gefehlt . . . oft genug wird mit der

 Verdrängung der bisherigen Männlichkeit des kleinen Mädchens ein gutes Stück ihres Sexualstrebens überhaupt dauernd geschädigt". Es bleibt der bedrückende Schluß zurück, daß der normalen Entwicklung zur weiblichen Reife nicht nur die 'schlechten' (aktiven), sondern auch die 'guten' (passiven) sexuellen Triebe zum Opfer fallen.

Es besteht kein irgendwie gearteter Grund zu dem Zweifel, Freuds Bestimmung der Nachteile der weiblichen Rolle habe nicht vollständig der Realität seiner Zeit entsprochen. Es ist häufig genug festgestellt worden, daß er seine Theorien auf der Basis jener klinischen Daten formen mußte, die ihm zugänglich waren, aber diese allgemeine Beobachtung erhellt weniger als es den Anschein hat. Wie sahen diese klinischen Daten *tatsächlich* aus? Wie wirkten sie auf seine Theoriebildung? Was galt Freud als brutale und unveränderliche Lebenstatsache, als Existenzgrund, dem das Realitätsprinzip die maßlosen Wünsche und Triebe des Lustprinzips anzupassen hat? Freud diskutiert im Aufsatz *Über die weibliche Sexualität* das Ergebnis der Entdeckung des kleinen Mädchens, daß sie kein Knabe ist; und im besonderen wie dadurch ihre Weiterentwicklung von der präödipalen Mutterbindung zur reiferen, realistischeren, positiv ödipalen Vaterbindung beeinflußt wird. Ihre Einsicht, daß sie und ihre Mutter von derselben Art sind, zeitigt zwei Konsequenzen. Sie überzeugt sich von der eigenen Inferiorität und sie weist nun die früher verehrte Mutter zurück. Freud hält es für selbstverständlich, daß seine Leser diese abgeleitete Behauptung fraglos akzeptieren. Meine Problematisierung gilt nicht dieser sicher berechtigten Annahme, sondern der Tatsache, daß er sie selbst so unvermittelt und unreflektiert übernahm.

Ein sehr einfacher Weg zu einer Antwort besteht in der Untersuchung einiger der von Freud verwendeten klinischen Daten. Nehmen wir den wohlbekannten und schon zitierten Fall Dora. Ich wähle ihn aus verschiedenen Gründen. Zum einen ist er allgemein vertraut. Zweitens basiert er auf einer frühen Analyse, obgleich erst 1905 publiziert stammt er aus dem Jahr 1900, als Freuds Theorien noch keine endgültige strenge Form gewonnen hatten. Und drittens währte er kurz, wurde reibungslos beendet und wirft in seinen Problemstellungen und Lösungen gerade die Fragen auf, die erörtert werden sollen: die Lage der Frau in der damaligen Zeit und in den äußeren Bedingungen, wie sie von Freud verstanden wurden. Doras Geschichte ist — angefangen bei der Mutter — zutiefst geprägt von der Anonymität und Machtlosigkeit des weiblichen Schicksals und trägt so zur Aufklärung eines der Axiome bei, auf denen Freuds Aufsatz *Über die weibliche Sexualität* beruht: dem Katastropheneffekt, der beim Kind durch die Entdeckung, ein Mädchen zu sein, erzeugt wird.

Dora war 18 Jahre alt, als ihr Vater sie zu Freud brachte, anscheinend deswegen, weil ihn Freud einmal energisch zu einer antiluetischen Kur bewogen hatte. Dora litt an Depressionen und einer ganzen Reihe psychosomatischer Krankheiten. Letztlich hatte jedoch die Entdeckung eines Selbstmordbriefes in ihrer Tasche (obgleich sie real keinen Versuch unternahm) die Eltern alamiert. Nach einer Auseinandersetzung mit dem Vater bekam sie einen Anfall von Bewußtlosigkeit und wurde schließlich dazu bewogen, die Behandlung zu akzeptieren. Die Analyse dauerte nur drei Monate, aber es gelang Freud in dieser Zeit, viel Material aus ihrer Geschichte sichtbar zu machen. Was er als relevant aufzeichnete, erhellt nicht nur ihre Biographie, sondern ebenso ihren sozialen Hintergrund. Von diesem möchte ich sprechen, nicht einfach deshalb, weil Dora dadurch für uns verstehbar wird, sondern auch weil sie für Freud dadurch bestimmt wurde. Es handelt sich darum, daß er ihn selbst in Betracht zog.

Dora stand auf schlechtem Fuß mit ihrer Mutter, die Freud nie persönlich kennenlernte. Nichtsdestoweniger schreibt er über sie: „Nach den Mitteilungen des Vaters und des Mädchens mußte ich der Erkrankung und der ihr folgenden Entfremdung ihres Mannes alle ihre Interessen auf die Hauswirtschaft konzentriere und so das Bild dessen biete, was man die 'Hausfrauenpsychose' nennen kann. Ohne Verständnis für die regeren Interessen ihrer Kinder war sie den ganzen Tag mit Reinemachen und Reinhalten der Wohnung . . . beschäftigt . . . [Es ist dies ein Zustand, bemerkt Freud] . . von dem sich Andeutungen häufig genug bei normalen Hausfrauen finden . . . Die Tochter übersah die Mutter, kritisierte sie hart und hatte sich ihrem Einfluß völlig entzogen." (GW, Bd V, S. 178)

Soweit der mögliche Einfluß der Mutter auf die Therapiesituation. Doras älterer Bruder hatte ihr in jungen Jahren als Vorbild gedient, aber nach der Feststellung, daß ihr dieses männliche Ziel verschlossen war, wurde ihre Beziehung distanziert. Er versuchte, sich aus den Familienquerelen herauszuhalten, unterstützte jedoch die Mutter, wenn er sich zu Parteinahme gezwungen sah. Bevor wir Doras Beziehung zu ihrem Vater betrachten, müssen wir noch eine Gouvernante berücksichtigen, die einige Zeit mit der Beaufsichtigung des Mädchens betraut war. Dora war ihr bis zu jenem Zeitpunkt herzlich zugetan, bis „sie merkte, daß sie selbst der Gouvernante ganz gleichgültig sei und daß die ihr erwiesene Liebe tatsächlich dem Papa gelte [in den die Gouvernante verliebt war]. Da ließ sie sie fallen." ebd., S. 195f.)

Wir sehen also ein junges Mädchen vor uns, die ausgenommen väterlicherseits keine wahre Liebe und Unterstützung in ihrer Familie findet. Von der Mutter fühlte sie sich durch deren Untauglichkeit dem realen Leben gegenüber verraten; der geliebte Bruder war in die männliche Weltseite entschwunden; die Gouvernante als Muttterersatz hatte ihre Illoyalität offenbart. Nun sollte ihr dasselbe von ihrem Vater zustoßen.

Doras Vater steckte in einer Affaire mit einer gewissen Frau K., und Dora erfuhr es. Diese Beziehung unterbrach nicht nur Doras andauernde ödipale Bindung an den Vater. Sie hatte in früheren Tagen Frau K. innigst geliebt, deren Vertraute sie gewesen war und deren Schlafzimmer sie geteilt hatte, wenn sie und ihr Vater bei den K.s zu Besuch waren. Plötzlich findet sie sich abermals in einer Situation vor, die einer Wiederholung des Geschehens mit der Gouvernante gleicht. Frau K. brachte in Wirklichkeit nicht ihr die Zuneigung entgegen, sondern allein ihrem Vater.

Wir können die Tragweite dieses psychischen Schocks ermessen. Ein weiteres Element in dieser Situation ist Herr K. Er hatte sich Dora als potentieller Liebhaber präsentiert. Zeitweise hatte auch sie Neigung für ihn verspürt, unter dem Druck dieser Konstellation jedoch wies sie ihn mit Ekel erfüllt ab. Es scheint etwas merkwürdig, daß Freud von dieser Reaktion so überrascht war, schließlich handelte sie nach alledem genau so, wie man es von einem respektierlichen jungfräulichen Mädchen erwartete — und Freud verstand die Zwänge konventioneller Respektabilität sehr gut. Beglückwünscht er sich doch fortwährend in seiner Studie dazu, wie „anständig" seine Patienten die Behandlung empfinden. (ebd., S. 209) Freuds Haltung wird noch seltsamer, wenn (wie er selbst angibt) Dora Herrn K. anscheinend als Tauschobjekt offeriert wurde, und zwar vom*eigenen Vater*: „(Es) drängte sich ihr die Auffassung auf, daß sie Herrn K. ausgeliefert worden sei als Preis für die Duldung der Beziehungen zwischen Doras Vater und seiner Frau." (ebd., S. 193)

Es ist nicht nötig jedes Detail des Falles zu überprüfen, ausgenommen vielleicht die Registrierung des Versuches Doras, sich durch den Appell an die Konvention der Zeit zu retten. Sie forderte von ihrem Vater die Beendigung der Affaire und weigerte sich, die K.s zu treffen. Ich stelle hier schlicht die Situation dar, in der sich ein begütertes, heiratsfähiges mir die Vorstellung machen, sie sei eine wenig gebildete, vor allem aber unkluge Frau, die besonders seit

Mädchen im Wien Freuds befand. Dora fühlte sich von Herrn K. wirklich angezogen, als er seine Verführungsversuche unternahm. Derjenige Elternteil, dem sie jeden Respekt und alle Neigung entgegenbrachte, drängte sie unausgesprochen dazu, sich dem Verführer auszuliefern. Selbstverständlich hatte ihre gesamte Sozialisation sie mit dem Wissen ausgestattet, daß der Verlust ihres „Schmuckkästchens" (so drückte sie es in einem Traum aus), ihrer Jungfräulichkeit, den Verlust des einzigen Besitzes bedeutete, über den sie verfügte. Unter den Erwachsenen gab es keinen Beschützer, dem sie sich hätte anvertrauen können. Eine Frau nach der anderen hatte sie betrogen; die Männer, die sie liebte, versuchten sie zu verführen. Unter solchen Umständen scheint das Bemerkenswerteste an diesem Fall Doras Stärke zu sein.

So sieht ein Teil der klinischen Daten aus, auf denen Freuds Theorien basieren. Selbstverständlich können wir nicht wissen, inwieweit die Situation Doras typisch war, aber glücklicherweise ist dies gar nicht notwendig. Freuds Theoriebildung ist nicht nur auf der vollständigen und genauen Wiedergabe der Realität gegründet, sondern auf der Auswahl derjenigen Realdaten, die seine Aufmerksamkeit erregten und ihm plausibel und relevant erschienen. Offensichtlich fand er an Doras Lage nichts Außergewöhnliches. Er erzählt ihr einmal sogar, daß ihre Reaktionen übertrieben seien und bemüht sich, sie auf die eigene komplizenhafte Beteiligung an der Affaire aufmerksam zu machen, z.B. auf ihre frühzeitige Kollaboration mit dem Vater, bei dessen Anstrengungen Frau K. zu treffen. Bevor wir zur Verurteilung dieses Verhaltens als hart oder grausam schreiten, sollten wir seinen Realitätssinn beachten. Wenn Dora tatsächlich ihre Tugend vor Herrn K. behüten wollte, so mußte sie es allein aufgrund der eigenen Willensstärke tun, denn es gab niemanden, der ihr dabei geholfen hatte. Das letzte was sie hinsichtlich ihrer Entscheidung brauchte, war Ignoranz oder Zweideutigkeit.

Wenn wir uns wieder dem Aufsatz von 1931 *Über die weibliche Sexualität* zuwenden, Doras Fall dabei nicht aus dem Auge verlierend, entdecken wir, daß die beiden Entwürfe einiges Licht aufeinander werfen.1931 legt Freud großen Nachdruck auf die Herausarbeitung der Bedeutung der präödipalen Phase für das kleine Mädchen, ihre lange Dauer und die möglichen späteren Auswirkungen, sogar bei der Gattenwahl. Eine leidenschaftliche Vaterfixierung (was bei Dora der Fall war; der Verrat ihres Vaters hatte die hysterischen Symptome bei ihr hervorgerufen) ist für Freud Zeichen einer früheren Phase „von ausschließlicher Mutterbindung . . . von gleicher Intensität und Leidenschaftlichkeit". Zusätzlich stellt er fest, das die präödipale Phase besonders bei langer Dauer (was vermutlich bei Dora der Fall war) in intimer Beziehung zur Ätiologie der Hysterie steht, was seiner Diagnose bezüglich Doras Beschwerden entsprach.

Noch mehr sagt uns Doras Geschichte über die allgemeine Theorie Freuds. Wie schon ausgeführt impliziert die 'normale' (wenngleich notwendig unglückliche) Entwicklung des kleinen Mädchens die Aufgabe ihrer ausschließlichlen Liebe zur Mutter, wenn sie sich und die Mutter als vom selben Geschlecht begreift. Freud bietet einige mögliche Gründe für diese Reaktion an, einschließlich solche physicher Natur, sic sci körperlich nicht in der Lage, den komplementär-männlichen Widerpart einer anderen Frau zu spielen. Aber, so fügt er hinzu, „als das stärkste Motiv zur Abwendung von der Mutter (taucht) der Vorwurf auf, daß sie dem Kind kein richtiges Genitale mitgegeben, d.h. es als Weib geboren hat."

Bliebe nun Freud dabei stehen, die Abwendung des Mädchen von der Mutter allein auf physische Unfähigkeit zur sexuellen Vereinigung mit einer anderen Frau zurückzuführen, dann könnten wir so lange nicht weiter argumentieren, wie wir nicht die Vorstellung akzeptieren, Lesbischsein sei widernatürlich, zumindest eine nur wenig befriedigende Art des sexuellen Vergnügens. Doch Freud geht weiter. Er schildert jene Entdeckung so, als ob sie das kleine Mädchen von der eigenen Inferiorität überzeuge. Und hier taucht unsere frühere Frage in einer anderen Variante auf. Wenn die Mutter so innig geliebt wurde, warum sollte die Entdeckung der Gleichgülgeschlechtlichkeit mit der Mutter das Kind von der eigenen Inferiorität überzeugen? Freud gibt darauf keine Antwort; er verliert kein Wort darüber, was er, wie die Analyse klar beweist, sehr wohl wußte: daß in Wahrheit der angebeteten Mutter die Inferiorität anhaftete, daß sie grundsätzlich inferior war. Er zäumt jedoch das Pferd vom Schwanze her auf und kramt erneut die alte „Tatsache der Kastration" hervor. „Das kleine Mädchen . . . (erfährt) . . . seinen eigenen Defekt", schreibt er. „Mit der Einsicht in die Allgemeinheit dieses negativen Charakters stellt sich eine große Entwertung der Weiblichkeit, also auch der Mutter, her". Sicherlich geschieht dies so, aber es könnte nicht eintreten, besäße nicht das kleine Mädchen schon ein bitteres Wissen davon, daß Weiblichkeit Inferiorität bedeutet. Was sollte sie sonst dazu veranlassen, die physische Differenz zwischen zwei Körpern als 'Defekt' anzusehen? Wenn sie *wie* ihre Mutter ist, und ihre Mutter ist das Objekt leidenschaftlicher Neigung, wie kann das Kind die Überzeugung gewinnen, „dieses Charakteristikum" sei mit Inferiorität gleichzusetzen?

Ich will damit sagen, daß der Unterschied zwischen Männlichem und Weiblichem, Aktivem und Passivem, den Freud anmerkt, ebensogut sozialer wie physischer Natur ist; und daß der soziale Unterschied, die Inferiorität des Weiblichen, das Defizit an Macht und Freiheit, in Freuds Theoriebildung durch die Hintertür einschlüpft. Er bemerkt, daß das Fehlen eines Penis Inferiorität im Gefolge hat; fragt man, warum dies so sein muß, so werden wir mit der falschen Erklärung der „Tatsache der Kastration" in die Irre geleitet. Diese Erklärung kann nicht Ernsthaftigkeit beanspruchen, außer sie ist *symbo-*

*lisch* zu verstehen. Gerade weil ich Freuds Entdekkungen und Erklärungen sehr ernst nehme, bin ich der Meinung, daß von einer symbolischen Bedeutung des Vorgangs ausgegangen werden muß. Zugegebenermaßen entsteht die weibliche Inferiorität nach Freuds Auffassung durch ein Defizit an Macht; das Fehlen des Penis *entziffert* diesen Tatbestand nicht, aber *symbolisiert* ihn.

Diese Position mag alles andere als selbstverständlich, sogar reichlich gewagt erscheinen. Die orthodoxen Freudianer werden sie zweifellos als kurzsichtig und reduktionistisch von der Hand weisen. Sie werden Freuds Ablehnung der Sicht Alfred Adlers anführen, in dessen Theorie der Machttrieb als Versuch, Minderwertigkeitsgefühle zu kompensieren, eine prominente Rolle spielt, der auch ein früher Exponent dessen war, was wir seit Kate Millett als „Sexualpolitik" zu begreifen gewohnt sind. Ich halte nun, wie die orthodoxen Freudianer, Adler für zu eingleisig, um mir seine Auffassung zu eigen zu machen. Dennoch glaube ich, daß sich Freud selbst von einem Denkstrom ausschloß und damit den Weg zu einer neuen Dimension in seiner Theorie verbaute, als er Adlers offenkundige Wachheit für den sozialen Kontext und die drängende politische Problematik (sowohl hinsichtlich des psychischen Dramas als auch der Welt überhaupt) ablehnte. Ohne diese Dimension geraten manche der gelegentlich labyrinthischen Formulierungen Freuds — speziell einschließlich einiger Grübeleien über den weiblichen Ödipuskomplex in eine präkopernikanische epizyklische Sphäre. Dazu läßt sich vermuten, daß die gesamte nachfreudianische Entwicklung der Ich-Analyse (etwa durch Erikson) Freuds Zögern geschuldet ist, die Realität und Tiefe der Egotriebe hin zu individueller und sexueller Macht anzuerkennen, sowie sie als Instrument der Forschung zu verwenden.

Der Grund seines Zögerns ist erkennbar. Ein Jude im Habsburgischen Wien, der sich einer psychologischen Revolution verschrieben hatte, mußte gewiß eine schwere Bürde tragen. Freud attackierte ein weitreichendes Netzwerk von Schibboleths, die seinen Zeitgenossen teuer waren. Hätte er in der Frage der Rolle der Frau und ihrer natürlichen und so praktischen Unterordnung unter den Mann sich auf Adlers Idee vom „maskulienen Protest" bezogen (wobei Adler zugestimmt hätte, daß erfolgreicher weiblicher Protest hoffnungslos unrealistisch war), hätte er damit quasi Öl ins Feuer gegossen. Wir wissen in der Tat, daß Freud selbst es als die der Frau zustehende Rolle betrachtete, glückliche, dem Manne untergeordnete Ehegattin und Mutter zu sein, davon sprach er zu seiner Verlobten in wenig verschlüsselter Weise. Und dennoch —

Und dennoch bemerkt Freud hin und wieder Schwierigkeiten, mit denen die traditionelle Rolle die Frauen konfrontiert. Ich habe schon den Klang von Traurigkeit erwähnt, der seine Schriften hinsichtlich der Frauen charakterisiert. Besonders in *Die 'kulturelle' Sexualmoral und die moderne Nervosität* beschreibt er die weibliche Rolle bezüglich der Heirat in einer Weise, die einem das Blut gerinnen lassen kann. Hier sind einige Auszüge:

„. . . die für den Mann in unserer Gesellschaft geltende 'doppelte' Sexualmoral ist das beste Eingeständnis, daß die Gesellschaft selbst, welche die Vorschriften erlassen hat, nicht an deren Durchführbarkeit glaubt. Die Erfahrung zeigt aber auch, daß die Frauen, denen als den eigentlichen Trägerinnen der Sexualinteressen des Menschen die Gabe der Sublimierung des Triebes nur in geringem Maße zugeteilt ist, [Dieser Freudsche Lehrsatz ist verbunden mit seiner Meinung, daß der beim Mädchen schwächer verlaufende Ödipuskomplex notwendigerweise zu einer schwächeren Fundierung der Entwicklung ihres Über-Ichs führt], denen als Ersatz des Sexualobjektes zwar der Säugling, aber nicht das heranwachsende Kind genügt, daß die Frauen, sage ich, unter den Enttäuschungen der Ehe an schweren und das Leben dauernd trübenden Neurosen erkranken. Die Ehe hat unter den heutigen kulturellen Bedingungen längst aufgehört, das Allheilmittel gegen die nervösen Leiden des Weibes zu sein; und wenn wir Ärzte auch noch immer in solchen Fällen zu ihr raten, so wissen wir doch, daß im Gegenteil ein Mädchen recht gesund sein muß, um die Ehe zu 'vertragen' ... Das Heilmittel für die aus der Ehe entspringende Nervosität wäre vielmehr die eheliche Untreue; je strenger eine Frau erzogen ist, je ernsthafter sie sich der Kulturforderung unterworfen hat, desto mehr fürchtet sie aber diesen Ausweg, und im Konflikt zwischen ihren Begierden und ihrem Pflichtgefühl sucht sie ihre Zuflucht wiederum — in der Neurose. Nichts anderes schützt ihre Tugend so sicher, wie die Krankheit." (GW, Bd. VII, S. 158)

Freud diskutiert im weitern die Folgen der Abstinenz bei Männern: es sind keine guten. „Im allgemeinen habe ich nicht den Eindruck gewonnen, daß die sexuelle Abstinenz energische, selbständige Männer der Tat, oder originelle Denker, kühne Befreier und Reformer heranbilden helfe, weit häufiger brave Schwächlinge ..." (ebd., S. 160) Ähnlich sind die Folgen für die Frauen. Er fährt fort: „Ganz besonders greifbar sind die Schädigungen, welche durch die strenge Forderung der Abstinenz bis zur Ehe am Wesen der Frau hervorgerufen werden". (ebd., S. 160) Die Erziehung des Mädchens setzt hohe Prämien auf die Erhaltung der weiblichen Unschuld und hält sie in Unwissenheit über alle Tatsachen der ihr bestimmten Rolle in der Ehe. Der Erfolg ist, daß die Mädchen, wenn ihnen das Verlieben plötzlich von den elterlichen Autoritäten gestattet wird, die psychische Leistung nicht zustande bringen ... mit ihren seelischen Gefühlen hängen sie noch den Eltern an ... und im körperlichen Verhalten zeigen sie sich frigid, was jeden höherwertigen Sexualgenuß beim Manne verhindert ... So werden durch die Vorbereitungen zur Ehe die Zwecke der Ehe selbst vereitelt" (ebd., S. 161). Freud zeigt hier durchaus seine Bewußtheit von den Konsequenzen des sozialen Kontexts, wenn er erklärt: „Ich weiß nicht, ob der Typus der anästhetischen Frau auch außerhalb der Kulturerziehung vorkommt, halte es aber für unwahrscheinlich." (ebd. S. 161)

Freud leistet nicht weniger als eine Beschreibung davon, wie ein soziales Milieu dazu tendiert, mit seinen sozialen Erlassen Neurosen in denen zu produzieren, welche der libidinösen Belohnung am meisten beraubt sind. Bemerkenswerterweise ist dabei die weibliche Inferiorität sozial konditioniert und nicht einfach Folge der Anatomie. Es ist wirklich sinnvoll, hier anzumerken, daß Freud mit seiner berühmten Sentenz „Die Anatomie ist das Schicksal" (in *Beiträgen zur Psychologie des Liebeslebens – Über die allgemeinste Erniedrigung des Liebeslebens* – 1912, GW Bd. VIII, S. 90) nicht auf die Tatsache hinwies, daß die Frauen anstelle des Penis eine Vagina haben. Vielmehr kommentiert er die universale menschliche Situation, daß das „Exkrementelle ... allzu innig und untrennbar mit dem Sexuellen verwachsen (ist) ..., die Lage der Genitalien — inter urinas et faeces — bleibt das bestimmende unveränderliche Moment ... Die Genitalien selbst haben die Entwicklung der menschlichen Körperformen zur Schönheit nicht mitgemacht, sie sind tierisch geblieben, und so ist auch die Liebe im Grunde heute ebenso animalisch, wie sie von jeher war." (ebd., S. 90) Dieser Konflikt zwischen 'Animalität' und den Forderungen der Zivilisation ist natürlich ein immer wiederkehrendes Thema im Freudschen Werk, und das die allseitige Belohnung der Instinkte verweigernde Schicksal beschränkt sich nicht allein auf Frauen. Im „Fall Dora" (a.a.O., Bd. V) diskutiert Freud speziell die Lage des Mannes.

Ist die Erklärung so unangebracht, daß die Ambivalenz der Freudschen Theorie über die weibliche Sexualität wenigstens teilweise Resultat einer Anstrengung ist, einer realhistorischen Situation gerecht zu werden? Könnte er nicht durch diese konkrete Lage zu konstruktiven Ansätzen herausgefordert worden sein? Es mutete eigenartig an, wenn Freuds eigene Erfahrung gesellschaftlicher Inferiorität — Jude — in keiner Beziehung zu seiner Sicht der weiblichen Inferiorität innerhalb derselben Gesellschaft stünde. Wir können es nicht mit Sicherheit wissen. Immerhin waren Freuds Versuche, seine gesellschaftliche Position zu verbessern, nie auf öffentliche oder politische Ziele gerichtet. Sie waren nicht ideologischer oder kollaborativer Natur, doch beschränkten sie sich auf das berufliche Leben. In dieser Hinsicht waren sie individuell gebunden und implizierten die Anerkennung — in der Praxis und im Verhalten, was nicht notwendig prinzipielle Anerkennung bedeuten muß — der Restriktionen, die ihm vorgesetzt wurden. Diese Grundlage seiner intellektuellen Haltung scheint sich mir vollständig in der Konzeption seines Werkes wiederzuspiegeln, die den Frauen praktisch die Annahme der traditionellen Rolle vorschreibt. Wie wäre er, der selber die Rebellion gegen die soziale Struktur unterließ, dazu gekommen, den Frauen eine solche zu empfehlen?

Seine Differenzen mit Adler enthalten meiner Meinung nach eben diesen Grundzug seiner intellektuellen Haltung. Freud hatte der Politik und der direkten Aktion abgeschworen. Adler war radikaler Sozialist, seine Frau war mit Trotzki befreundet. Theoretisch betonte er den starken Einfluß aggressiver Triebe auf die Psyche. Freud hingegen verlagerte seine Ambitionen von der politischen auf die private berufliche Ebene. Er betrachtete und brauchte die Respektabilität des bürgerlichen Lebens als Schutz, hinter dem er seine eigenen erstaunlichen gedanklichen Schöpfungen entwerfen und erweitern konnte. Trotzdem erzählt Ernest Jones in seiner Biographie (Vol. 2, p. 131), wie ernst Freud die Ideen Adlers nahm. Der Bruch mit ihm war bitter. Er führte Freud nach Jones (p. 97) zu der Überzeugung, er müsse seine Techniken umfassend erweitern und vertiefen. Dabei maß er den Differenzen mit Adler große Bedeutung zu. Ich möchte dieses Moment nicht ausarbeiten, sondern einfach auf das Offenliegende hinweisen: Der Bruch mit Adler und dessen Aggressionstheorie, sowie dessen politischer Praxis, konnte Freuds Disposition, die Existenz aggressiver Triebe und politische Methoden zu ignorieren, nur verstärken.

Aus diesen Motiven ergab sich die Determinierung, der Freuds Formulierung des „Realitätsprinzips" sowohl hinsichtlich seiner eigenen Situation wie auch in seiner Theorie über die weibliche Sexualität zugrundeliegt. Freuds enorme Leistungen hätten ohne Triebverzicht oder durch infantilen Rückzug auf die Omnipotenz des Gedankens nicht errungen werden können. Außerdem war sein Ziel als Arzt Therapie; und so mußten seine Sorgen der Welt gelten, wie sie war. Innerhalb dieser Welt war die Idee von der unausweichlichen Inferiorität der Frau nicht in Frage zu stellen.

Ich hoffe, daß ich diese These nicht rein spekulativ entwickelt habe. Es scheint klar zu sein, daß nach Freuds Auffassung Frauen generell für Neurosen anfälliger seien. Er erklärt dies in *Über die weibliche Sexualität* mit dem komplizierten Weg, den ihre Emotionalität beschreiten muß, um das Ziel normaler Reife zu erreichen. (Für Freud ist Normalität nicht etwas Bestehendes, sondern ein Ziel, was offensichtlich seine Idee vom inferioren Ausgangspunkt charakterisiert). Der noch positivste Weg zur weiblichen Reife schwächt jedoch ihre Sexualtriebe und beläßt ihr geringere Widerstandskraft für die Lebensepisoden, die besonders neurosenschwanger sind. Ich glaube aber, daß das oben zitierte Material weitreichendere Schlüsse zuläßt, als in ihm formuliert werden und insistiere darauf, daß sich Freud eines das Leben der Frau formenden sozialen Elements bewußt war. Er war gewiß bei Doras Biographie von ihrer Isolation innerhalb der eigenen Familie nicht überrascht; ebensowenig wie von der Unfähigkeit ihrer Mutter, ihr zu helfen, trotz des Wissens um die Gefährdung der Tochter; und nicht von Doras auf

Erfahrung gegründeter Erwartung, von Frauen, die sie zu lieben vorgaben, verraten zu werden. Kurz, es war ihm geläufig, wie Frauen sich selbst sahen und von Männern gesehen wurden, als Eigentum, mit dem man Tauschgeschäfte abschließen kann.

Diese Machtlosigkeit (diesen Fakt *sozialer* Kastration) nicht zu akzeptieren, hätte die Herausforderung der gesamten sozialen Struktur erfordert. Freuds Sicht der sozialen Realität unterstellte, daß dies Unterfangen verlorene Mühe war. Sogar Adler, der Sozialist, vermochte sich nicht vorzustellen, daß der „maskuline Protest", wie ihn seine weiblichen Patientinnen verspürten, ihr verordnetes Schicksal hätte verändern können. „Wenn wir (einem Mädchen) helfen wollen", schrieb er (in *What life should mean to you*, Boston, 1931), „müssen wir einen Weg finden, sie mit ihrer weiblichen Rolle zu versöhnen ... Die Erziehung der Mädchen muß angelegt werden auf die Mutterschaft, das Ziel, Mutter zu werden erstrebenswert machen. Sie muß als kreative Aktivität gesehen werden, als Rolle, die, wenn sie mit ihr im späteren Leben konfrontiert wird, nicht zu Enttäuschung führen darf." (Rückübersetzung aus dem Englischen). Freud teilte zumindest nicht Adlers optimistische Sicht, daß „wir" dies gerade deshalb erfüllen, weil „wir müssen". Eher sagte ihm sein Verständnis von der Welt, daß „wir" dies sehr selten erfüllen können und daß die Ehe — wie sie praktiziert wird — nach seiner Kenntnis der Welt eine Neurosen zeugende Beziehung, besonders für Frauen sei.

Vieles hat sich seit den Tagen Freuds geändert. Die Inferiorität der Frau, obgleich noch immer vorherrschend, ist erfolgreich angegriffen worden: Auch die elterlichen Beziehungen zu den Kindern haben sich gewandelt, z.B. findet man automatische Bestrafung der Masturbation seltener und weniger erbittert, und diese Bestrafung stellt für Freuds Theorie ein Fundament der kindlichen Kastrationsfurcht und des Beginns des Ödipuskomplexes dar. Für beide Elternteile hat sich die Verteilung der Macht verschoben, die Position des Mannes als Gatte wie als Vater ist schwächer geworden. Hätte Freud dies alles ignoriert? Hätte er bei seiner strengen Orientierung auf die Evidenz der Realität nicht den veränderten klinischen Daten Rechnung getragen, in denen unterschiedliche Sachverhalte zum Ausdruck kommen? Hätte er nicht sogar recht verschiedene Formulierungen gebraucht? Im Aufsatz *Über die weibliche Sexualität* erzählt uns Freud, daß die Beziehung eines kleinen Mädchens zu ihrer Mutter wichtiger ist, als er früher annahm, daß selbst die Emotionen des Vaters durch die frühere Liebe der Mutter konturiert sind. Wenn sich also die aktuelle Position der Mutter in dieser Welt gewandelt hat — und sie hat sich gewandelt —, wieso sollten wir nicht annehmen, daß sich ebenso die Natur ihrer Beziehung zur Tochter, die länger währt als die zum Sohn, verändert hat? Und damit auch ihr Einfluß auf das spätere Leben der Tochter? Ich halte diese Annahme für gerechtfertigt und glaube, daß die zugrundeliegende Symbolik, wenn auch nicht völlig abgedeckt, so doch fundamentiert werden kann mit dem Ansatz Freuds, der, wie ich zu zeigen versucht habe, uns aktuell zu dieser Sicht führt.

*Gregory Zilboorg*
# Männlich und weiblich
## Biologische und kulturelle Aspekte

Der erste Weltkrieg hat plötzlich unsere traditionellen Vorstellungen über das Weibliche erschüttert. Da, wo früher nur Männer zu sehen waren, tauchten Frauen auf; sie übernahmen häufig die Jobs von Straßenbahnfahrern, Taxichauffeuren und Liftboys. Sie fingen an, Zigaretten zu rauchen, was vorher ein fast ausschließliches Vorrecht der Männer gewesen war. Heute sind rauchende und Cocktails trinkende Frauen ein alltägliches gesellschaftliches Phänomen, und die abstinente Frau ist die Ausnahme geworden. Während der letzten Kriegsjahre und im Jahrzehnt danach veränderte sich auch allgemein das Aussehen der Frauen beträchtlich. Der Bubikopf oder überhaupt kurzes Haar waren allgemein verbreitet; der Typ der rauhbeinigen, eckigen, flachbrüstigen Frau war so häufig, daß sie nicht mehr auffiel. Der knielange Rock, das männliche Tailleur oder Straßenkostüm und der Verzicht auf das vor dem Krieg übliche Korsett setzten die Frau der Nachkriegsjahre den männlichen Blicken aus, denen sie mit provozierender Unabhängigkeit, selbstbewußter Initiative und geradezu selbstgefälliger Herausforderung zu begegnen wußte.

Vom psychologischen Standpunkt aus waren alle diese Veränderungen vielleicht revolutionärer als die Eroberung und Ausbreitung des Frauenwahlrechts in der Nachkriegszeit. Die viktorianische Form der Keuschheit, ihre unschuldige Prüderie, Schamhaftigkeit, Schüchternheit und romantische Passivität wurden durch diese scheinbar äußerlichen Veränderungen grundsätzlicher erledigt als etwa durch die Zulassung der Frauen als Anwälte und Geschworene oder ihren Eintritt in die Politik. Schließlich hat die Geschichte immer schon bedeutende Frauen in der Politik anerkannt. Sie waren Ausnahmen, sicherlich; sie mußten Königinnen sein oder Heilige oder einzigartige Macht hinter Kulissen ausüben, oder sie waren halb legendäre oder revolutionäre Heldinnen — Victoria, Johanna von Orleans, Lucrezia Borgia, Portia, Charlotte Corday. Die Frau auf der Straße oder im Salon blieb aber im Verlauf der gesamten Geschichte immer das, was vage „weiblich" genannt wird. Es ging um die wirkliche psychologische Gleichberechtigung mit dem Mann, individuelle Initiative, die Fähigkeit zu handeln, das offene Bestehen auf dem Recht, einen Sexualpartner zu wählen, statt immer gewählt und vom Mann „unterhalten" zu werden — das war wirklich revolutionär.

Wie es immer mit solchen Sachen geht, die rein äußerlichen Aspekte dieser Revolution — die Kleider — und Wäschemode — waren bald verschwunden. Die Kleider kehrten fast wieder zu ihrer vorrevolutionären Länge zurück, das Haar wurde länger, die Frisuren wieder kunstvoller. Der fundamentale psychosoziale Wandel aber blieb und verfestigte sich. Obwohl noch 1943 der amerikanische Bundesstaat Massachusetts sich weigerte, Frauen als Geschworene zuzulassen mit der Begründung, daß die Frau, die sich mit den männlichen Geschworenen zur Beratung zurückziehe, es wahrscheinlich nicht fertigbringen würde, sich mit den Dingen selbstsicher auseinanderzusetzen und sie vor der Öffentlichkeit angemessen zu vertreten. Es ist noch nicht völlig klar, wie dieser neue Vorstoß der Frauen zur gesellschaftlichen Unabhängigkeit und kulturellen Gleichberechtigung mit dem Mann einzuschätzen ist, aber daß sich hier etwas verändert hat, ist unbestreitbar.

Fast von Anfang an hat sich die Psychoanalyse mit der psychischen Verschiedenheit von Mann und Frau beschäftigt, dennoch hat sie überraschenderweise diesen kulturellen Wandel nicht analysiert, sie hat ihn nicht einmal zur Diskussion gestellt. Wenn man die psychoanalytische Literatur zwischen 1914 und den frühen zwanziger Jahren durchsieht, so findet man allenfalls gelegentlich eine Diskussion über die biopsychologischen Unterschiede zwischen Mann und Frau, die aber vorwiegend oder gar ausschließlich auf die anatomischen Geschlechtsunterschiede zurückgeführt wurden. Freud rief Napoleons bissiges Bonmot in Erinnerung: „Die Anatomie ist das Schicksal". Die Psychoanalyse, die in allen anderen Bereichen der menschlichen Psychologie wirklich ikonoklastisch war, scheint sich mit diesem Schicksalsspruch abzufinden. 

Sie hat zwar die Frauen nicht aktiv diskriminiert, wie das Biologie, Soziologie, Philosophie und die Industriegesellschaft taten; im Gegenteil, Frauen wurden als Partner und auf der Basis völliger Gleichheit in den Berufsstand aufgenommen. Trotzdem schien sie etwas selbstzufrieden mit dem Problem umzugehen und regte keine Diskussion über das Thema an, die irgendwie originell oder der Bedeutung der Sache angemessen gewesen wäre.

In der Mitte der zwanziger Jahre und im folgenden Jahrzehnt, nämlich zwischen 1925 und 1935, schien sich diese Diskussion zu entwickeln. Die Frage nach der Phänomenologie und Genese der psychischen Geschlechtsunterschiede wurde immer häufiger und heftiger diskutiert und am Ende dieses Jahrzehnts sogar mit knisternder Intensität, wenn nicht Schärfe. Klinische Beweise für eine wesensmäßig männliche Aktivität und weibliche Passivität, sowie den weiblichen Kastrationskomplex wurden zur Unterstützung einer Hypothese, die Jones später phallozentrisch nannte, beigebracht. Bald gab es offensichtlich ebenso gutes klinisches Material, das Anlaß zu Fragen oder Zweifeln an dem bot, was zur offiziellen Freudschen Lehrmeinung über dieses Thema geworden ist.

Abraham, Helene Deutsch, Horney, Josine Müller, Ernest Jones, Melanie Klein, van Ophuijsen und Müller-Braunschweig — um nur die bekanntesten Teilnehmer an dieser Diskussion außer Freud selbst zu nennen — zeigten großes Interesse an dieser Frage. Modifikationen der Freudschen Grundannahmen und abweichende Hypothesen wurden zunächst vage und später immer entschiedener vorgebracht.

Freud schaltete sich in die Diskussion mit Autorität und dem ihm eigenen Ernst ein. 1927 veröffentlichte er *Einige psychische Folgen des anatomischen Geschlechtsunterschieds* und 1932 versuchte er noch einmal, seine Befunde und Ansichten zusammenzufassen und das Problem mit seinem Beitrag *Über die weibliche Sexualität* zu klären. Doch außer der Einführung der Hypothese über die präödipale Phase stand in diesem Beitrag nicht viel Neues. Insgesamt blieb das Ganze höchst verwirrend.

Helene Deutsch brachte brillante Beiträge zu dieser Diskussion; ihre Vorstellung von der Psychogenese, Evolution und Dynamik des weiblichen Sexuallebens blieben insgesamt in Einklang mit den Anschauungen von Freud und Abraham. Horney ging von Anfang an mit großer Kühnheit an dieses Problem heran. Sie schlug einige originelle, wenn auch rein intuitive theoretische Formulierungen vor. Sie stellte eine Theorie in Frage, wonach die Entwicklung des kleinen Mädchens zur Mutterschaft als gewundener, komplizierter Weg durch die phallische Phase und die des Penisneids, sowie durch mehrere verschlungene Windungen gesehen wurde, die schließlich, in Übereinstimmung mit den traditionellen Werten, im Mädchen den natürlichen biologischen und psychologischen Wunsch weckt, ein Kind zu bekommen. Auf der Basis beachtlicher klinischer Erfahrung und mit biologischer Plausibilität fragte sie sich, wieso die Mutterschaft, dieses natürlichste aller natürlichen Phänomene der menschlichen Natur nicht Ursprung ebensolcher spontaner, unmittelbarer Triebe sein sollte. In ihrem Buch *Zur Genese des weiblichen Kastrationskomplexes* (1924), sowie später in *Flucht aus der Weiblichkeit* (1926) bis zu *Die Verleugnung der Vagina* (1933) schrieb Horney die konsistente, verheißungsvolle Entwicklung eines Gedankenganges, der neues Licht auf das Problem zu werfen versprach. 

Ernest Jones übernahm die Rolle des Vermittlers und Versöhners der Divergenzen. In seinem Werk *Die erste Entwicklung der weiblichen Sexualität* von 1927 bis zu *Die phallische Phase* von 1933 versuchte er mit Kompetenz und intellektueller Flexibilität eine Hypothese zu entwickeln, die etwa die Mitte hielt zwischen einer Synthese und einer eklektischen Verarbeitung der verschiedenen Strömungen. Jones betrachtete die phallische Phase der Frauen eher als ein regressives, neurotisches Phänomen denn als eine normale Entwicklungsphase; er hielt die Furcht vor der totalen Zerstörung der Sexualität — er schlug dafür den Terminus „Aphanisis" vor — für ein fundamentales Phänomen, das den eigentlichen Sinngehalt der Kastrationsangst ausmache.

Es ist wichtig, daran zu erinnern, daß die Diskussion über die weibliche Sexualität nicht etwa deshalb eine so wichtige Stellung in der psychoanalytischen Literatur einnahm, weil sich die Psychoanalyse damals für wenig anderes interessiert hätte. Es war die Zeit, in der Themen wie *Jenseits des Lustprinzips*, die Topographie des psychischen Apparats, Hemmung, Symptom und Angst ins Blickfeld traten. Neue Gesichtspunkte wurden in die Debatte eingeführt und es kam zu einer beachtlichen Neuorientierung im klinischen und theoretischen Zugang zu psychoanalytischen Problemen. Angesichts dieser Fragen wurde die Libidotheorie zwar keineswegs aufgegeben, geriet aber in neue Schwierigkeiten. Die Frage nach der libidinösen Entwicklung der Frau blieb trotz der Flut neuer Probleme weiterhin das zentrale Thema. Allein diese Tatsache beweist, wie wichtig und beunruhigend das Problem war.

Nach 1933 verlor das Thema scheinbar an Bedeutung, doch hatte niemand auf die alten Fragen wirklich neue Antworten gefunden, und die alten Antworten wurden den neuen und berechtigten Zweifeln bezüglich der weiblichen Sexualität nicht gerecht.

Die organische Minderwertigkeit der Frau, wie Freud sich ausdrückte, und die Überlegenheit des Mannes — beides in der psychoanalytischen Theorie impliziert und offen ausgesprochen — wurde weiterhin mit Überzeugung postuliert. Der psychologische Weg des Mannes zur Vaterschaft wirkte klar, einfach und leicht, der psychologische Weg der Frau zur Mutterschaft dagegen gewunden, schwierig und komplex. Selbst die Theorie der Bisexualität half der Frau nicht aus ihren Nöten. Die Diskussion schien unglücklicherweise unter ihrem eigenen Gewicht zusammenzubrechen. Wie unproduktiv sie war, läßt sich daran ablesen, daß Freud von 1918 an, als er *Das Tabu der Virginität* schrieb, bis 1932, als er *Über die weibliche Sexualität* veröffentlichte, auch keinen neuen methodologischen Zugang zu dem Problem vorzuschlagen hatte. Allerdings merkte er selbst an, daß noch viel zu lernen gelte und die in den frühen zwanziger Jahren begonnene Diskussion nicht sehr ergiebig gewesen sei.

In *Das Tabu der Virginität* sagt Freud: „Diese Feindseligkeit des Weibes führt Ferenczi — ich weiß nicht, ob als erster — in einer paläobiologischen Spekulation bis auf die Epoche der Differenzierung der Geschlechter zurück. Anfänglich, meint er, fand die Kopulation zwischen zwei gleichartigen Individuen statt, von denen aber eines sich zum stärkeren entwickelte und das schwächere zwang, die geschlechtliche Vereinigung zu erdulden. Die Erbitterung über dies Unterlegensein setze sich noch in der heutigen Anlage des Weibes fort. Ich halte es für vorwurfsfrei, sich solcher Spekulationen zu bedienen, solange man es vermeidet, sie zu überwerten.“[1]

Freud wies also Ferenczis Vorstellung in seiner kühlen und bestimmten Art ab, da damals noch keine neuen Tatsachen für deren kritische Prüfung vorgebracht wurden. Und doch ist es bedauerlich, daß Ferenczis Idee schon bei ihrer Geburt in Vergessenheit geriet, denn hier wurde ein neuer Ansatz angedeutet, den man hätte ernstnehmen und weiterverfolgen sollen. Wir werden noch sehen, wie ergiebig und nahezu untrüglich Ferenczis Intuition war. 

Was Freuds eigene Ansichten angeht, so ist bemerkenswert, daß er, der sich nie für das entschuldigte, was er zu sagen hatte, gelegentlich doch zögerte, wenn er das Thema der weiblichen Sexualität behandelte. Die einleitenden Zeilen zu seinem Aufsatz über *Einige psychische Folgen des anatomischen Geschlechtsunterschieds* lassen eine beträchtliche Unsicherheit gegenüber diesem Thema erkennen. Er sagt: „Im folgenden teile ich ein Ergebnis der analytischen Forschung mit, das sehr wichtig wäre, wenn es sich als allgemein gültig erweisen ließe. Warum schiebe ich die Veröffentlichung nicht auf, bis mir eine reichere Erfahrung diesen Nachweis, wenn er zu erbringen ist, geliefert hat? Weil in meinen Arbeitsbedingungen eine Veränderung eingetreten ist, deren Folgen ich nicht verleugnen kann. Früher einmal gehörte ich nicht zu denen, die eine vermeintliche Neuheit nicht eine Weile bei sich behalten können, bis sie Bekräftigung oder Berichtigung gefunden hat. Die *Traumdeutung* und das *Bruchstück einer Hysterieanalyse* (der Fall Dora) sind, wenn nicht durch neun Jahre nach dem Horazischen Rezept, so doch durch vier bis fünf Jahre von mir unterdrückt worden, ehe ich sie der Öffentlichkeit preisgab. Aber damals dehnte sich die Zeit unabsehbar vor mir aus — *oceans of time,* wie ein liebenswürdiger Dichter sagt — und das Material strömte mir so reichlich zu, daß ich mich der Erfahrungen kaum erwehren konnte. Auch war ich der einzige Arbeiter auf einem neuen Gebiet, meine Zurückhaltung brachte mir keine Gefahr und anderen keinen Schaden.

Das ist nun alles anders geworden. Die Zeit vor mir ist begrenzt, sie wird nicht mehr vollständig von der Arbeit ausgenützt; die Gelegenheiten, neue Erfahrungen zu machen, kommen also nicht so reichlich. Wenn ich etwas Neues zu sehen glaube, bleibt es mir unsicher, ob ich die Bestätigung abwarten kann."[2]

Die Tatsache, daß Freud es überhaupt für nötig erachtete zu erklären, warum er seine Ansichten äußert, zeigt schon, daß das Problem für ihn dunkel und belastend zugleich war. Sein Aufsatz schließt beinahe in demselben Ton: „Ich bin geneigt, den hier vorgebrachten Ausführungen über die psychischen Folgen des anatomischen Geschlechtsunterschieds Wert beizulegen, aber ich weiß, daß diese Schätzung nur aufrechtzuhalten ist, wenn sich die an einer Handvoll Fällen gemachten Funde allgemein bestätigen und als typisch herausstellen. Sonst bliebe es eben ein Beitrag zur Kenntnis der mannigfaltigen Wege in der Entwicklung des Sexuallebens."[3]

1927 war Freud also gewiß noch unsicher. Sein Hinweis auf „eine(r) Handvoll Fälle(n)" ist in diesem Zusammenhang besonders bedeutsam, da vierunddreißig Jahre Arbeit hinter ihm lagen; man kann sich fragen, ob irgendjemand anderes in der psychoanalytischen Welt ähnlich viel klinisches Material zur Verfügung hatte und dieses zusätzlich zu der erwähnten Handvoll Fällen hätte einbringen können. Diese Tatsache allein spricht dafür, so glaube ich, daß ein neuer methodologischer Ansatz fehlte, da Freud selbst, der wahre Meister der psychoanalytischen Forschung, nach drei Jahrzehnten nicht genügend Material mobilisieren konnte, um die Lösung eines Problems zu finden, das ihn eigentlich seit Beginn seiner Arbeit an *Drei Abhandlungen zur Sexualtheorie* beschäftigt hatte.

Als er 1932 *Über die weibliche Sexualität* veröffentlichte, bekräftigte Freud seine allgemein bekannte Ansicht über die zentralen Phasen der Entwicklung der weiblichen und männlichen Sexualität.

Er hatte das Gefühl und ließ darüber auch niemanden im Zweifel, daß sich die Frauen grundsätzlich an dem Handicap der organischen phallischen Minderwertigkeit abarbeiten, daß dieses Handicap ernsthafte Schwierigkeiten in der Libidoentwicklung hervorruft, die wiederum für ihre fundamentale Schwäche oder gar Minderwertigkeit verantwortlich sind. Er war anscheinend in bezug auf das, was er für das spezifisch Weibliche und weibliches Schicksal hielt, etwas pessimistisch, wenn nicht gar ablehnend eingestellt. In Antizipation möglicher Einwände und Kontroversen und auch als indirekte Antwort auf Kritiker seiner Theorie über die weibliche Sexualität schreibt Freud in einer Fußnote: „Man kann vorhersehen, daß die Feministen unter den Männern, aber auch unsere weiblichen Analytiker mit diesen Ausführungen nicht einverstanden sein werden. Sie dürften kaum die Einwendung zurückhalten, solche Lehren stammen aus dem ‘Männlichkeitskomplex’ des Mannes und sollen dazu dienen, seiner angeborenen Neigung zur Herabsetzung und Unterdrükkung des Weibes eine theoretische Rechtfertigung zu schaffen. Allein eine solche psychoanalytische Argumentation mahnt in diesem Falle, wie so häufig, an den berühmten ‘Stock mit zwei Enden’ Dostojewskis. Die Gegner werden es ihrerseits begreiflich finden, daß das Geschlecht der Frauen nicht annehmen will, was der heißbegehrten Gleichstellung mit dem Manne zu widersprechen scheint. Die agonale Verwendung der Analyse führt offenbar nicht zur Entscheidung.“[4]

Diese wohlangebrachte, wissenschaftlich vernünftige Warnung davor, die Psychoanalyse zum Instrument für Polemiken zu machen, war und ist auch noch immer richtig. Es ist aber insofern auch ein negativer Beitrag, weil Freud davor warnt, die falsche Methode zu benutzen, ohne zu sagen, welche hier die richtige wäre.

Freud würde bereitwillig zugeben, daß das Problem nicht gelöst war. Auch sind sich alle darüber einig, daß es sich dabei um ein Problem handelt, das die Psychoanalyse und ihre wissenschaftliche Solidität in Frage stellt. Wie kommt es dann, daß die Psychoanalyse — die die Psychologie revolutionierte, den Sozialwissenschaften neue Forschungsgebiete erschloß, besonders der Soziologie und Anthropologie, die der Geschichtswissenschaft und sogar der Volkswirtschaft neue Ansätze ermöglichte, die allgemeine Orientierung der Organpathologie sowie viele Richtungen der Biologie, der Literatur und Kunst beeinflußte — trotzdem unfähig war, für das Problem der weiblichen Sexualität und den sogenannten Kampf der Geschlechter eine wirklich befriedigende Lösung oder auch eine umfassende Hypothese anzubieten, das heißt, für ihre eigenen, ganz spezifisch psychoanalytischen Probleme?

In anderer Form beschäftigte dieses Problem die klügsten Köpfe in der Biologie und Soziologie über ein Jahrhundert lang. Es war ein zentrales Thema in Literatur und Drama. Turgenjew setzte sich mit der Rolle der Frau und der Weiblichkeit in der Kultur auseinander, ebenso wie Ibsen, Tolstoi, Zola und George Bernhard Shaw. Die angebotenen Lösungen und Ideale waren voller Gegensätze und Widersprüche. Tolstoi sah in der absoluten Passivität der Frau die wirkliche Erfüllung ihrer biologischen und kulturellen Mission; er lobte Tschechow enthusiastisch für seine Kurzgeschichte *Liebling*, in der dieser die chamäleonartige Passivität der Frau sozusagen als menschliche Erscheinungsform der vacca domestica schildert. Ibsens *Nora* und Shaws *Candida* fühlten und dachten in Begriffen der Frauenemanzipation, doch blieb unklar, was denn nun das konkrete Ziel dieser Befreiung sein sollte; ihre Idealvorstellungen schienen von dem, was sie ablehnten, präziser zu sein. Sie schienen mehr darüber zu wissen, wovon die Frau befreit werden soll, als von dem, wofür sie frei sein solle: der Zweck der Emanzipation und die Rolle der emanzipierten Frau blieben unbestimmt. Im wesentlichen wurde der Konflikt zwischen den beiden jahrtausendealten Idealen der Frau als Mutter und der Frau als Geliebten dargestellt, ohne daß eine positive Lösung des Rätsels in Sicht war. Der Typ der Nana oder der Kameliendame wechselte ab mit der modernen Version einer Aspasia etwa in der Gestalt der Hedda Gabler: bitter, voller Männerhaß.

Die Psychoanalyse konnte die Hauptdynamik dieser weiblichen Tragödie, ihre psychische Struktur und die Natur dieses Konfliktes klären, insoweit es sich um die innere Auseinandersetzung mit dem Mann und seiner Welt handelt. Doch konnte sie zugegebenermaßen wenig Licht auf die fundamentale Feindseligkeit des Mannes gegenüber der Frau werfen und letztlich konnte sie wenig mehr dazu sagen, als daß wir in einer Männerwelt leben, in der die Frauen es schwer haben, und daß das ihr Schicksal ist. Ja, die Psychoanalyse schien sogar die traditionelle Einstellung der modernen Industriegesellschaft in gewisser Weise zu unterstützen, indem sie auf die organische, psychische und kulturelle Unzulänglichkeit der Frau hinwies. In seiner Abhandlung *Einige psychische Folgen des anatomischen Geschlechtsunterschieds* hielt es Freud mit dem für ihn typischen Mut, allerdings auch mit dem gleichen Zögern, das er schon am Anfang gezeigt hatte, für nötig zu sagen: „Man zögert, es auszusprechen, kann sich aber doch der Idee nicht erwehren, daß das Niveau des sittlich Normalen für das Weib ein anderes wird. Das Über-Ich wird niemals so unerbittlich, so unpersönlich, so unabhängig von seinen affektiven Ursprüngen, wie wir es vom Manne fordern. Charakterzüge, die die Kritik seit jeher dem Weibe vorgehalten hat, daß es weniger Rechtsgefühl zeigt als der Mann, weniger Neigung zur Unterwerfung unter die großen Notwendigkeiten des Lebens, sich öfter in seinen Entscheidungen von zärtlichen und feindseligen Gefühlen leiten läßt, fänden in der oben abgeleiteten Modifikation der Über-Ichbildung eine ausreichende Begründung.“[5]

Es ist unnötig zu sagen, daß es töricht wäre, Freud der Misogynie zu verdächtigen. Seine wissenschaftliche Biographie, seine führende Rolle als Wissenschaftler und sein persönliches Leben schliessen Anschuldigungen dieser Art von selbst aus. Geht man jedoch von unleugbaren Tatsachen aus, sieht es einfach so aus, daß es auch für Freud unmöglich war, die Grenzen einer jahrhundertealten Theorie der weiblichen Minderwertigkeit zu überschreiten, wie sie seit unvordenklichen Zeiten vom Mann proklamiert und von der sogenannten echt weiblichen Frau offenbar akzeptiert wird.

In diesem Zusammenhang erinnert man sich an Sancho Pansas Unterhaltung mit seiner Frau Teresa, als er ihr seinen Entschluß mitteilt, sich Don Quichotte wieder anschließen zu wollen. Sancho Pansa erzählt ihr von seinem ehrgeizigen Traum, eines Tages Gouverneur zu werden. Teresas Antwort ist die schlichte Zurückweisung versprochener Ehrungen durch ein altes spanisches Sprichwort: „Die anständige Frau hat ein gebrochenes Bein und bleibt zu Hause." Das war natürlich nicht Teresas weibliche Weisheit, sondern das männliche Ideal der spanischen Gesellschaft und wahrscheinlich auch das von Cervantes selbst. Es liegt darin mehr als eine Anspielung darauf, daß die Frau ein kastriertes Wesen ist — das „gebrochene Bein" — und daß sie gefälligst auch kastriert und zu Hause zu bleiben hat; sie hat keinen Anspruch darauf, eines Tages eine Insel zu regieren, die ihr ein berühmter Ritter großmütig zu Füßen gelegt hat.

Man fragt sich immer wieder, warum und wie dieses alte Thema seinen autoritativen Widerhall in der psychoanalytischen Theorie der weiblichen Sexualität finden konnte. Der Grund dafür ist sicher nicht bei Freud und seinen Schülern zu suchen, wie einige erbitterte Kritiker zu beweisen versucht haben. Es liegt fast auf der Hand, daß hier ein Bindeglied fehlt. Denn Freud hielt es immer für nötig, darauf hinzuweisen, daß er zögere, seiner Meinung

Ausdruck zu verleihen, wenn er sich entschloß, die Ansicht zu äußern, daß das Über-Ich der Frauen schwächer sei als das der Männer, oder wenn er die „Charakterzüge, die die Kritik seit jeher dem Weibe vorgehalten hat", tatsächlich für schlechter hielt als die der Männer und auch glaubte, daß diese Kritik mit empirischen, psychoanalytischen Befunden zu rechtfertigen sei.

Für Psychoanalytiker ist offensichtlich, daß der latente unbewußte Gehalt völlig mit dem extremster Bilder und Phantasien identisch ist. Um präziser zu werden und auch um das Terrain für die Suche nach dem „fehlenden Glied" in der psychoanalytischen Theorie der weiblichen Sexualität vorzubereiten, möchte ich auf das fünfzehnte Jahrhundert verweisen, als böse Zungen den Frauen vielerlei Eigenschaften andichteten. Dafür lassen sich recht drastische Beispiele finden, die ebenso extrem wie abstossend sind.

Mit religiösem Eifer, der aus psychologischer Sicht mit Religion nichts zu tun hat, riefen die Autoren des recht grausigen Buches *Malleus Maleficarum — Der Hexenhammer* — aus: „Was ist die Frau anderes als ein Feind der Freundschaft, eine unausweichliche Strafe, ein notwendiges Übel, eine natürliche Versuchung, ein begehrenswertes Unglück, eine häusliche Gefahr, ein ergötzliches Unheil, ein Übel der Natur, in schönen Farben angemalt."[6]

Sieht man vom Stil ab, dem asketischen Sadismus, der predigerhaften Redundanz dieser Passage, die 1489 von zwei Dominikanern geschrieben wurde, so läuft alles auf die Behauptung hinaus, daß die Frau ein schwaches Über-Ich hat und nur von Gefühlen der Zu- oder Abneigung geleitet wird. Das Thema des „gebrochenen Beins", daß nämlich Frauenprobleme daher rühren, daß die Frau ein kastriertes Wesen sei, taucht immer wieder auf. Ich möchte noch eine andere Stelle anführen, in der diejenigen, die mit der Psychoanalyse vertraut sind, leicht ein ewig unbewußtes Thema erkennen können, wenn man das Zeitalter und die Persönlichkeitsstruktur derer berücksichtigt, die sich bemüßigt fühlen, sich über die „Psychologie" der Frau zu äußern.

Man muß nämlich wissen, sagen die Autoren des Malleus, „daß die erste Frau fehlerhaft erschaffen wurde und zwar aus einer gebogenen Rippe, einer Brustrippe, die in Gegenrichtung zum Mann gebogen ist. Und da sie aufgrund dieses Defekts stets ein unvollkommenes Tier bleibt, betrügt sie immer."

Die Wiederkehr dieses Themas im Unbewußten von Mann und Frau, seine ständige Wiederholung unter verschiedenen Verkleidungen in der Überlieferung der alten Griechen und anderer durch die Jahrhunderte hindurch bis zu Auguste Comte und Schopenhauer, legt die Deutung nahe, daß wir es hier mit einer realen psychischen Kraft zu tun haben, vielleicht mit einem Bedürfnis auf Seiten des Mannes, den kastrierten Zustand der Frau zu betonen, auf seiten der Frau ein Bedürfnis, den Mann zu kastrieren!

Man gewinnt den Eindruck, daß der Mann ebenso daran interessiert ist, die Frau als minderwertiges kastriertes Wesen zu sehen, wie die Frau ständig bemüht ist, gegen ihr trauriges Los zu protestieren. Es ist bekannt, daß immer dann, wenn man es mit einem tiefen, unbewußten Interesse zu tun hat, mit einem wirklichen Trieb, der offensichtlich narzißtischer und aggressiver Art ist, dieser Trieb sich nicht konstant oder direkt äußert. Er manifestiert sich in endlosen Variationen indirekter Erscheinungsformen, je nachdem mit welchen Kulturstufen man es zu tun hat. Der Mann von heute drückt seine Überlegenheit über die Frau und seine Verachtung für das „schwächere Geschlecht" durch Reaktionsbildungen aus: er lüpft seinen Hut; er steht auf, wenn eine Frau den Raum betritt; er bietet ihr seinen Platz in der Straßenbahn an; er stürzt sich in Unkosten, um höflich seine überlegene Verachtung der Frau gegenüber auszudrücken. Der Mönch des 15. Jahrhunderts hat auf seine Art dasselbe getan.

Er berief sich nicht nur auf Adams verlorene Rippe; er verletzte sogar Grammatik und Syntax seines Lateins, um seinen Standpunkt zu beweisen. Die oben erwähnten beiden Dominikaner wurden schließlich von ihrer eigenen Argumentation so beeindruckt, daß sie sich zu folgender bemerkenswerten Weisheit verstiegen: „All das zeigt sich schon in der Etymologie des Wortes; denn *Femina* kommt von *Fe* und *Minus,* da sie stets die Schwächere ist, wenn es gilt, den Glauben zu bewahren."[7]

Selbstverständlich gab es neben dieser dominikanischen Misogynie eine echte Anbetung der heiligen Jungfrau, die unbefleckt empfangen hatte. Dieses Ideal der Jungfräulichkeit und der unbefleckten Empfängnis ist von größter Bedeutung: es wiederholt sich nicht nur in der christlichen Theologie sondern auch in der positivistischen Philosophie immer dann, wenn Frauenhaß ein bestimmender Faktor ist. In seinen letzten Phantasien über den zukünftigen idealen Staat malt Auguste Comte ein einzigartiges, utopisches Zukunftsbild: „Comte, obwohl der Gründer der positiven Philosophie, die bestimmt ist, all diese unnatürlichen Illusionen in Bezug auf die wesentliche Niedrigkeit der Geschlechtsbeziehungen zu zerstören, hatte sich selbst noch nicht genügend aus dem metaphysischen Stadium befreit, um ihrem Einfluß zu entgehen, und er schlug seine eigene Lösung des verwickelten Problems vor. Das *Grand Etre,* die Menschheit, darf nicht durch Vernachlässigung der Fortpflanzung sterblich gemacht werden, aber dies muß auf eine, mit vollkommener Keuschheit im Einklang stehende Weise vollzogen werden. Daher seine 'kühne Hypothese', häufiger 'Utopie' genannt, von der jungfräulichen Mutter, nach welcher die Empfängnis eine 'ausschließlich weibliche' Funktion werden soll, eine Art freiwilliger Parthenogenesis, welche Mutterschaft und Jungfräulichkeit vereinigen soll."[8]

Es kann also zunächst als gesichert gelten, daß mehr als bloße Vermutung hinter dem Gedanken steht, daß die Feindseligkeit zwischen den Geschlechtern real und sehr alt ist, daß diese Feindseligkeit alle Zeichen eines unbewußten Triebes von beachtlicher Potenz trägt und daß die existierenden psychoanalytischen Theorien und Hypothesen die Natur und Qualität dieser Feindseligkeit nicht befriedigend erklären und auch keine umfassende Vorstellung hinsichtlich seines Ursprungs und seiner Entwicklung bieten. Um der Klarheit willen muß man sich vor Augen halten, daß eine Fülle überaus eindrucksvollen klinischen Materials zu diesem Thema vorliegt. Das Phänomen des weiblichen Kastrationskomplexes, wie er von Freud, Abraham, Helene Deutsch, Horney in ihren Aufsätzen bis 1932/33 sowie von Jones und anderen, die oben erwähnt wurden, geschildert wird, ist klinisch bestätigt und psychologisch haltbar. Dennoch bleiben zwei Dinge verwirrend und beunruhigend. Einerseits scheinen die psychoanalytischen Praktiker an den unsichtbaren Klippen des Problems zu stranden; langfristig sind sie offensichtlich gezwungen, das, was sie selbst so gut beschrieben und überzeugend bewiesen hatten, abzulehnen und ihre Zuflucht in außerpsychologischen Bereichen, bei den Neo-Adlerianern oder Neofreudianern — je nach terminologischer Präferenz — zu suchen. Andrerseits, und das ist der zweite verwirrende Punkt, stoßen wir auf die Tatsache, daß die Psychoanalyse in diesem spezifischen Punkt der Libidoentwicklung und -organisation eine gewisse Schwerfälligkeit zeigt, geradezu eine Unfähigkeit, diesen wissenschaftlichen Konflikt zu entwirren und zu klären.

Das bisher Vorgetragene war notgedrungen eher allgemein formuliert und von daher nicht ganz überzeugend — es beschränkt sich auf Andeutungen und führt noch nicht zu neuen Fakten. Ich möchte jetzt den Gang der Argumentation unterbrechen und kurz auf die veränderten und sich ändernden Muster weiblichen Verhaltens zu sprechen kommen.

In dem Augenblick, wo ich dies schreibe, sind der Zweite Weltkrieg und die allgemeine Krise, die ihn begleitet, noch im Gange. Deshalb ist es auch zu früh, irgendwelche endgültigen Schlüsse hinsichtlich der Dauer dieser Veränderungen zu ziehen, deren interessierte Beobachter und auch aktive Teilnehmer wir alle sind. In einigen Punkten hat sich aber die Lage der Frau in der modernen Gesellschaft schon so deutlich geändert, daß sich selbst, wenn die Entwicklung noch nicht abgeschlossen ist, — doch schon darüber reden läßt, ohne daß man Gefahr läuft, durch bloße Impressionen irregeführt zu werden. 

Kurz nach dem Ausbruch des Zweiten Weltkriegs wurde deutlich, daß Frauen eine aktivere Rolle spielen konnten, als jemals früher von ihnen verlangt wurde. Durch das Auftauchen verschiedener freiwilliger Hilfsdienste wurden Frauen aktive Helfer, sogar Teilnehmer der totalen Mobilmachung. Sie trugen Uniformen; sie rückten in die Armee ein; sie brachten Flugzeuge über die Ozeane; sie übernahmen in einigen Industrien die Arbeitsplätze von Facharbeitern; in manchen Ländern waren sie auch Teil der kämpfenden Truppe an der Front. Die Frauen, die zu Hause blieben und ihren „rein weiblichen" Lebensstil fortführten, wurden auch von der Welle der Veränderungen berührt und zeigten mit zunehmender Entschiedenheit, daß ihre sogenannte Passivität, innere wie äußere, durch eine kritische Phase ging. Auch sie spielen nun nicht länger nur die ihnen früher einzig mögliche Rolle des „Muttterersatzes". Zwar werden noch viele Hilfskrankenschwestern, freiwillige Rotkreuzhelferinnen, Tanzpartnerin oder Bedienung im Café, doch weitaus mehr arbeiten als leitende Angestellte in Versorgungsdienststellen, organisieren eine Vielzahl von „Kampagnen" und haben sich auch sonst den Männern zugesellt. Max Lerner, ein scharfsinniger Beobachter sozialen Wandels, kam bei seinem Versuch, die jetzigen Veränderungen der Frauenrolle in der westlichen Kultur zusammenzufassen, sogar zu der Frage, ob nicht ein neues Zeitalter der Amazonen bevorstehe; und er fragt weiter, ob wir uns wohl genügend darauf vorbereitet haben, mit diesem Amazonismus in intelligenter Weise umzugehen.

Wenn man sich der üblichen Terminologie bedienen würde, könnte man sagen, daß die Frauen, offensichtlich unter dem Einfluß des Weltkriegs, vermännlichen, daß ihr Penisneid und andere, nichtsadistische Versionen des Kastrationskomplexes eine Blütezeit erleben, daß das Männliche in der Frau zu seinem Recht kommt — möglicherweise zum Nachteil kreativer Weiblichkeit. Auch das häufige Auftauchen im Straßenbild von Frauen in Hosen, die sie früher nur als Sportkleidung getragen hätten, könnte man als ein zusätzliches und nicht rein zufälliges Indiz für diesen Trend zur Vermännlichung betrachten. Auch wenn diese Etikettierung richtig ist, ist doch unschwer zu erkennen, daß es sich nur um einen terminologischen Trick handelt, der über die Art der stattfindenden Veränderung nichts aussagt. Außerdem impliziert diese Vorgehensweise Annahmen und Voraussetzungen, die zu allgemein und vage sind, als daß man psychologisch etwas damit anfangen könnte.

Betrachten wir zum Beispiel die Annahme, daß die Weltkrise der Grund für diese Veränderungen sei. Es ist klar, daß es sich hier um einen wichtigen und auslösenden Faktor handelt; eine sorgfältige Untersuchung der Situation würde aber die simple Tatsache zutage fördern, daß die sozialen Kräfte, die diesen Wechsel verursachten, schon vor Beginn des Krieges wirksam waren. Bereits Jahre zuvor wurden Frauen Langstrecken- und Transatlantikflieger. In manchen Ländern begannen sie, in die Fabriken zu gehen, noch bevor es an Arbeitskräften fehlte; in Rußland wurde die Frau, lange bevor die Weltkrise ausbrach, zum gleichberechtigten Arbeitskollegen in der Industrie. Auch die Frage nach der Mutterschaft wird nicht durch die Behauptung beantwortet, daß die Frauen die Männer so schnell und erfolgreich ersetzen. Es ist sehr zweifelhaft, ob der erfolgreiche Einbruch in die Welt des Mannes die Geburtenrate und die Mutterschaft überhaupt beeinflußt. Noch ist es zu früh, bestimmte Schlußfolgerungen zu ziehen, aber einige aufschlußreiche Tatsachen sind bereits verfügbar. 

In Frankreich zum Beispiel, wo sich die Frau tatsächlich mit ihrer weiblichen Rolle bescheiden muß und wo ihre psychosoziale Unterwürfigkeit und libidinöse Dienstbarkeit uneingeschränkt zur Tradition dieses Landes gehören, fällt seit vielen Jahren die Geburtenrate konstant. In Rußland dagegen, wo die Frauen seit 25 Jahren in voller Gleichberechtigung mit dem Mann in der Politik, in der Wissenschaft, in der Fabrik und auf dem Land leben, ist die Geburtenrate nicht nur nicht gefallen, sondern sie stieg so stark an, daß die russische Bevölkerung wieder den Stand vor dem Ersten Weltkrieg erreichen konnte — und dies trotz der Tatsache, daß die russische Bevölkerung nach dem Ersten Weltkrieg durch den Verlust Polens, Bessarabiens, Litauens, Lettlands, Estlands und Finnlands sehr abgenommen hatte. Offensichtlich ging die Zunahme an „Männlichkeit" bei den Frauen nicht mit einer entsprechenden Abnahme ihres fundamentalen Triebes, Mutter zu werden einher, auch hinderten diese Fortschritte sie nicht an der tatsächlichen Befriedigung dieses Triebes.

Im übrigen zeigt die moderne Zivilisation insgesamt — mag sie auch jahrhundertelang männlich bestimmt gewesen sein — zunehmend Anzeichen dafür, daß die Gesellschaft selbst mütterliche Züge immer stärker aktiviert und zum Ausdruck bringt. Niemals zuvor in der Geschichte unserer modernen Kultur waren Kindererziehung und allgemeine Sorge um Kinder und Jugendliche in so hohem Maße Merkmale des gesellschaftlichen Lebens. Es scheint sich hier um ein paradoxes Phänomen zu handeln: wenn es wahr ist, daß die Weiblichkeit der Frau abnimmt, läßt sich schwer erklären, warum die Geburtenrate nicht merklich abnimmt und mütterliche Motive in der Gesamtgesellschaft ausgeprägter werden.

Vergleicht man die beiden kriegsführenden Lager, die Faschisten und die Antifaschisten, so bemerkt man ein weiteres, eher rätselhaftes Phänomen. Die antifaschistischen Länder gestatten ihren Frauen, in die Armee einzutreten. Dort erhalten die Frauen alle Privilegien, die mit den bisher von Männern besetzten Positionen verbunden sind: ein weiblicher Oberstleutnant kann einem männlichen Leutnant Befehle erteilen. In Rußland beteiligt sich die Frau ebenso wie der Mann am Schießen und Töten. Folgt man den traditionellen Ansichten über die männliche und weibliche Sexualentwicklung, muß man logischerweise sagen, daß eine solche Gleichstellung der Frau mit dem Mann die eigentliche Substanz gesunder Weiblichkeit zerstören und äußerst nachteilige gesellschaftliche Folgen haben müsse. Das scheint aber eher zweifelhaft, da die, dem antifaschistischen Kampf zugrundeliegende Ideologie die kreativen Kräfte der Geschlechter aufrechtzuerhalten und weder das Bevölkerungswachstum — die Mutterschaft — noch die lebenswichtigen Anstrengungen zu gefährden scheint, die ein sinnvolles Überleben gewährleisten.

Andrerseits scheinen die faschistischen Länder paradoxerweise dem Muster des femininen Frauenideals zu folgen; sie beharren darauf, daß es die Bestimmung der Frau sei, Mutter zu werden, daß ihre fundamentale Rolle darin bestehe, passive Partnerin des Mannes zu sein. Sie verlangen wenig mehr von der Frau, als daß sie ihre Brut hervorbringt und beschützt, der wirklich passive sexuelle Partner des aktiven, starken Mannes ist, der in den Krieg zieht, um das Heim zu schützen. Wiederum könnte man — rein formallogisch gesehen — folgern, daß z.B. die Nazis eine vernünftige psychologische Vorstellung von der gesunden Frau haben und daß sie versuchen, diesen Standard libidinöser und damit psychischer Gesundheit bei den deutschen Frauen durchzusetzen. Jeder wirkliche Psychoanalytiker wird mir jedoch darin beipflichten, daß dieser imaginären logischen Schlußfolgerung etwas fehlt; was da fehlt, ist, wie ich gestehen muß, keineswegs leicht zu benennen. Man könnte sagen, daß diese sexuelle Versklavung der Frau abstoßend und aus vielen Gründen angreifbar ist, aus affektiven ebenso wie aus ethischen oder ästhetischen. Aber die Haltung, so emotional berechtigt sie auch sein mag, sollte nicht den Blick trüben: man muß zugeben, daß sich die Auflehnung der Männer gegen die Idealisierung der sexuellen Versklavung der Frau aus unserer spezifischen Kultur und ihrer Situation in einer schweren Krise herleitet und nicht das Ergebnis der nüchternen Überlegungen von Wissenschaftlern ist, die tatsächlichen den Beweis erbracht haben, daß die Naziideologie in bezug auf die Frauen psychologisch abnorm ist und vom Standpunkt der Libidoentwicklung aus eine neurotische Deformation, eine Regression darstellt. Man muß zugeben, daß uns die etablierte psychoanalytische Theorie von der naturgegebenen Passivität der Frau und der Aktivität des Mannes kaum handfeste Argumente für die berechtigte Auflehnung gegen die Naziforderung liefert, daß deutsche Mädchen nur daran denken sollen, deutsche Kinder zu gebären, und sich nicht dem Zeugungswunsch des heimkehrenden Soldaten zu widersetzen.

In meiner Empörung möchte ich noch einen Schritt weitergehen und darauf hinweisen, daß dieser Aspekt der nazistischen Ideologie einen Rückschritt auf die Stufe der Wilden darstellt und daran erinnern, daß unter den ostafrikanischen Massai ein Brauch existiert, der psychologisch der nazistischen Sexualauffassung verwandt ist. Die Massaikrieger bewohnen ein besonderes Dorf, das manyatta genannt wird; eine Art Kriegsdorf. Wann immer sie es für nötig halten, kommen sie ins Dorf, in dem die Zivilbevölkerung lebt, und rufen nach Mädchen; der Liebesruf der Krieger besteht nur aus einem Wort: tasiukiu. Daraufhin kommen die Mädchen heraus und suchen sich einen Mann aus. Kein Massaimädchen darf die Aufforderung zurückweisen; auch verlobte Mädchen können einen Mann wählen. Die einzige Einschränkung besteht darin, daß noch nicht initiierte Mädchen, d.h. solche, die noch nicht feierlich als pubertierende anerkannt wurden, kein Kind bekommen dürfen.[9]

Ein ähnlicher Brauch existiert bei den Baronga, wo Knaben und Mädchen in derselben Art wie die Massai gangisa übten; das Wort gangisa ist von ganga, einen Liebhaber wählen, abgeleitet.[10]

Man sieht, daß zwischen den sexuellen Bräuchen der Massai und Boronga einerseits und den Forderungen des Nazistaates eine beachtliche psychologische Verwandtschaft besteht. Und doch, es gab in der Psychoanalyse von Zeit zu Zeit beträchtliche Meinungsverschiedenheiten, da offensichtlich die spezifischen Schwierigkeiten dieses Problems mehr gefühlt als deutlich gesehen wurden. In den letzten Jahren, als der Gezeitenwechsel im Verhältnis der Frau zur Gesellschaft klarer hervortrat, verschärften sich die Meinungsverschiedenheiten und die Divergenzen in den wissenschaftlichen Prämissen begannen sich immer deutlicher abzuzeichnen. Ich möchte nicht den Anschein erwecken, als ob das Problem der weiblichen Sexualität der einzige Grund für die fundamentalen Divergenzen war, aber es war sicher von entscheidender Bedeutung. Eine gründliche, wissenschaftliche Lösung würde vor allem die Natur des Konflikts zu klären suchen und so dazu beitragen, die abfälligen Reaktionen auf die Psychoanalyse, die immer wieder in Fachkreisen und über sie hinaus aufbrechen, zu verhindern. Reaktionen, deren Ambivalenz und Feindseligkeit wie Ebbe und Flut zu- oder abnehmen, je nachdem, mit welcher wissenschaftlichen Struktur und methodologischen Klarheit die Psychoanalyse zum gegebenen Zeitpunkt vorgeht.

Offensichtlich beginnen die Bewahrer des wissenschaftlichen Erbes und seine Kritiker denselben Fehler: sie waren in der Aufbereitung und Bearbeitung des Problems zu einseitig. Freud fiel das schon vor vielen Jahren auf und er bemerkte dazu in *Totem und Tabu:* „Die Widerlegung der verschiedenen Ansichten hat in der Regel wenig Schwierigkeiten; die Autoren sind wie gewöhnlich in der Kritik, die sie aneinander üben, stärker als in ihren eigenen Positionen."[11]

Diese knappe und energische Zurechtweisung Freuds gilt noch nach einunddreißig Jahren, vielleicht heute mehr als damals. Die eine Seite besteht heftig auf den gängigen Hypothesen, während die andere sie völlig ablehnt, sich einer Reihe abgeleiteter Phänomene zuwendet, die man Kultur nennt, und sich darauf versteift, diese als primär wirksame Faktoren zu betrachten. In der uralten Tradition, durch Etikettieren zu überzeugen, wird die eine Gruppe „orthodox" genannt von einer anderen, die für sich das Abzeichen „liberal" beansprucht, während erstere für sich selbst das Etikett „wissenschaftlich" beansprucht und den Opponenten das Schildchen „spekulativ" auf die Jacke heftet. Sobald eine Kontroverse das Stadium des — wie ich es nenne: Etikettenklebens — erreicht, muß man aus der Situation heraustreten und mit Bedauern anerkennen, daß das Arbeitsgebiet so stark mit Affekten durchsetzt ist, daß es wissenschaftlich gefährlich oder auch unmöglich wird, weiterhin darin zu arbeiten. Mit derselben Konsequenz ist dann zu fragen, wo diese Verwirrung ihren Ursprung hat.

Die Psychoanalyse ist fünfzig Jahre alt. Sie entstand vor einem halben Jahrhundert und erreichte im Verlauf dieser Zeit scheinbar ihre volle Entfaltung. In dieser Zeit vollzogen sich Veränderungen, deren Tiefe und Bedeutung die der französischen Revolution und möglicherweise auch die der Renaissance übertreffen. Wir sollten die Psychoanalyse also selbst als ein Phänomen betrachten, als Teil der Geschichte des wissenschaftlichen Denkens und sie mit Hilfe der psychologischen Hilfsmittel untersuchen, die sie selbst entwickelt hat. Wir wollen untersuchen, welchen Platz sie innerhalb des Wissenschaftsgebäudes einnimmt, welche Hypothesen durch sie obsolet geworden sind, welche sie bewahrt hat oder welche sie zu beseitigen oder zu berichtigen versäumt hat.

Man kann Freud historisch-psychologisch betrachten und fragen, welche revolutionäre Bedeutung der Psychoanalyse zukommt, welche Veränderungen sie in der Psychologie, als Resultat eines fünfundsiebzig — oder hundertjährigen Denkprozesses, verursacht hat. Um diese immense Aufgabe adäquat zu bewältigen, wird es mehrerer umfangreicher Untersuchungen und Folgeuntersuchungen bedürfen; zweifellos eine Aufgabe für die Zukunft. Ich muß mich hier darauf beschränken, nur einen Aspekt der psychosoziologischen Bedeutung der Psychoanalyse in der Entwicklung des wissenschaftlichen Denkens darzustellen.

Es ist hinreichend bekannt, daß immer dann, wenn die kulturelle Evolution revolutionäre Veränderungen hervorbringt und eine Person auftaucht, deren Genie mit dieser Revolution identifiziert wird, jene meist noch Elemente der Vergangenheit in sich trägt, die sie so erfolgreich zerstörte. Sie leidet an etwas, das man „cultural lag" nennen kann, ähnlich dem cultural lag, das Ogburn für die soziale Entwicklung nachgewiesen hat. Robespierre, der als extremer Rationalist die Religion und ihren mythischen Symbolismus verwarf und die Vernunft als die einzige leitende Kraft anerkannte, errichtete ihr als Statue eine ganz anthropomorphe, mythische Inkarnation.

Die Frage ist, um es gleich vorwegzusagen, ob nicht auch die Psychoanalytiker in bezug auf die weibliche Sexualität ein beträchtliches cultural lag aufweisen.

Mir ist völlig klar, daß man sich in der verschlungenen Vielfalt der biologischen und psychologischen Aspekte des Verhältnisses der Geschlechter verlieren kann. Das ist seit dem Zeitpunkt unvermeidlich, als der Mensch aufhörte, sich mit der einfachen Aussage zufrieden zu geben: „Und er schuf sie, Mann und Weib", und anfing, sich dafür zu interessieren, wer am Anfang steht, und zwar nicht in der Zeit, sondern dem Range nach, gemäß der Werte, die dem Mann besonders wichtig waren: körperliche, intellektuelle und moralische Leistung. Solange man das Problem als eine Frage von Über- und Unterlegenheit betrachtet, geht man zwangsläufig in die Irre, weil sich die Wertvorstellungen im Lauf der Zeit und mit den kulturellen Bedingungen ändern. Dabei sind sich alle darüber einig, daß bei der Untersuchung natürlicher Phänomene die Einführung von Werten für die Wahrheitsfindung gefährlich ist. Deshalb nehme ich an, daß die Einführung des Konzepts der männlichen Überlegenheit in die psychoanalytische Theorie der Sexualentwicklung — d.h. ein Wertbegriff — für den allgemeinen Mangel an Klarheit verantwortlich ist.

In diesem Zusammenhang sollte man sich daran erinnern, daß die Psychoanalyse zwei wissenschaftliche Krisen durchgemacht hat, die sich beide, und das ist charakteristisch für ihre revolutionäre Natur, auf dem Gebiet abspielten, dem sie selbst zentrale Bedeutung beimißt: der Stellenwert der Sexualität im weitesten Sinne in der menschlichen Psychologie.

Die erste Krise war nicht unerwartet; sie war typisch und unvermeidlich. Die Modifikationen und Umformungen von 1911 — 1913 beruhten auf der grundsätzlichen Unfähigkeit bestimmter Autoren, die Erforschung der infantilen Sexualität zu akzeptieren und weiterzuverfolgen. Die Krise der letzten Jahre ist komplexer und auch bedeutsamer. Die grosse Mehrheit der heutigen Dissidenten stieß sich daran, daß die Implikationen der Sexualtheorie auf eine Theorie der primären männlichen Überlegenheit hinausliefen. Die phallozentrische Theorie zwingt zu einer klinischen Blickrichtung, vor allem aber setzt sie voraus, daß diese Überlegenheit aktiv, durch einen persönlichen, maskulinen Narzißmus verwirklicht werden muß. Dieser spezifische Narzißmus wird durch die phantasierte Teilhabe an der männlichen Überlegenheit nicht voll befriedigt; er verlangt eine wachsende Bestätigung der Fähigkeit, den herrschenden Vater zu überwältigen und nach seiner Vernichtung über die übrigen Brüder zu herrschen.

Eine Art hypertrophierte Männlichkeit, die wie jede Form der Hyperplasie über biologische und rationale Bedürfnisse hinausgeht. Ein Trieb, der sich verselbstständigt hat, vom Ganzen abgespalten und für dieses schädlich.

Mir scheint, und damit nehme ich teilweise meine Schlußfolgerungen vorweg, daß der „Kampf der Geschlechter“ immer vom Mann zu seinen Gunsten entschieden worden ist, und daß er die Frau immer gelehrt hat, diese Lösung unbefragt anzuerkennen. Der Rollenwandel der Frau in der modernen Gesellschaft hat Denken und Fühlen sehr belastet. Das hinderte die Psychoanalyse nicht daran, mit aller Macht der Tradition zu behaupten: der Mann *ist* überlegen. Jene, die trotz intensiven Bemühens keine angemessene Lösung für dieses Problem fanden, stießen auf mehr Fragen als Antworten. So kam es zu einer Verwirrung, wie sie treffend in einem anonymen Gedicht beschrieben wird:

Glücklich war der Tausendfüßler
bis ein Frosch im Spaß
sprach: „Sag', welch' Bein folgt welchem nach?“
Das hat sein' Geist so angespannt,
daß er verwirrt im Graben saß
bedenkend, wie er je gerannt.

Dieser Graben war für die einen die Kultur, für die anderen die „reine Wissenschaft“ und „reine Biologie“.

Verlassen wir nun die Psychoanalyse für einen Moment und betrachten wir die soziale und psychologische Geschichte der männlichen Selbstbehauptung. Der unmittelbare Eindruck ist, daß der Mann niemals bewußt seine eigene Überlegenheit in Frage gestellt, aber immer die Zuverlässigkeit und Standhaftigkeit der Frau bezweifelt hat. Varium et mutabile semper femina, ruft Vergil aus. Das Alte Testament bezeichnet die Frau als minderwertig, obwohl es im alten Israel gelegentlich Prophetinnen gab. Griechenland, nach dem homerischen Zeitalter, und Rom haben in ihrer Philosophie, in ihren staatlichen Institutionen und in ihrer Rechtssprechung den Mann bevorzugt und die Frau sozial, intellektuell und ökonomisch benachteiligt. Im alten Griechenland konnte eine Frau ihr Erbe nicht in Besitz nehmen; sie wurde *epicleros* genannt, d.h. eine Erbin, die ihr Erbe nicht antreten kann. Wenn sie verheiratet war, wurde eine Ausnahme gemacht, denn dann hatte sie einen legalen Vormund und einen tatsächlichen Besitzer ihres Eigentums.

Wenn man noch weiter zurückginge und bestimmte wilde Völker untersuchte, ließen sich viele Beweise für diese absolute Herrschaft des Mannes über die Frau finden. Bei gewissen neuseeländischen Stämmen hält z.B. der Vater oder Bruder, der seine Tochter oder Schwester verheiratet, eine besondere, zeremoniell festgelegte Rede, an der nichts verändert werden darf und deren Schlußformel folgendermaßen lautet: „Wenn du mit ihr nicht zufrieden bist, verkaufe sie, töte sie, esse sie, du bist ihr absoluter Meister.“[12]

Die ganze bekannte Menschheitsgeschichte ist erfüllt von dieser ewigen Selbstbeweihräucherung des Mannes und seiner Anstrengung, die Frau im Stand der Unterwerfung zu halten. Manchmal werden diese Bemühungen sehr direkt und nehmen sehr grobe Formen an. Napoleon, dieser Meister der Selbstbestätigung, bemerkt:

„Die Frau ist dem Manne gegeben, um Kinder zu erzeugen. Die Frau ist unser Eigentum, nicht wir das ihrige; denn sie gibt uns Kinder und der Mann gibt ihr keine. Sie ist daher sein Eigentum, wie der Baum das Eigentum des Gärtners ist . . . Eine Frau allein kann einem Manne zu diesem Zweck nicht genügen. Sie kann nicht sein Weib sein, wenn sie krank ist; sie hört auf sein Weib zu sein, wenn sie ihm nicht länger Kinder geben kann. Der Mann, den die Natur weder durch Alter noch durch irgendeine dieser Unbequemlichkeiten behelligt, sollte deshalb mehrere Frauen haben."[13]

Diese Haltung durchzieht die ganze Menschheitsgeschichte, ob sie nun direkt ausgedrückt wird oder in mehr oder minder verkleideter Form, ernsthaft oder im Scherz, im Brauchtum oder im kodifizierten Recht, im Aberglauben oder religiösen Überzeugungen. Hier und da finden sich deutliche und weniger deutliche Hinweise darauf, daß die Frauen danach trachten, sich gegen die selbstangemaßte Überlegenheit des Mannes zu erheben, oder der Mann warnt seinesgleichen davor, den Frauen zuviel Spielraum zu geben, da sie sonst sich zum Schaden des Mannes seiner Welt bemächtigen würden.

Die skythische, altrussische Folklore ist ständig mit dem traurigen Los der Frau beschäftigt, ihrem masochistischen heroischen Leiden für den Mann, dem sie ins Grab folgen, mit dem sie gleichberechtigt nur Schmerz und Leid teilen, weil sie, noch im Tod, vom Mann besessen und beherrscht werden. Der Chor der alten Männer ruft in Aristophanes' Lysistrata: „Wenn wir sie nur im geringsten gewähren lassen, dann werden wir bald zusehen müssen, wie sie gleich Artemis Schiffe bauen und Seeschlachten führen; und wenn sie dann reiten und eine Kavallerie bilden wollen, werden wir unsere Ritter gleich nach Hause schicken können." Der Mann muß die Frau beherrschen, sonst wird sie ihn überwältigen!

Die tiefe Feindseligkeit gegen die Frauen, die sich schließlich im 15. Jahrhundert zu einem Denksystem entwickelte, wurde schon erwähnt, als vom Hexenhammer die Rede war.

Die ausgetüftelten theologischen Rationalisierungen, die die Minderwertigkeit der Frau beweisen sollten, wurden im Verlauf des 17. Jahrhunderts säkularisiert. Rasch übernahm das aufstrebende wissenschaftliche Denken die ewige Feindschaft gegenüber der Frau und machte sie sich zu eigen. Das gesamte Arsenal der rationalistischen Philosophie des 18. Jahrhunderts, und auch die Biologie des 19. Jahrhunderts lieferten die neuen „Beweise“ dafür, daß der Mann mit seinem Anspruch auf Überlegenheit, immer recht gehabt hatte.

Im 19. Jahrhundert hielt Auguste Comte, der Begründer der positivistischen Philosophie, die Frau für ein Wesen, das in einem Stadium der „permanenten Infantilität“ lebe und von einer „fundamentalen Minderwertigkeit“ gezeichnet sei, wobei er als Franzose mit einer höflichen Verbeugung vor den Damen bemerkte, daß sie eine „vom sozialen Standpunkt aus betrachtet gewisse untergeordnete Überlegenheit“ besäßen.[14] Die Biologen behaupteten, daß die Frauen alle Merkmale einer „Entwicklungshemmung“ zeigten und die besonders wissenschaftlich gesinnten unter ihnen erinnerten an die unterschiedlichen Gehirngewichte, um die organische und damit auch psychische Unzulänglichkeit der Frau zu beweisen.

Diese antifeministische Haltung, die sich primär als Feindseligkeit gegenüber den Frauen äußert, ist gleichzeitig Ausdruck der männlichen Überzeugung von der eigenen Überlegenheit. Es scheint aber auch, daß der Mann sich in dieser Überzeugung niemals wirklich sicher fühlt, so als müßte er sie ständig durch Beweise der Minderwertigkeit der Frau am Leben erhalten. Das Leitmotiv für die ganze Menschheitsgeschichte könnte man gut in dem Motto ausdrücken, das Emerson für sein Buch *Natur* wählte:

> Und bestrebt ein Mensch zu werden steigt der Wurm durch die spiraligen Windungen der Form.

Wie alle großen sozialen Krisen stellte die Französische Revolution die Frau im historischen Kampf um die Freiheit als gleichberechtigten Partner neben den Mann, und hier und dort wurden Stimmen für die Sache der Frauen laut. Nicht alle waren Marie-Antoinettes. Es gab die Charlotte Cordays und die vielen namenlosen Gefährtinnen der Sansculottes und ihrer Kampfgenossinnen. Condorcet war einer der ersten, der seine Stimme gegen die selbstzufriedene Überlegenheit der Männer erhob, gegen die androzentrische Philosophie der Gattungsgeschichte, indem er sagte:

„Vergebens hat man versucht, sie durch Unterschiede ihrer physischen Organisation, der Stärke ihres Intellekts, ihrer moralischen Gefühle zu rechtfertigen. Diese Ungleichheit hat keinen anderen Ursprung gehabt als den Mißbrauch der Gewalt, und es ist vergebens, daß die Männer sie seitdem durch Sophismen zu entschuldigen versucht haben.“[15]

Condorcet verstand seine Überlegungen nicht einfach als Ausdruck eines Gefühls, sondern als Anfang einer ernsthaften Untersuchung des Problems. Er betont:

„Wenn wir versuchen, die moralische Energie der Frauen mit der der Männer zu vergleichen und die notwendige Wirkung der Ungleichheit, mit welcher die beiden Geschlechter von Gesetzen, Institutionen, Sitten und Vorurteilen behandelt worden sind, in Betracht ziehen, wenn wir unsere Aufmerksamkeit auf die zahlreichen Beispiele von Todes- und Leidensverachtung, von Beständigkeit in ihren Beschlüssen und Überzeugungen, von Mut, Unerschrockenheit und Geistesgröße, die sie geliefert haben, lenken, so werden wir sehen, daß wir weit davon entfernt sind, den Beweis ihrer vermeintlichen Inferiorität zu haben. Nur durch neue Beobachtungen kann über die Frage nach der natürlichen Ungleichheit der beiden Geschlechter neues Licht verbreitet werden.“[16]

Aus allerlei Gründen fanden diese neuen Beobachtungen nicht statt oder sie wurden nicht mit der angemessenen Aufmerksamkeit und Sorgfalt aufgenommen. Diese Tradition setzt sich durch das ganze 19. Jahrhundert hindurch fort. Vielleicht wurde das Auftreten des Mannes weniger offen anmaßend, vielleicht war er sogar bereit, in ein oder zwei rein formalen Punkten nachzugeben. Grundsätzlich aber blieb die alte Tendenz vorherrschend, und zwar in einem Maße, daß heute, in der Krise, in der sich die Frauen überall froh daranmachen, ihren Platz in dem allgemeinen Kampfgeschehen einzunehmen, ein Mann wie Sir Thomas Beecham, erfüllt von der zeitgenössischen Tradition, sich nicht entblödet, folgendes gedruckt zum Besten zu geben:

„In den letzten 30 Jahren hat die Zahl der Frauen in der professionellen Musik ständig zugenommen. Da die musischen Künste sich in einem Zustand der hoffnungslosen Dekadenz befinden, ist dieses Phänomen unvermeidlich .... Mit heiterem Pessimismus sehe ich dem Tag entgegen, an dem die Musik von den Frauen sozusagen monopolisiert sein wird; denn der Mann, das dynamischere Tier, wird sich nicht lange damit bescheiden, im Dienst einer Kunst zu verharren, die gegenwärtig völlig unfähig scheint, schöne Schöpfungen der Phantasie hervorzubringen."[17]

Die offensichtliche Irrationalität dieser Behauptung macht sie um so bedeutsamer. Sir Thomas behandelt die Musik wie etwas Objektives, einen Stein, Fluß oder Wald, der begonnen hat, zu Grunde zu gehen. Die Musik war, nach Sir Thomas' eigener Aussage immer ausschließlich in der Hand der Männer. Folgt man seiner Logik, so müßte die angebliche Dekadenz auf deren Versagen in dieser Kunst zurückzuführen sein. Das übersieht Sir Thomas natürlich locker.

Diese Unfähigkeit, das eigene Argument zuendezuführen zeigt, wie stark die androzentrische Position im Mann verwurzelt ist. Der Mann ist unfehlbar; wenn er scheitert, dann ist es das übermächtige Schicksal oder der Einfluß der Frauen. „Die androzentrische Weltanschauung wird wahrscheinlich ebenso langsam verschwinden, wie die geozentrische oder die anthropozentrische, die noch anhält."[18]

Das ist das psychosoziale Erbe der Generation, die dazu ausersehen war, die psychoanalytische Theorie zu schaffen und zu entwickeln.

Klinische Untersuchungen lenkten die Aufmerksamkeit auf die sogenannte phallische Entwicklungsphase. Das empirische Gewicht des Phänomens ließ wenig Zweifel daran, daß jene eine wichtige Rolle in der Entwicklung von Mann und Frau spielt. Als sich dann die psychoanalytische Theorie daran machte, ihre Genese zu bestimmen, wurden zwei, sehr eng miteinander zusammenhängende Hypothesen entwickelt! Gemäß der ersten machen beide, Mädchen und Jungen, eine vorläufige Phase durch, in der noch keine psychosexuelle Differenz zwischen ihnen existiert; gemäß der zweiten treten danach beide in die phallische Phase ein.

An diesem Punkt schieden sich die Geister. Jones führt zusammenfassend aus, daß „in der Freudschen Darstellung der phallischen Phase ein bei beiden Geschlechtern gemeinsam angenommener Grundzug der Glaube war, daß es nur eine Art von Genitalorgan in der Welt gebe, nämlich das männliche."

Bis zuletzt hat Freud auf diesem Punkt bestanden, wobei er die Klitoris dem Penis gleichsetzte und tatsächlich vermutete, daß eine libidinöse Besetzung der Vagina erst dann stattfinde wenn sich das Mädchen aus den Wechselfällen der phallischen Phase, die sich dem Oedipuskomplex verdanken, befreit habe.

Nur wenige Jahre, bevor sich Jones auf die Untersuchung der phallischen Phase konzentriert, schlägt er vor, sie „in der weiblichen Sexualentwicklung eher als eine sekundäre Lösung eines psychischen Konfliktes zu betrachten — die defensiver Natur ist — als einen einfachen, unmittelbaren Entwicklungsprozeß."[20]

Schon 1924 wies Karen Horney darauf hin: „Dennoch ist das bisherige Resultat der Untersuchungen, welches doch nichts weniger besagen würde, als daß die eine Hälfte des Menschengeschlechts unzufrieden sei mit ihrer Geschlechtsrolle und diese Unzufriedenheit nur unter günstigen Verhältnissen überwinden könne, nicht nur für den weiblichen Narzißmus, sondern auch für das biologische Denken recht unbefriedigend."[21]

Zwei Jahre später, 1926, fügt sie hinzu: „Meine Erfahrungen haben mir nach wie vor in gleichbleibender Deutlichkeit gezeigt, daß es vom weiblichen Ödipuskomplex aus nicht nur in Fällen extremen Scheiterns, sondern *regelmäßig* zu einer Regression auf den Penisneid kommt."[22]

Jones faßt das Problem knapp aber treffend zusammen: „Immer stärker wächst der sehr begründete Verdacht, daß die männlichen Psychoanalytiker diese Probleme von einem übertriebenen phallozentrischen Gesichtspunkt aus behandelt und den weiblichen Organen infolgedessen eine zu geringe Bedeutung zugeschrieben haben."[23]

Hier liegt der erste klare Hinweis vor, daß der weibliche Kastrationsprozeß, in seiner abgeschwächten Form als Penisneid ebenso wie in seiner intensiveren Version als kastrativer Haß auf die Männer, ein sekundäres Phänomen sein könnte, das auf eine frühere Phase folgt, die klar unterscheidbar weiblich bestimmt ist und vielleicht auf vaginal-uterinen libidinösen Reaktionen beruht. Kurz, man kann sagen, die Frau ist von Natur und primär eine Frau mit mütterlichen Instinkten und nur die Flucht vor ihrem Frausein, die durch bestimmte Umstände erzwungen wird, drängt sie in eine männliche Rolle. Helene Deutsch, die in dieser ganzen Debatte durchgängig eine phallozentrische Position vertrat, bemerkte:

„Ich glaube, keine klinische Beobachtung kann wohl bestreiten, daß die Intensität des Kinderwunsches ganz davon abhängt, wie stark der durch ihn ersetzte Peniswunsch war, so daß man sagen kann: Je stärker der Peniswunsch, desto stärker nachträglich der Kindeswunsch. Je schwerer die Versagung des Penis ertragen wurde, desto agressiver wird auf die Kindversagung reagiert. Daraus ergibt sich ein circulus vitiosus, der uns in Analysen oft so problematisch erscheint, wenn man immer wieder erfährt, daß der brennendste, weiblichste Kindeswunsch gerade bei *den* Frauen zu finden ist, bei denen sich die schwersten psychischen Kämpfe wegen des Kastrationskomplexes bezw. wegen des Penisneides abspielten."[24]

Klinische Beobachtungen, allemal, wenn sie von einer so hervorragenden Wissenschaftlerin auf diesem Gebiet stammen, wie Helene Deutsch, lassen sich nicht bestreiten. Als empirische Daten sind sie gültig, unabhängig davon, wie sie theoretisch interpretiert werden. Offensichtlich stellt Helene Deutsch eine eindeutige, proportionale Beziehung zwischen dem Wunsch der Frau nach einem Kind und der Intensität ihres Kastrationskomplexes her. Diese Beziehung bleibt unberührt, ob man nun mit Freud und Helene Deutsch annimmt, daß der Wunsch nach einem Kind auf den Kastrationskomplex oder mit Karen Horney, daß umgekehrt der Kastrationskomplex auf den Wunsch nach einem Kind folgt. Diese Differenz mag zunächst trivial erscheinen, sie ist aber sehr wichtig, denn es geht dabei um die Frage, ob die Weiblichkeit eines vergesellschafteten menschlichen Weibchens primär ist oder sekundär und nur auf eine rudimentäre Männlichkeit aufsitzt. Es geht um die Frage, ob die Vagina die primär libidinös besetzte Zone der Frau ist oder die Klitoris — die seit den Tagen des Anatomen Fallopius im 16. Jahrhundert als homologes Organ zum Penis betrachtet wird.

Anscheinend verhindert das androzentrische Vorurteil die Einsicht in einen fundamentalen Irrtum. Denn aus ihr folgt unausweichlich die Anerkennung der bio-psychologischen Unabhängigkeit der Frau, sozusagen die Gleichheit der Geschlechter in der Ordnung der Dinge. Man fragt sich, ob diese Konzeption so heftig aus der Angst heraus bekämpft wird, daß mit ihr die genetische Sexualtheorie und damit vielleicht die ganze Struktur der Psychoanalyse hinfällig würde. Diese Möglichkeit ist ganz unwahrscheinlich, und zwar auch dann, wenn den Geschlechtern völlige psychoanalytische Gleichheit zuerkannt wird. Aber das ist zunächst nicht deutlich und es kann sein, daß die eigene kulturelle Rückständigkeit es schwierig macht, das androzentrische Vorurteil aufzugeben, dem man noch immer ungewollt aber heftig anhängt und das einer gelassenen Betrachtung des Problems im Wege steht. Die Überlegungen, die dem androzentrischen Vorurteil, das in der Psychoanalyse in der Form des Phallozentrismus auftritt, entgegenlaufen, lassen sich bis in die Anfänge der Debatte zurückverfolgen. Karen Horney drückt sich darüber schon früh mit eindeutiger Offenheit aus:

„An dieser Stelle muß man als Frau erstaunt fragen: Und die Mutterschaft? Und das selige Bewußtsein, ein neues Leben in sich zu tragen? Und das unerhörte Glück in der sich steigernden Erwartungsspannung auf das Erscheinen dieses neuen Wesens? Und das Glück, wenn es endlich da ist? Und wenn man es zuerst im Arm hat? Und die tiefe, lustvolle Befriedigung beim Stillen? Und das Glück der ganzen Säuglingspflege?“[25]

Man kann nicht leugnen, daß in Karen Horneys Frageliste mehr steckt, als nur ein persönliches psychologisches Credo. Hier geht es um ein fundamentales, biologisches Problem, das nicht beiseite gewischt werden kann. Später macht Karen Horney darauf aufmerksam, daß Frauen häufig Vergewaltigungsphantasien haben, und zwar lange vor der Pubertät oder einem Koitus und folgert daraus: „Ich sehe keinen Weg, auf dem ich mir bei der Annahme der Nichtexistenz einer vaginalen Sexualität Herkunft und Inhalt dieser Phantasien verständlich machen kann.“[26]

Die endgültige Klärung des Problems und auch die Psychoanalyse insgesamt haben darunter gelitten, daß jene, die — wie Jones — den Weg zu neuen Einsichten in dieses Problem aufzeigten, die Fragestellung fallen ließen oder ihre Untersuchungen nicht weiter voran trieben. Karen Horney, deren aktives Interesse wachblieb, beging einen methodologischen Fehler. Schon zu Beginn dieser Auseinandersetzung war sie von den Ansichten des deutschen Soziologen Georg Simmel angetan, den sie folgendermaßen zitiert: „ ‚Das kulturelle Übergewicht des Mannes sei von seiner Machtstellung getragen' und man könne das geschichtliche Verhältnis der Geschlechter als das des Herrn zum Sklaven ausdrücken. Wie immer gehöre es auch hier ‚zu den Privilegien des Herrn, daß er nicht immer daran zu denken braucht, daß er Herr ist, während die Position des Sklaven dafür sorgt, daß er seine Position nie vergißt.' "[27]

Wie nahe Karen Horney an der Schwelle einer neuen Entdeckung und vor einem genuinen Beitrag zur Psychoanalyse stand, wird noch gezeigt werden. Offenbar treffen wir auch hier auf eine Erscheinungsform des cultural lag. Wenn die moderne Frau der Stärke der vorherrschenden androzentrischen Tendenzen in der westlichen Kultur gewahr wird, neigt sie dazu, deren biologische Ursprünge zu übersehen. Unter biologischen Aspekten nimmt sie nur die reine Körperkraft des Mannes zur Kenntnis, seine muskuläre Überlegenheit sozusagen. Die genetische Beziehung zwischen weiblicher und männlicher Sexualität, die Geschichte der männlichen Eroberung, oder, wenn man will, der Unterwerfung der Frau, die Geschichte der Verkehrung ihrer mütterlichen Sexualität im Verlauf dieser Eroberung — alle diese Fragen scheinen in dem Moment zu verschwinden, in dem die Frau ihre soziologische und biopsychologische Gleichheit mit dem Mann herstellen will. Von diesem Augenblick an scheint die biologische Konfusion ein für allemal beseitigt und das Problem nur noch ein rein gesellschaftliches zu sein.

Diese Schlußfolgerung mag richtig sein, gleichzeitig ergibt sich aber eine neue Schwierigkeit. Die großen Beiträge der Psychoanalyse zum Verständnis des Ursprungs und der Entfaltung der Kultur werden vergessen, nur der androzentrische Überbau der Gesellschaft, die männlich bestimmten Institutionen werden noch für wichtig gehalten. Die moderne Frau sieht in ihrer Modernität die Struktur als Funktion, statt umgekehrt. Diese Struktur ist das gegenwärtige Leben, seine Bedingungen und Institutionen. Der bio- und psychogenetische Aspekt der Frage wird als unproblematisch weggelassen, das Gewicht der gegenwärtigen Konflikte wird überschätzt. 

So verliert sich der Faden, der zur Wurzel des Problems führt. Die Befriedigung des unmittelbaren Bedürfnisses nach Bestätigung der Gleichheit wird wichtiger als die tiefere Frage nach dem Ursprung der Ungleichheit. Das androzentrisch-phallozentrische Vorurteil wird verworfen und mit ihm die ganze Menge der damit verknüpften empirischen Tatsachen. Da diese Tatsachen existieren, gleichgültig welches Vorurteil sie geprägt hat, und sie in der Ordnung der Dinge einen Platz finden müssen und weil man diese Tatsachen mit dem Vorurteil selbst identifiziert, werden sie insgesamt abgelehnt. Dann bleiben nur soziologische Spekulationen darüber, daß ausschließlich die Institutionen das Bewußtsein prägen. Anders ausgedrückt, der Kreis wiederholt sich, man ist wieder bei der naiven Idee, daß das menschliche Wesen, als Mann oder als Frau, jedenfalls in bezug auf seine Psychologie ein außergewöhnliches Produkt des Lebens sei, daß der Mensch durch die Institutionen lebe, die er selbst geschaffen habe und nicht durch die Summe seiner bio-psychologischen Ausstattung. Das ist die alte anthropozentrische, halb idealistische, halb mysthische Auffassung, die noch nie ein wirklich wissenschaftliches Verstehen von Natur oder Mensch zustandegebracht hat. Anthropomorphismus ist noch hartnäckiger und zählebiger als Androzentrismus. Er ist älter als das androzentrische Vorurteil und führt ebenfalls zu kultureller Rückständigkeit; wie ein schweres Gewicht am Fuß des Wissenschaftlers hindert er diejenigen, die sich nicht von ihm befreien oder gegen ihn angehen können daran, sich mit Leichtigkeit im wissenschaftlichen Untersuchungsfeld zu bewegen.

Es sei mir gestattet, nun einige meiner Schritte nachzuzeichnen und zu dem androzentrischen Vorurteil zurückzukommen, unter dem die Psychoanalyse offensichtlich zu leiden hat. Bei der Betrachtung einiger psychischer Folgen der anatomischen Geschlechtsunterschiede sagt Freud vom kleinen Mädchen: „Sie ist im Nu fertig mit ihrem Urteil und ihrem Entschluß. Sie hat es gesehen, weiß, daß sie es nicht hat (Penis) und will es haben."[28] Um seinen Punkt noch stärker zu machen, fügt Freud in einer Fußnote hinzu, daß er seine frühere Behauptung hierzu korrigieren müsse, . . „das Sexualinteresse der Kinder werde nicht wie das der Heranreifenden durch den Geschlechtsunterschied geweckt, sondern entzünde sich an dem Problem, woher die Kinder kommen. Das trifft also wenigstens für das Mädchen gewiß nicht zu." Freud konzediert aber, daß neues empirisches Material seine Annahmen modifizieren könnte. Interessant ist dabei, daß er in seinem Bemühen, die Bedeutung der anatomischen Unterschiede hervorzuheben, dem funktionalen, d.h. libidinösen und damit eigentlich psychologisch wichtigen Wunsch nach einem Kind und der Neugier, die dieses biologische, unbewußte Streben erweckt, nur eine zweitrangige Rolle zuweist. Dabei hatte gerade Freud einige Jahre vorher in seinen *Drei Beiträgen* darauf aufmerksam gemacht, daß der Uterus eine ziemlich frühe Entwicklung und darauffolgende Rückbildung lange vor der Pubertät ungefähr auf dem Höhepunkt der ödipalen Krise durchläuft.

Mit ähnlichem Desinteresse übergeht Freud einige Vorschläge Frazers, auf den er sich sonst durchaus bezieht, die den frühesten Ursprung des Totemismus betreffen.

Frazer betont das Moment, in dem sich die Frau des Kindes in ihrem Leib gewahr wird und den er für den „Ursprung des Totemismus“ hält. In *Totem und Tabu* erwähnt Freud die Arunda, die Empfängnis und Sexualakt nicht in Verbindung bringt, und für die deshalb vor allem das Phänomen der Empfängnis Anlaß für Phantasien bildet. Sie glauben, daß ein Kind dadurch empfangen wird, daß Geister in die Frau eindringen oder in dem sie etwas bestimmtes ißt.

Freud kannte Bachofens *Mutterrecht*, betont aber, daß er die mütterliche oder matrilineare Vererbung des Totems nie begriffen habe, obwohl er selbst sagt: „Die erstere Art“ (die mütterliche Vererbung) „ist möglicherweise überall die ursprüngliche und erst später durch die letztere“ (väterliche Vererbung) „abgelöst worden.“[29] In ähnlicher Weise fällt es ihm schwer, die Existenz weiblicher Gottheiten zu erklären.

Auf der anderen Seite gibt es im *Tabu der Virginität* eine scharfsinnige Passage, die anscheinend in Vergessenheit geraten ist, da ihr wesentlicher Inhalt meist Melanie Klein zugeschrieben wird. Freud sagt:

„Andererseits aber ist er (der Primitive) gewohnt, seine eigenen inneren Regungen von Feindseligkeit in die Außenwelt zu projezieren, sie also den Objekten, die er als unliebsam oder auch nur als fremd empfindet, zuzuschieben. Als Quelle solcher Gefahren wird nun auch das Weib erkannt und der erste Sexualakt mit dem Weibe als eine besonders intensive Gefahr ausgezeichnet.“[30]

Die Annahme liegt nahe, daß Freud hier eine fundamentale Feindseligkeit des Mannes gegen die Frau anspricht, die dieser bei seiner ersten sexuellen Annäherung und dann auch bei allen folgenden auf die Frau projiziert.

Der Grundgedanke dieser Passage scheint in der traditionellen Lesart verloren gegangen zu sein; ich greife ihn hier ganz bewußt auf, weil ich ihn für sehr nützlich halte. Freud impliziert hier eindeutig, daß der Mann gewöhnlich der Frau mit primärer Feindseligkeit begegnet und daß deshalb seine Kastrationsangst die Projektion seiner eigenen Feindseligkeit sein könnte. Vielleicht ist das der Grund dafür, daß die ta-ta-thi in Neu-Süd-Wales, die Freud in *Totem und Tabu* erwähnt, in gewöhnlicher Form die sexuellen Übergriffe eines Mannes von denen einer Frau unterscheiden: in diesem Stamm wird der Mann getötet, die „Frau wird nur geschlagen oder gespeert oder beides, bis sie fast tot ist, der Grund dafür, daß sie nicht tatsächlich getötet wird, liegt darin, daß sie wahrscheinlich zu ihrer Handlung gezwungen wurde."[31]

Wir finden hier einen Hinweis darauf, daß primitive Feindseligkeit und Vergewaltigung vielleicht mit der Feindschaft der Frau gegenüber dem Mann verknüpft sind. Tatsächlich erwähnt Freud positiv, verknüpft sind. Tatsächlich erwähnt Freud positiv: „Mac Lennan hatte die Exogamie in geistreicher Weise aus den Überresten von Sitten erraten, welche auf den ehemaligen Frauenraub hindeuteten."[32] *Im Tabu der Jungfräulichkeit* sagt Freud explizit: „danach ist Judith das Weib, das den Mann kastriert, von dem sie defloriert wurde . . ."[33]

Wenn Freud bemerkt: „Das sexuelle Bedürfnis einigt die Männer nicht, sondern entzweit sie."[34], so spielt er deutlich darauf an, daß von Anfang an das sexuelle Bedürfnis eine primäre Feindseligkeit enthält, die gegen den anderen Mann, den Rivalen gerichtet ist. Wenn man sich die übrigen Zitate ansieht, so glaube ich mich nicht zu täuschen oder kann zumindest vermuten, daß auch Freud erwog, daß diese primäre Feindseligkeit sich gerade auch gegen die Frau richtet, der sich der Mann sexuell nähert.

Bis hierher scheint sich Freud nicht auf ein androzentrisches Vorurteil festzulegen. In *Totem und Tabu* geht er sogar so weit zu behaupten, „*Kinship* ist älter als Familienleben;"[35] „. . . es besteht keine Stammesverwandtschaft zwischen dem Manne und den übrigen Familienmitgliedern. In einer solchen Familie gibt es keine gemeinsame Mahlzeit. Die Wilden essen noch heute abseits und allein, . . .[35]

Demnach könnte man das Stillen des Kleinkinds durch die Mutter als die erste „gemeinsame Mahlzeit" bezeichnen, bei der die Mutter Nahrungsquelle ist. Vielleicht ist das der Grund dafür, daß Freud den Vorwurf gegen die Mutter aufgreift, daß sie dem Kind nicht genug Milch gab und es nicht lange genug gestillt habe. Dieser Vorwurf, so berichtet Freud, habe ihn überrascht. Bei der klinischen Arbeit tauchte er nicht nur bei Frauen, sondern auch bei Männern auf. Freud war offensichtlich durch eine Beziehung zwischen Mann und Frau verwirrt, die älter war als die innerhalb des primitiven Stammes.

Obwohl er nicht wußte, wo er die großen „Muttergottheiten" unterbringen sollte, war ihm klar, daß diese Gottheiten „vielleicht allgemein den Vatergöttern vorhergegangen sind."[36]

Ich möchte diese kurze, aber bedeutsame Liste von Andeutungen aus Freuds eigener Feder durch Äußerungen von anderer Seite ergänzen, die seine Schlußfolgerungen über die weibliche Sexualität in Frage stellen.

Josine Müller und Jones behaupten beide, daß das Mädchen nicht die Kastration fürchte, sondern daß „die zentrale Befürchtung des schuldbewußten Mädchens — sogar im Bewußtsein — die (sei), sie werde nie Kinder bekommen können, d.h. ihre inneren Organe seien beschädigt."[37] Horney wies wiederholt auf die weibliche Furcht vor Vergewaltigung hin und auf die rachsüchtige Haltung der Frau gegenüber Männern, die „sich späterhin besonders häufig und besonders heftig gerade gegen den die Defloration vollziehenden Mann richtet."[38] Das Mädchen hat Angst, „vor der Zerstörung, bezw. Beraubung, Aussaugung des Körperinnern."[39] Alle diese Beobachtungen deuten darauf hin, daß sich die Ängste der Frau letztlich auf ihre physische Angst vor dem Mann und auf das Kindergebären beziehen.

Die scheinbar ketzerische Behauptung Karen Horneys, daß zu den Grundtatsachen der Sexualentwicklung beider Geschlechter ein Herrschaftsverhältnis zwischen Mann und Frau zu rechnen sei, wird ziemlich klar bei Freud selbst ausgesprochen. Er sagt bei der Untersuchung des *Tabus der Virginität,* daß die Forderung nach Jungfräulichkeit vor der Ehe „ja nichts anderes (ist) als die konsequente Fortführung des ausschließlichen Besitzrechtes auf ein Weib, welches das Wesen der Monogamie ausmacht, die Erstreckung dieses Monopols auf die Vergangenheit."[40] Freud hat dieses Herrschaftsverhältnis also deutlich gesehen, betrachtete es aber, dank seines androzentrischen Vorurteils durchaus als Teil der normalen Entwicklung.

Jones berichtet, daß Freud ihm einmal mitgeteilt habe, daß ein Punkt, „dessen er sich in der allgemeinen Unklarheit über die sexuelle Entwicklung dennoch sehr sicher sei, .... die Tatsache ist, .... daß die erste Vorstellung des Mädchens vom Koitus eine orale sei, d.h. der Fellatio." Bekanntlich gibt es umfangreiches klinisches Material, das diese Freudsche Beobachtung bestätigt. Man kann also zu Recht vermuten, daß der Ursprung dieser Idee in der Rolle der mütterlichen Ernährerin zu suchen ist und weiter, daß in der frühen biologischen und psychologischen Evolution der Frau Nahrung und Geburt tief miteinander verbunden sind.

So fragmentarisch diese Liste und so willkürlich einige dieser Vorschläge erscheinen mögen, so kann man sie doch plausibel als Hintergrund für folgende Behauptungen heranziehen: weder das Problem der weiblichen Sexualentwicklung noch die wirkliche biologische und psychosoziologische Rolle der Frau wurden bisher von der Psychoanalyse zureichend begriffen. Freud war sich dessen in der Mehrzahl seiner Arbeiten bewußt, er wurde durch ein androzentrisches Vorurteil bzw. das aus diesem Kontext entstandene cultural lag behindert..

Der Bedeutung solcher Probleme, wie matrilineare Vererbung, weibliche Gottheiten, die Feindseligkeit des Mannes gegen die Frau, die Vergewaltigung und Unterwerfung der Frau durch den Mann

war er sich durchaus bewußt. Aus irgendeinem 
Grund hat er sie zwar benannt, aber keinen Hinweis für eine Lösung gegeben. Sein Ausgangspunkt war das Stadium der Menschheitsgeschichte, das er, Darwin folgend, die primitive Horde nannte. Zwar beobachtete er Phänomene, die auf eine frühere Phase deuteten, verfolgte aber die Menschheitsgeschichte nicht bis in jene Epoche.

Zwar kann man Freud nicht gut vorwerfen, daß er nicht weiter zurückgegangen ist, die Tatsache selbst scheint jedoch einer Erklärung bedürftig. Das cultural lag des androzentrischen Vorurteils gibt sich mit der primitiven Horde als Ausgangspunkt gern zufrieden. Gerade die Brillianz der Freudschen Hypothese, die er in *Totem und Tabu* entwickelte, war so befriedigend und überzeugend, daß die Freudschen Schüler die Tatsache übersahen, daß diese anthropologische Konstruktion, wenn sie weiterhin so ausschließlich und unergänzt stehen bleibt, das Problem der weiblichen Sexualität unlösbar macht. Es gab vielversprechende Ideen zu den kulturellen Aspekten des Problems, die biologischen aber wurden vernachlässigt, und die Forscher sahen sich auf die statistische Anatomie und Embryologie statt auf eine dynamische Hypothese der biologischen Genese verwiesen.

Soweit ich weiß, war Ferenczi der einzige, der diese methodologische Sackgasse der Psychoanalyse spürte. Er wollte sie durch gewisse biologische Spekulationen überwinden, verband jene aber nie mit entsprechenden anthropologischen und folglich psychologischen Begriffen. Von psychologisch ist hier im psychoanalytischen Sinne des Wortes die Rede — d.h. im Sinne einer Synthese zwischen Biologie und Anthropologie und der entsprechenden dynamischen Erscheinungsform all der Kräfte, die das Funktionieren des psychischen Apparats bedingen.

Als ich versuchte, mir über dieses komplexe, bisher ungelöste Problem Klarheit zu verschaffen, aufmerksam geworden durch die soziologischen Veränderungen der Frauenrolle in den letzten dreißig Jahren, bemerkte ich, daß ich fast unbewußt einen Gedankengang einschlug, der mir zugleich vertraut und nicht mein eigen, annehmbar, aber nicht klar genug erschien, um zusammenhängend dargestellt zu werden.

Mit mehr Fragen als Antworten und eher verwirrt durch das Gefühl, etwas vergessen zu haben, wandte ich mich den Schriften von Autoren zu, die nicht von der Psychoanalyse herkommen, aber bestimmtes Material zu sammeln begonnen hatten, noch bevor Freud selbst sich seinen Betrachtungen über die Dynamik des Unbewußten zuwandte. So kam es, daß ich eines Tages die Schriften von Lester F. Ward durchstöberte, der wenigen Psychoanalytikern bekannt ist. Ich kannte seine Arbeiten schon seit einigen Jahren, hatte sie aber aus irgendeinem Grunde verdrängt. Die Ursache dafür war naheliegend und leicht zu entdecken. Ich erinnerte mich daran, daß Lester F. Ward gegen Ende des letzten Jahrhunderts als erster versucht hatte, die androzentrischen Theorien, die allen geisteswissenschaftlichen Denksystemen zugrundeliegen, der Anthropologie, der Soziologie, wie der Philosophie zu hinterfragen. Jetzt, da ich selbst anfing, das cultural lag zu untersuchen, erinnerte ich mich mühelos vieler Einzelheiten der Wardschen Hypothese und wandte mich ihr mit frisch erwachter Neugier und vielleicht auch mit einem aufgeklärteren Bewußtsein zu.

Ich glaube, daß diese Ansichten, die 1888 zum ersten Mal ausgeführt wurden, noch heute für die Psychoanalyse und besonders für die Lösung des Problems der weiblichen und männlichen Sexualität wichtig genug sind, um sie hier näher auszuführen. Ich werde sie dabei mit meinen eigenen Erkenntnissen ergänzen, soweit sie sich auf die psychoanalytische Erfahrung gründen, eine Erfahrung, die Ward natürlich fehlte.

Lester F. Wards Theorie erschien zunächst in unscheinbarer Form als Zusammenfassung einer Ansprache, die er vor dem Sechs-Uhr Club 1888 in Washington hielt. Diese Zusammenfassung wurde im Juni desselben Jahres von „Household Companion“ veröffentlicht. Später veröffentlichte Ward seine Theorie in umfassender Form in *Reine Soziologie, eine Abhandlung über den Ursprung und die spontane Entwicklung der Gesellschaft.* Sie wurde in den letzten Jahren des vergangenen Jahrhunderts geschrieben, gerade als Freud seine *Traumdeutung* abschloß. 

Wards Ansichten werden durch einen solchen Reichtum an Material aus dem Gebiet der Entomologie, der Botanik, Zoologie, Biologie, Anthropologie und Soziologie gestützt, daß keine Zusammenfassung dieser gelehrten und umfassenden Darstellung gerecht würde, in der Ward ein Meister war. Es ist schade, daß dieser Amerikaner, der europäischen Soziologen wohlbekannt ist, in Amerika so wenig und den Psychoanalytikern vollständig unbekannt ist. Ward war der erste, der für das amerikanische, und ich glaube auch für das europäische Denken, unabhängig von — und in vieler Hinsicht vor — Freud die Bedeutung des Instinkts hervorhob, den er in meisterhafter Formulierung als „Umwandlung von (biologischen) Mitteln in einen Zweck“ definierte. Er war der erste, der den wirklichen Stellenwert der Gefühle im Rahmen der menschlichen Psychologie erkannte, er erkannte die Wichtigkeit des „psychischen Schmerzes“, wie ihn die Psychoanalytiker später nannten. Er war der erste, der — fast in Freudschen Begriffen — die Spannung beschrieb, die vom Aufstauen der Libido herrührt, ein Vorgang, der zunächst lustvoll ist, dann schmerzhaft und dann zur lustvollen Entladung führt. Er definierte diesen Prozeß treffsicher in seinem Ausspruch: „Begehren ist Schmerz“. Er betonte die Rolle sexueller Faktoren im menschlichen Leben und sehnte sich nach der Zeit, in der alle diese Phänomene mit größerer Offenheit würden behandelt werden können und die dann auch eine wirkliche psychosoziologische Synthese hervorbringen würden. Er kannte einiges von Havelock Ellis, aber nichts von Freud. Freud hatte noch nicht *Die Abwehrneurosen* geschrieben, als Ward seine Ansichten formulierte.

Ward geht davon aus, daß Reproduktion, und das gilt für einige Arten heute noch, zunächst nichts anderes ist als Ernährung. Er betont Häckels Ausspruch, daß der Prozeß der Reproduktion sich einfach als „das Wachstum des Individuums über seine Grenzen hinaus" betrachten läßt. Den Blick über die Protozoen hinweg auf die Menschheit richtend bemerkt Ward treffend, daß Ernährung und die darauf folgende Abspaltung eines Individuums von einem überentwickelten primitiven Organismus den Verlust eines Teils des Organismus zugunsten der Produktion eines neuen darstelle. Dieser Prozeß lasse sich als Beginn des Altruismus sehen.

Er erinnert an die Lamarckschen Ansichten. Nach Lamarck sind Wachstum und Reproduktion zunächst identische Prozesse. „Wenn es der Natur mit Hilfe von äußeren Umständen und den richtigen Mitteln gelungen ist, die Bewegungen, welche das Leben ausmachen, in einem Körper zu erzeugen, so entwickelt die Aufeinanderfolge solcher Bewegungen Organisation und erzeugt *Ernährung*, die erste der Lebensfähigkeiten, und hieraus entsteht die zweite der lebendigen Fähigkeiten, nämlich Wachstum des Körpers. Der Überfluß an Nahrung bereitet dadurch, daß er das Wachstum dieses Körpers verursacht, die Stoffe für ein neues Wesen vor, welches kraft der Organisation diesem Körper ähnlich ist, und liefert ihm hierdurch die Mittel, sich selbst wieder zu erzeugen, woraus die dritte der Lebensfähigkeiten entspringt."[41]

Ward gelangt zu der Schlußfolgerung: „Obwohl Fortpflanzung und Geschlecht zwei ganz verschiedene Dinge sind, und obwohl ein Geschöpf, welches sich ohne Geschlecht fortpflanzt, mit Recht weder männlich noch weiblich genannnt werden kann, so sind doch diese Begriffe allmählich im Geiste des Volkes so vollständig verschmolzen, daß ein Geschöpf, welches wirklich Nachkommen aus seinem Körper hervorbringt, instinktiv als weiblich betrachtet wird. Biologen sind immer von diesem populären Standpunkte ausgegangen und sprechen regelmäßig von 'Mutterzellen und Tochterzellen'. Man tut daher der Sprache oder der Wissenschaft keine Gewalt an, wenn man sagt, daß *das Leben mit dem weiblichen Organismus beginnt und eine ziemlich lange Strecke durch das weibliche Geschlecht allein weitergetragen wurde.*"[42] 

„Die Biologen drücken dies manchmal so aus, daß sie sagen, die Geschlechter seien ursprünglich gleich oder dieselben seien im Anfang nicht differenziert gewesen. Es gibt zahlreiche Fälle, in welchen zwischen den paarenden Zellen kein Unterschied bemerkbar ist."[43]

Die Zellenverschmelzung kann als eine Form ungeschlechtlicher Kopulation betrachtet werden.

Wenn wir die ganze Skala des Lebendigen betrachten, von den Protozoen bis zu den höheren Tieren, drängt sich die Schlußfolgerung auf, daß es für Leben, Wachstum und Reproduktion gar nicht der Befruchtung in einem sexuellen Sinne bedarf. Richard Hertwig hat in einem Vortrag, den er am 7. November 1899 in München vor der Gesellschaft für Morphologie und Physiologie hielt, etwa folgendes gesagt: „Befruchtung und Fortpflanzung sind Erscheinungen, welche zusammen gefunden werden mögen, welche aber in ihrem innersten Wesen keine Verbindung miteinander haben . . .

Wenn wir nun eine genaue Darstellung der verschiedenen Arten der Fortpflanzung im Pflanzen- und Tierreich versuchen, so muß der alte Begriff von geschlechtlicher und ungeschlechtlicher Fortpflanzung ganz und gar aufgegeben und durch die folgende Darstellung ersetzt werden:

Alle Organismen bewirken ihre Fortpflanzung in gemeinsamer Weise vermittels einzelner Zellen, die durch Zellteilung entstanden sind. In einzelligen Organismen ist jede Zellteilung ein Akt der Fortpflanzung und hat die Bildung eines anderen im physiologischen Sinne selbsterhaltenden Wesens zur Folge. In vielzelligen Tieren führen die meisten der Zellteilungen zum Wachstum des vielzelligen Individuums und nur gewisse von ihnen dienen zur Fortpflanzung. Befruchtung geht zusammen mit Fortpflanzung vor sich, weil der Organismus nicht seine höchste Entwicklung erreichen kann ohne die Vereinigung zweier Individualitäten durch die Paarung der Zellkerne. Befruchtung hat in ihrem innersten Wesen nichts mit Fortpflanzung zu tun."[44]

Als die sexuelle Differenzierung allmählich einsetzte, spielte das Männliche im Königreich der Pflanzen und Tiere eine sehr zweitrangige oder, wenn man so will, hochgradig spezialisierte Rolle.

„Wenn wirStempel und Staubblätter als Individuen betrachten, so wird es klar, daß in den höheren Pflanzen im allgemeinen und in viel höherem Maße als in den Tieren das Männliche einfach ein Befruchter ist, während das Weibliche fortfährt sich zu entwickeln und die Frucht zu reifen. Die Staubblätter verwelken immer, sobald die Staubbeutel ihren Pollen geleert haben. Sie haben keine andere Funktion."[45]

Erinnern wir uns daran, daß Ferenczi auf grund ähnlicher Phänomene bei bestimmten Insekten eine fundamentale kastrative Tendenz beim Weibchen vermutete. Eine andere und vielleicht umfassendere Interpretation ist denkbar. Ward kommt zu der Schlußfolgerung, daß „die Weibchen" den Schwerpunkt des biologischen Systems (repräsentieren). Sie sind jenes zähe Beharrlichkeitsvermögen, von dem Goethe spricht. Das Weibliche ist nicht nur der Typus der Rasse, im metaphorischen Sinne, es *ist* die Rasse."[46]

„Bienen bilden ein anderes vertrautes Beispiel, wo die Männchen volkstümlich als Drohnen bekannt sind. Befruchtung ist, wie wohlbekannt, beinahe ihre einzige Rolle und wenn sie irgendwie zahlreich werden, so werden sie von den Arbeitsbienen (neutrale Weibchen) getötet und der Bienenkorb von ihnen befreit."[47]

Auch ohne sich von antropomorphen und anthropozentrischen Überlegungen überwältigen zu lassen, wird man bei einer objektiven Betrachtung der oben beschriebenen Phänomene zu der Schlußfolgerung kommen müssen, daß die ursprüngliche Rolle des Männlichen sehr eingeschränkt war, nämlich die eines flüchtigen und vergänglichen Anhängsels des Lebens.

„Das Phänomen winziger parasitischer Männchen ist unter den niedrigeren Formen nicht selten, und daß ihr einziges Amt Befruchtung ist, ist aus der folgenden Darstellung von Milne Edwards ersichtlich: 'Es ist bemerkenswert, daß in einigen dieser Parasiten (z.B. *Diplozoon paradoxum,* ein Nematode) die ganzen Eingeweide von Hoden eingenommen wurden und daß Mr. Darwin in ihnen keine Spur von Verdauungsorganen entdecken konnte.' Van Beneden sagt auch, daß die Männchen zur Rolle von Spermatophoren herabgesetzt seien: 'Das Männchen des Syngami (Nematoden) ist so heruntergekommen, daß es nichts weiter ist, als eine auf Kosten des Weibchens lebende Hode.'"[48]

Ohne in teleologische Spekulationen zu verfallen, die ebenso unfruchtbar wie verlockend sind, kann man den Prozeß folgendermaßen beschreiben: Als Ergebnis einer natürlichen Selektion wurde ein *Befruchtung* genannter Prozeß eingeführt, zuerst durch ein zum Organismus gehöriges Organ *(Hermaphroditismus),* und dann durch Loslösung dieses Organs und seiner Errichtung in einen unabhängigen, aber Miniatur-Organismus, der von dem ursprünglichen vollkommen verschieden war. Dieser letztere war zuerst ein Parasit des ursprünglichen

 Organismus,dann seine Ergänzung und wurde in einem zu diesem Zweck erschaffenen Sack umhergetragen."[49]

Ward neigt dazu, gestützt auf das Kriterium der Arterhaltung, das Weibliche als primär, als wesentlicher für die Erhaltung der Art und von daher als überlegen zu betrachten. Diese Theorie steht sicherlich im Widerspruch zum androzentrischen Vorurteil, und Ward gibt ihr den Namen gynaekozentrisch.

Er beschränkt sich nicht auf die wenigen, oben angeführten Beobachtungen an Pflanzen und niederen Tieren. Um seiner Theorie Tragweite und Substanz zu geben, verfolgt er schrittweise die Entwicklungsstufen. Unter seinen vielen interessanten Beispielen zitiert er einen Brief, den L. O. Howard im September 1886 an die Zeitschrift Science geschrieben hat. „Vor einigen Tagen brachte ich eine männliche *Mantis carolina* zu einem Freund, welcher sich zu seinem Vergnügen ein einsames Weibchen hielt. Als wir sie beide in dasselbe Glas setzten, versuchte das Männchen voll Schrecken zu entfliehen. Nach ein paar Minuten gelang es dem Weibchen, dasselbe zu erfassen. Sie biß zuerst seinen linken vorderen Tarsus ab und verzehrte Tibia und Femur. Dann nagte sie sein linkes Auge aus. Jetzt schien das Männchen zu erkennen, daß es sich in der Nähe eines Mitgliedes des entgegengesetzten Geschlechtes befand und begann vergebliche Bemühungen zur Paarung. Das Weibchen fraß nun zunächst sein ganzes vorderes Bein und enthauptete ihn dann vollständig, indem es seinen Kopf verschlang und tief in seine Brusthöhle hineinnagte. Erst als es seinen ganzen Thorax, außer drei Millimeter, aufgefressen hatte, machte es eine Ruhepause. Während der ganzen Zeit hatte das Männchen seine vergeblichen Bemühungen, einen Eintritt zu den Valvulen zu erlangen, fortgesetzt, und es gelang ihm nun endlich, da sie die Teile freiwillig öffnete und die Vereinigung vollzog sich. Sie blieb vier Stunden lang ruhig und das Überbleibsel des Männchens gab gelegentlich Lebenszeichen, indem es noch drei Stunden lang einen seiner übriggebliebenen Tarsi bewegte. Am nächsten Morgen hatte sie sich gänzlich von ihrem Gemahl befreit, und bloß seine Flügel waren noch übrig."[50] 

Das androzentrische Denken könnte dieses Beispiel umstandslos als eine ausgezeichnete Illustration für die weibliche Raubgier und Kastrationslust heranziehen. Wenn wir uns aber bei der Betrachtung des Wesens dieses biologischen Phänomens ohne affektiven männlichen Narzißmus an die Tatsachen halten, gibt es gute Gründe für die Annahme, daß in dieser primitiven Freßgier ein früheres Muster der Zeugung als einer Form der Ernährung angelegt ist, daß die Befruchtung hier noch mit jenem früheren Ernährungsablauf zusammenhängt. Vielleicht steht die Feindseligkeit des Mannes gegenüber dem Weiblichen — so auffällig bei der menschlichen Gattung —, ebenso wie seine Angst vor Frauen im Zusammenhang mit diesen inzwischen völlig unsichtbaren Fäden, die ihn mit einer entfernten biologischen Vergangenheit verbinden.

Ward argumentiert, daß das Weibliche von einem biogenetischen Standpunkt aus ursprünglich die Alleinherrschaft innehatte, wie das ja im Tierreich immer noch der Fall ist, und daß das Männliche lediglich „ein Nachgedanke der Natur" war. Deshalb trifft weder im Tierreich noch ursprünglich bei der menschlichen Gattung „das Männliche irgendeine Auswahl oder Selektion".

Ward gibt dann eine knappe Zusammenfassung der gängigen Argumente für die männliche Überlegenheit:

„Wir (haben) die allgemeine Tatsache, daß bei allen hauptsächlichen Tieren, mit denen jedermann mehr oder weniger vertraut ist, einschließlich der Klassen der Säugetiere und Vögel zum wenigsten, die Männchen gewöhnlich größer , stärker, mannigfaltiger in Struktur und Organen und schöner geschmückt und verziert sind als die Weibchen. Man braucht sich bloß die verschiedenen Haustiere und das Geflügel im Geiste zu vergegenwärtigen oder die besser bekannten wilden Tiere, wie den Löwen, den Hirsch und den Büffel, ebenso wie die meisten gewöhnlichen Singvögel der Wälder und Wiesen, um sich von der Wahrheit dieser Behauptung zu überzeugen. Unter den Vögeln sind die Weibchen nicht nur kleiner und von einfachen Farben, sondern das Männchen allein besitzt auch die Gabe des Gesanges. Es prangt oft in den herrlichsten Farben und ist bedeutend tätiger und beweglicher als das Weibchen. Unter den Vierfüßlern ist das Männchen oft, außer seiner größeren Statur und Stärke, mit solch rein ästhetischen Zierraten, wie Geweihen und anmutig geschweiften Hörnern oder Waffen, wie Fangzähnen ausgestattet. Bei einigen Vögeln sind auch die Männchen mit Sporen versehen, welche die Weibchen nicht besitzen. Ein Vergleich der Tier- und Vogelweibchen mit den Jungen derselben Spezies zeigt — gegen die Männchen gehalten — eine merkwürdige Ähnlichkeit, welche Tatsache die von so vielen Zoologen adoptierte Theorie hervorgerufen hat, daß das weibliche Geschlecht, im Vergleich zu dem als normal angenommenen und jedenfalls bedeutend höher entwickelten männlichen, einen Vorgang „aufgehaltener Entwicklung" darstellt."[51]

Wenn man die angeführten Attribute des Männlichen auf einer vernünftigen, biologischen Ebene betrachtet, erscheint es logischer und mehr in Einklang mit den grundlegenden Prinzipien der Biologie, in ihnen nicht die Erscheinungsformen einer primären, biologischen Überlegenheit des Männchens zu sehen, sondern vielmehr das Ergebnis der natürlichen Selektion, die ihm durch die ursprüngliche Macht des Weibchens wählen zu können, aufgezwungen wurde. Es waren die Weibchen, die instinktiv fühlten, welcher Geschlechtspartner unter Gesichtspunkten der Gesundheit und der allgemeinen biologischen Robustheit vorzuziehen sei; durch diesen Prozeß der natürlichen Selektion, entwickelte sich das Männchen, um den strengen Ansprüchen zu genügen, die das Weibchen stellte, zu dem, was es ist. Ich halte es deshalb für außerordentlich sinnvoll, zum häufigen Gebrauch des Darwinschen Begriffs der „natürlichen Selektion" zurückzukehren, da das Spencersche Äquivalent des „Überlebens des Stärkeren" viel weniger geeignet ist, die Natur dieses biologischen und vielleicht sogar soziologischen Prozesses treffend auszudrücken.

Sogar die Aggressivität und Kampfeslust, die traditionellerweise als das Wesen der Männlichkeit überhaupt betrachtet werden, erscheinen jetzt in einem anderen Licht.

„Die Kämpfe der Männchen (enden), so wütend sie auch sein mögen, selten verhängnisvoll und nehmen oft die Form von quasi Scheingefechten, in welchen einige allerdings verletzt werden, aber es kommt selten vor, daß eines getötet wird. Noch seltener ist es, daß die stärksten und fähigsten Männchen ihre Macht benutzen, die Weibchen zur Unterwerfung zu zwingen. Das Weibchen behauptet, selbst wenn das Männchen ihr an Größe und Stärke bedeutend überlegen ist, doch noch ihre Oberherrschaft und übt ihr Vorrecht der Unterscheidung so streng und mitleidslos aus wie zu jener Zeit, als sie dem Männchen in diesen Eigenschaften weit überlegen war. Dies ist der Grund, weshalb ich den gewöhnlichen Ausdruck 'männliche Überlegenheit' für jene verhältnismäßig seltenen Fälle, wo das Männchen außer den verschiedenen Ornamenten, womit das Weibchen ihn geschmückt hat, überlegene Größe und Stärke erlangt hat, zurückweise. Und nichts ist falscher als die oft wiederholte, von der androzentrischen Weltanschauung eingegebene Behauptung, daß das sogenannte 'überlegene' Männchen seine neuerlangte Stärke darauf verwendet, das Weibchen und die Jungen zu beschützen und zu füttern. Diejenigen Vögel und Säugetiere, in denen der Prozeß der männlichen Differenzierung am weitesten fortgeschritten ist, wie Pfaue, Fasane, Truthähne und zahmes Geflügel unter den Vögeln, und Löwen, Büffel, Hirsche und Schafe unter den Säugetieren, tun im Grunde nichts für ihre Familie. Die Mutter allein pflegt die Jungen, füttert sie, verteidigt sie und kämpft für sie, wenn nötig. Sie hat den wahren Mut — den Mut, die Feinde der Art anzugreifen. Viele wilden Tiere fliehen vor dem Menschen, mit Ausnahme allein des Weibchens bei ihren Jungen. Sie allein ist gefährlich. Selbst der männliche Löwe ist in Wahrheit ein wenig feige, doch der Jäger lernt sich vor der Löwin zu hüten. ... Wieviel kümmert sich der Ochse oder der Hahn um seine Gefährtin oder seine Jungen? Man nähere sich der Brut mit feindlichen Absichten und es ist die alte Henne, die ihre Federn sträubt, um schreckenerregend auszusehen, und die es wagt, einen anzugreifen."[52]

Es gibt keinen Grund für die Annahme, daß sich die menschliche Gattung bei der Ausdiffernzierung der Geschlechtsrollen irgendwie anders entwickelt hat. Beim gegenwärtigen Stand des Wissens ist es unmöglich, einen Eindruck von der frühen Entwicklung des Menschen in der Phase des Beginns der sexuellen Rollendifferenzierung zu gewinnen. Wir haben es hier mit einem sehr dunklen, der Vernunft unzugänglichen Gebiet zu tun.

Wards Hypothesen über die sehr frühen Formationen des Menschen, die sich nach der sexuellen Rollentrennung, aber vor jeder sozialen Organisation entwickelten, bringen einiges Licht in dieses Dunkel.

„Als endlich die menschliche Rasse, allmählich sich von dem großen, simianischen Stammbaum loslösend, auf der Bildfläche erschien, bestand schon dieser Unterschied zwischen den Geschlechtern, und sexuelle Wahl fand noch immer statt. Das primitive Weib, obwohl etwas kleiner, physisch schwächer und in ästhetischer Beziehung weniger schön als der Mann, besaß noch die Macht der Wahl und war Herrin der Verwandschaftsgruppe. Keines der Geschlechter hatte mehr Ahnung von der Verbindung zwischen Befruchtung und Fortpflanzung als die Tiere, und darum behielt die Mutter allein den Nachkömmling und sorgte für ihn, wie es im ganzen Tierreich unterhalb der Stufe des Menschen geschieht. Solange dieser Zustand dauerte, verblieb die Rasse auf der . . . Weiberherrschaft genannten Stufe. Daß diese sehr lang anhielt, dafür legen eine große Anzahl von Tatsachen Zeugnis ab."[53]

Man könnte dies das früheste Stadium der sozialen Entwicklung des Menschen nennen, oder mit Ward die „protosoziale Phase", oder mit dem Durkheimschen Begriff „Stadium des sozialen Protoplasmas". Unabhängig davon, welche Bezeichnung man vorzieht, läßt dieses Stadium erste Vermutungen über die frühesten psychologischen Reaktionen des Menschen zu, Reaktionen, die noch vor denen in der primitiven Horde liegen, die Freuds Ausgangspunkt war. In einer weit zurückliegenden, gynaekozentrischen Periode gab es nur die Mutter, an die man sich gebunden fühlen konnte, die man verehrte oder haßte. Ihre Wahl des Mannes war frei, souverän und duldete keinen Widerspruch. Vielleicht ist die überlegene Position der Frau bei gewissen primitiven Stämmen, die dort viele, verschiedene Formen annehmen kann, ein Nachklang dieses weit zurückliegenden, primitiven „Matriarchats". Die Awemba in Ostafrika lassen sich als ein Beispiel heranziehen, das für viele steht. Bei ihnen „galt für die weiblichen Mitglieder der beiden 'königlichen' Sippen sexuelle Freiheit; sie konnten jeden Mann zu ihrem Gefährten wählen, und dieser konnte sich ihnen nicht verweigern. Wenn innerhalb eines Jahres kein Kind geboren wurde, wurde der Gefährte verstoßen. . . . Die Prinzessinnen der Königreiche von Uganda und Dahomey . . . erfreuten sich ähnlicher Privilegien, wie die der Wembas."[54]

Ward geht davon aus, daß es die Entdeckung seiner Vaterschaft war, die beim Mann dazu führte, daß er sich selbst zu behaupten begann und die Frau in einem revolutionären Prozeß vom Thron ihrer biologischen Privilegierung und primitiven matriarchalischen Autorität zu verjagen. Er kann diesen Punkt nicht empirisch belegen, aber andrerseits zitieren er und andere Forscher eine Reihe von allgemeinen Hinweisen, die klar auf die sehr frühe Feindschaft des Mannes gegenüber seiner vorgeschichtlichen Mutter hindeuten. Mit Sicherheit mußte sie ihn früher oder später entwöhnen und ihn sich von ihr lösen lassen. Die jungen Mädchen fanden wahrscheinlich, während sie heranwuchsen und reiften, bei der Mutter Trost und wurden sicher durch ihre Sicherheit. Aber der junge Mann muß in der Tat ein recht jämmerliches Bild abgegeben haben: er war jung, unerfahren in der Nahrungsbeschaffung und noch nicht stark genug, um Objekt der wählerischen, selbstsicheren Frauen zu sein, die sich instinktiv die Besten und stärksten der Art suchten. Vielleicht werden sich die frühesten und tiefsten Wurzeln der männlichen Feindseligkeit gegen Frauen, die durch klinische Erfahrung vielfach bestätigt wird, in diesen tiefen Schichten der frühen Menschheitsgeschichte finden lassen. Ebenso lassen sich dort vielleicht auch die Anfänge jenes „Frauenneids", der Sehnsucht des Mannes nach Mutterschaft, finden, der als allgemein wirksamer psychologischer Faktor — und zwar nicht nur in der Schizophrenie — gilt. Weiterhin hat hier vermutlich das Phänomen der Couvade seinen Ursprung, ebenso, wie das matrilineare Erbrecht, das Bachofen und Mc Lenan zum Gegenstand ihres Interesses machten und das Bachofen *demetrische* Gynaeokratie genannt hat.

Wir haben jetzt einen prekären und zugleich sehr wichtigen Punkt erreicht. Wenn wir die Evolution des Menschen von seinen frühesten Lebensformen an verfolgen, müssen wir das Stadium vor dem der primitiven Horde einbeziehen, der frühesten Familienform mit einem dominierenden Vater, selbst wenn wir darüber nur begründete Vermutungen haben. Es ist natürlich bekannt, daß es Organisationsformen unter den Primitiven gibt, bei denen die Heiratssitten sehr verschlungenen und ziemlich verwirrenden Regeln folgen. Inzest ist untersagt, aber da die matrilineare Weitergabe des Totems in gewissen wilden Gesellschaften mit der patrilinearen koexistiert, ist es dem Vater nicht verboten, sich zu seinen Töchtern zu legen; die männlichen Kinder haben dieses Recht jedoch nicht, und zwar ist es ihnen sowohl in Beziehung zu ihrer Mutter, wie zu ihren Schwestern untersagt. Offensichtlich konnte der Mann, der Vater, seine volle Stärke nicht auf einmal behaupten, und es bedurfte einiger Zeit, bevor er alle Überreste der matriarchalischen Autorität ausmerzen konnte.

Roheim sagt in seiner *Psychoanalyse primitiver Kulturformen:* „Wir fangen an zu verstehen, einen wie mächtigen Einfluß die Mutter auf die Entwicklung des Kindes ausübt, und es geht uns ahnungsweise die Einsicht auf, daß die patriarchalische Gesellschaftsordnung eine Mauer bedeutet, bestimmt, diesen Einfluß abzuwehren.“[55]

Offensichtlich geht auch Roheim davon aus, daß der Neid des Mannes auf die Frau ein ziemlich mächtiger Faktor ist, ist sich aber über seine psychologische Natur nicht ganz im klaren. Klar ist auch bei ihm, daß der Übergang zum Patriarchat nicht ohne Feindseligkeiten abgelaufen ist.

Mir scheint, daß in diesen Argumentationslinien ein Stück fehlt. Beide, Ward und implizit Roheim, begründen ihre Überlegungen mit dem Wunsch des Mannes, Vater zu sein, seine Vaterschaft unter Beweis zu stellen. Ich frage mich, ob wir es hier nicht mit einer viel späteren, psychologischen und kulturellen Struktur zu tun haben.

Zu einem Zeitpunkt, wo die Sequenz Koitus — Befruchtung — Schwangerschaft — Geburt des Kindes dem Mann noch unbekannt war, war die Frau schon Herrin ihrer selbst und ihrer Nachkommenschaft. Der Mann gehörte sozusagen noch nirgendwo hin. Dank der natürlichen Selektion, die ihm von der Frau aufgezwungen wurde, war er kräftig und gesund, fühlte sehr machtvoll sein sexuelles Verlangen, und so ist es sehr plausibel, daß er sich eines Tages seiner Stärke bewußt und sicher genug war, um die Frau zu überwältigen und zu vergewaltigen. Ich habe schon oft den Eindruck gehabt, daß die Schlußworte in *Totem und Tabu* — „Am Anfang war die Tat" — noch besser auf diese urzeitliche Vergewaltigung passen als auf den Vatermord. Es ist anzunehmen, daß das wiederkehrende Auftreten von Vergewaltigungsphantasien und eine damit einher gehende Feindseligkeit gegen Männer, über die es zahlreiche klinische Beobachtungen von Psychoanalytikern gibt, ihre Wurzel in diesem vorgeschichtlichen Ereignis haben. Welchen Charakter hatte diese vorgeschichtliche Tat? Es ging sicherlich nicht darum, die Frau schwanger zu machen, zumindest nicht am Anfang. Es muß sich um einen überwältigenden Impuls, ein triebhaftes Bedürfnis, gehandelt haben, sexuelle Spannungen zu entladen. Es war, mit anderen Worten, kein Akt der Liebe in Erwartung künftiger Vaterschaft oder zärtliche Hinwendung, sondern ein Verbrechen aus Leidenschaft eine kurze, völlig egoistische Orgie. Es war ein Angriff, beinahe hätte ich gesagt, ein brutaler Angriff, ich erinnerte mich aber an Wards scharfe Bemerkung:

„... muß ich gegen den Ausdruck brutal, der die der Frau vom Manne zuteilgewordene Behandlung bezeichnet, protestieren. Viel zu viel menschliche Sünden werden dem noch im Menschen steckenden Tiere zugeschrieben, doch in diesem Falle ist es eine schreiende Ungerechtigkeit, dies zu tun, da, wie wir gesehen haben, kein männliches Tier das Weibchen mißhandelt, und die Mißhandlung der Frauen eine ausschließlich menschliche Tugend ist."[56]

Die Überwältigung des hominiden Weibchens durch das Männchen bezeichnete das Ende der biologischen Sicherheit der Frau und ihrer Möglichkeit zu wählen, das Ende ihres Rechts, über sich selbst und ihre Nachkommenschaft zu bestimmen. Jene Autoren, die das ursprüngliche Streben des Mannes nach

Vaterschaft betonen, übersehen, daß sie als bewußte Erfahrung eine viel spätere kulturelle Entwicklung darstellt. Es muß eine Zeit gegeben haben, in der die Beziehung des Mannes zur Frau rein hedonistisch gewesen ist, sogar unväterlich und kindsmörderisch, etwa im Geiste jener schaurigen Bruderschaft, die einst Letourneau beschrieb: 

„Liebesfreuden zu genießen war die Hauptbeschäftigung und die große Freude der Bewohner der Inseln von Tahiti und den Gesellschaftsinseln. Um Abwechslung in ihre Freuden zu bringen, reisten sie oft von einer Insel zur anderen und sie erschufen die berühmte Gesellschaft der Areois, über die jetzt ein paar Worte gesagt werden müssen. Unter den alten Mexikanern, den allerältesten, denen des elften Jahrhunderts, existiert eine Sekte, genannt die Ixcuinames, deren Mitglieder in einem Lande, wo die Frauen trotzdem gezwungen waren, allein zu essen, ohne Geschlechtsunterschied miteinander tranken und Festgelage hielten und in einem Zustand der Promiskuität lebten. Die Mitglieder dieser Sekte gaben sich beständig Orgien und unzüchtigen Handlungen hin, die sie alle mit religiösen Zeremonien, wobei menschliche Opfer gebracht wurden, vermischten. Dies ist genau dasselbe, was die Areoi taten, und diese Analogie ist ein Argument, welches zugunsten des amerikanischen Ursprungs eines Teils von Polynesien angeführt werden kann.

In Tahiti, in Marquesas etc., hatten die Gesellschaften der Areois eine religiöse Färbung. In vielen Ländern und Völkern hat der Mensch so seine Vergnügungen und Leidenschaften unter die Vormundschaft des Himmels gestellt. Die Gesellschaft der Areois war eine Freimaurergesellschaft, zugleich mystisch und wollüstig, unter der Vormundschaft des Gottes Oro, des Sohnes von Taaroa, des Polynesischen Jehova. Keiner wurde ohne Schwierigkeiten zu der Brüderschaft zugelassen. Nach einem langen Noviziat mußte der Bewerber, rot und gelb bemalt, im Beisein seiner künftigen Genossen, zuerst einen Anfall religiösen Deliriums haben. In einem zweiten Verhör, welches dem ersten nach langen Monaten oder gar Jahren folgte, mußte er feierlich schwören, alle Kinder, die er etwa haben sollte, zu töten. Von diesem Augenblick an, gehörte er zur siebenten und letzten Klasse der Gesellschaft; hier lernte er Gesänge, Tänze, heilige Gebärden, welche das Ritual der Areois bildeten. Niemand konnte durch alle Grade der Brüderschaft hindurchsteigen, der nicht Prüfungen und neue Zeremonien bestanden hatte und eine besondere Art von Tätowierung zeichnete jeden neuen Grad der Mitgliedschaft aus. Der Zweck der religiösen Gesellschaft, von der wir sprechen, war die Befriedigung von Liebesbegierden, ohne Zügel oder Grenze, und für alle Mitglieder war Kindermord eine Pflicht. Da bei allen Mitgliedern der Gesellschaft alle Frauen allen Männern gemeinsam angehörten, dauerte die Beiwohnung eines Paares kaum mehr als zwei oder drei Tage. Das Leben wurde so in beständigen Festen verbracht. Sie feierten, rangen, sangen; die Frauen tanzten den Liebestanz der Timorodie. Die erste Pflicht jedes weiblichen Mitgliedes war, ihre Kinder im Augenblick der Geburt zu erdrosseln; wenn jedoch ein neugeborenes Kind nur eine halbe Stunde lebte, so war es gerettet. Um das Recht zu gewinnen, ihr Kind zu behalten mußte die Frau unter den Mitgliedern einen Adoptivvater finden: aber sie wurde von der Gesellschaft ausgestoßen und mit dem Namen „Kindermacher" belegt."[57]

Diese einzigartig hedonistische und kindesmörderische Bruderschaft ist voll psychogenetischer Anspielungen, die man nicht als zufällige Auswüchse primitiver Triebhaftigkeit von Wilden übergehen kann. Wir haben ausreichend Kenntnis über das Verhalten von Männchen im Tierreich gegenüber seiner Nachkommenschaft, um die berechtigte Annahme machen zu können, daß in dem „prähumanen Lauf der Dinge" und während der frühesten Anfänge menschlicher Zivilisation das hominide Männchen sich in vieler Hinsicht nicht von den übrigen Männchen des Tierreichs unterscheidet. Die Beziehung zu seinen Kindern war von Feindseligkeit, Aggression und Eifersucht geprägt.

Als der Mann in der protosozialen Phase der menschlichen Entwicklung entdeckte, daß er die physische Kraft besaß, der Frau ihr Recht zur Wahl zu nehmen, war er noch weit von dem entfernt, was die Psychoanalyse als wirkliche Genitalität bezeichnet; er verfügte über einen primitiven Narzißmus, ein Streben, seine Organsexualität zu befriedigen, die noch nicht in einer wirklichen Genitalität aufgegangen war. Es ist daher unverständlich, wie das Bedürfnis des Mannes, sich seiner Vaterschaft zu versichern, die entscheidende Triebkraft sein soll, sich selbst zu behaupten, seine Rechte über die Mutter seiner Kinder durchzusetzen und eine Familie unter seiner eigenen Diktatur aufzubauen. Mir scheint diese Position schon deshalb falsch, weil man dann annehmen muß, daß der Mann plötzlich, quasi in einem Akt der Offenbarung, die Entdeckung machte, daß er für die Schwangerschaft der Frau verantwortlich und der Vater der zukünftigen Kinder ist und daß in Erwartung dieser Vaterschaft in ihm plötzlich ein altruistischer, objektiv-libidinöser Verantwortungssinn für Mutter, Kind und Familie wach wurde. Die verfügbaren Tatsachen und Beobachtungen, klinischer, ethnologischer und soziologischer Natur stützen eher die Annahme, daß die Urtat, diese erste Vergewaltigung, die man im wahrsten Sinne des Wortes als die Erbsünde bezeichnen könnte, ein Akt ohne jedes genitale, objektlibidinöse Streben war. Es war ein phallischer, sadistischer Akt.

„Daß die Knechtung der Frau ganz und gar die Folge ihrer physischen Inferiorität gegenüber dem Manne war oder vielmehr jener überlegenen Größe und Stärke, welche der Mann, gerade wie die meisten anderen höheren Tiere, durch weibliche Zuchtwahl erlangt hatte, scheint außer Frage, und das Bestreben, dies zu leugnen und bei Seite zu schieben, entspringt einzig und allein der Scham, es zuzugeben."[58]

Ein weiterer Hinweis darauf, daß der Mann die Frau nicht aus einem Bedürfnis nach Vaterschaft überwältigte und daß rein prägenitale Impulse auch heute noch einen starken Einfluß ausüben, ist die Tatsache, daß auch die sexuellen ästhetischen Standards unserer heutigen Zivilisation den Wunsch, Vater zu werden, eher verleugnen als bestätigen.: „Der Mann, wünscht die Frau nicht größer und stärker, sondern zieht eine gewisse Kleinheit und Zartheit vor."[59] Auf der anderen Seite zeigt sich in der althergebrachten Ablehnung des Beischlafs als lustvollem Ereignis im Katholizismus und in der Forderung, sich entweder strenger Askese zu unterwerfen oder der Zeugung ihren ungehinderten Lauf zu lassen, ein vehementer Einspruch gegen den fundamentalen, infantilen Hedonismus des Mannes, der keinerlei Begriff von Vaterschaft hat oder ihr nur feindselig gegenüber steht. Das Bild von Eva als der ursprünglichen Verführerin ist ein Protest gegen den egoistischen Infantilismus des Mannes, und ebenso projiziert damit der Mann seine eigenen Schuldgefühle für seinen infantilen Hedonismus auf die Frau. Ich werde weiter unten genauer die psychobiologische Natur dieser Projektion ausführen. Zunächst möchte ich das männliche Streben nach Selbstbestätigung näher untersuchen, das schließlich, wie Lester F. Ward es ausdrückte, zur „männlichen Effloreszenz" führte.

Letourneau zitierend führt Ward aus:

„In den niedrigeren Graden der Zivilisation, in den primitivsten Horden gibt es noch nichts, was den Namen Ehe verdient. Nur durch den Zufall der Notwendigkeit gehen sexuelle Vereinigungen oder vielmehr Paarungen vor sich und ein einziges Gesetz beherrscht sie: das Gesetz des Stärkeren."[60]

„Es war diese Art Mann, der, durch die Morgenröte eines rein egoistischen Intellekts eben zum Bewußtsein erwachend, gewissermaßen plötzlich entdeckte, daß das physisch inferiore Wesen, welches ihn, ohne sein Wissen, mit seiner Überlegenheit ausgestattet hatte, in seiner Gewalt war und dahin gebracht werden konnte, ihm zu dienen. Daher die Unterwerfung der Frau."[61]

„Beide altehrwürdigen Gebräuche, von Seiten der Frau, auf ihrer Autorität zu bestehen, von Seiten des Mannes, sich ihr willig zu unterwerfen, wurden abgeschafft. .... Er begann den ökonomischen Wert der Frau zu erkennen und seine überlegene Kraft darauf anzuwenden, nicht nur ihre Gunst, sondern auch ihre Dienste zu verlangen."[62]

Bevor wir fortfahren, möchte ich betonen, daß zu dem narzißtischen sexuellen Motiv, das die Unterwerfung der Frau einleitete, das ökonomische sehr bald hinzutrat. Ab da läßt sich die Evolution des Menschen auf zwei Ebenen verfolgen, als psychosexuelle und kulturelle. In Wirklichkeit bilden beide eine Einheit, aber um der größeren Klarheit willen werde ich sie getrennt untersuchen. Weder die Sexualität des Mannes noch die der Frau lassen sich aus psychoanalytischer Sicht adäquat verstehen, wenn diese beiden zentralen Entwicklungslinien nicht angemessen berücksichtigt werden.

Man kann, auch wenn ich hier scheinbar abschweife, nicht oft genug vor dem androzentrischen Vorurteil warnen, dem Vorurteil zugunsten des physisch Stärkeren und des erfolgreichen Eroberers; selbst fähige Wissenschaftler haben sich in diesem Netz verfangen. Lilienfeld, ein begabter Soziologe, ist ein Beispiel. In seiner Verteidigung der organischen, was in der Soziologie soviel heißt, wie biologischen Methode, zeigt Lilienfeld deutlich, bis zu welchem Grade der unbewußte, physische Sadismus eines Mannes ihn dazu bringen kann, seine primitivsten Reaktionen in die luftigen Höhen eines biosoziologischen, schöpferischen Prozesses zu erheben. Lilienfeld behauptete, daß die Eroberung die Befruchtung ist, daß die erobernde Rasse die Masse der Spermatozoen ist und das Ei die eroberte. Es scheint mir deshalb notwendig, die Worte Wards zu wiederholen: „So universell ist diese Denkungsart, daß eine Darstellung der wahren und fundamentalen Beziehungen zwischen den Geschlechtern denen, welche im Stande sind zu erkennen, etwas Neues, und denen, welche nicht dazu im Stande sind, etwas Absurdes ist.“[63] Die Psychoanalyse weiß aus eigener Erfahrung, wie sinnwidrig manche Dinge für die zu sein scheinen, die davon keinen Begriff haben, und deshalb ist es wichtig, ein klares Bewußtsein der androzentrischen Denkgewohnheiten zu bewahren.

Diese scheinbare Abschweifung sollte lediglich eine Aufforderung zur Selbstdisziplin sein, ohne die es außerordentlich schwierig, wenn nicht unmöglich ist, fortzufahren.

Ich möchte jetzt zu dem Zeitpunkt zurückkehren, als der Mann entdeckte, daß er sich die Frau dienstbar machen kann.

„Beinahe im Beginn der menschlichen Gesellschaft wurde die Frau von ihrem Gefährten unterjocht; wir haben gesehen, wie sie nacheinander Lasttier, Sklave, Unmündige, Untergebene wurde, von einem freien und tätigen Leben ausgeschlossen, oft mißhandelt, bedrückt und wütend bestraft wurde für Akte, welche ihr männlicher Eigentümer ungestraft vor ihren Augen beging.“[64]

Ward verfügte über mehr psychologische Intuition, als ihm selbst bewußt war, und bei der Ausarbeitung bestimmter Details seiner gynaekozentrischen Theorie spürte er die Bedeutung der narzißtischen, sexuellen, sadistischen Triebe, die den Mann dazu brachten, die Frau zu überwältigen. Seine Phraseologie ist vielleicht ein bißchen zu allgemein und vielleicht sogar etwas unklar, aber seine zentralen Ideen lassen sich leicht und mit erstaunlicher Genauigkeit in psychoanalytische Begriffe übersetzen.

„Nachdem er größer und physisch stärker geworden war als das Weib, führte ihn sein individualistischer Verstand, ungehindert durch irgendwelche Gefühle der Sympathie — und daher aller moralischen Begriffe gänzlich bar — naturgemäß dazu, seine überlegene Kraft dazu zu gebrauchen, von der Frau jedwede Befriedigung zu verlangen, die sie ihm gewähren konnte. Der erste Schlag, den er nach dieser Richtung hin ausführte, bewirkte die ganze Veränderung. Die Aegis und das Palladium des weiblichen Geschlechtes war von Anfang an ihre Macht der Wahl. Ihr diese zu entreißen, setzte sich der mit Vernunft ausgestattete Mann frühzeitig zur Aufgabe, und obwohl dies, wie wir sehen werden, nicht auf einmal geschah, so wurde es doch sehr früh zuwege gebracht, und für die Mutter der Menschheit war alles verloren."[65]

Als diese sadistischen Impulse des Mannes erfolgreich waren, wurde er zum Herren über die Frau. Nachdem er so einmal Blut gerochen hatte, ging er schnell daran, seine Herrschaft zu behaupten und Maßnahmen zu ergreifen, um sie zu sichern und auf Dauer zu stellen. Offensichtlich folgte der Aufstieg des Mannes lange Zeit diesem narzißtischen, analen Muster. Es kann nicht oft genug wiederholt werden, daß nicht die Zuneigung zu seiner Gefährtin oder die Liebe zu seinen Kindern ihn motivierten, sondern das Bedürfnis, zu besitzen und zu beherrschen. Es erscheint mir nicht unplausibel, daß zukünftige Forschungen über die Psychologie und den Ursprung des ökonomischen Faktors der menschlichen Gesellschaft nachweisen werden, daß der Ursprung des Eigentums in dem sadistischen Akt der Überwältigung der freien Mutter zu sehen ist. Die Frau kann als das im wahrsten Sinne des Wortes historisch erste Stück Eigentum betrachtet werden, in der brillianten Definition von Ward: Eigentum ist Besitz jenseits eines unmittelbaren Bedürfnisses. Der Mann setzte Besitzansprüche gegen die Frau durch, die über die unmittelbaren, rein sexuellen Bedürfnisse hinausgegen.

Der Sklave wird, wie jedes Werkzeug, das der Primitive erfindet, eine Erweiterung und Ergänzung der Organe des Herrn. Durch die Herrschaft über den Sklaven weitet der Meister, ebenso wie durch den Gebrauch eines Werkzeugs seinen Einflußbereich und seine Macht aus; seine Bedürfnisse wachsen entsprechend, und der Drang, diese erweiterten Bedürfnisse zu befriedigen, ebenso. Dies ist die ganz einfache Geschichte, wie der „Lebensstandard" mittels Herrschaft und Eroberung allmählich der falsche Maßstab der ökonomischen Kultur einer privilegierten Minderheit wird. Es scheint, daß der Gebrauch, den der Mann von der Überwältigung der Frau gemacht hat, im Lichte dieses ökonomischen Entwicklungsprozesses betrachtet werden muß und daß in diesem Zusammenhang auch die Entwicklung der menschlichen Familie zu sehen ist.

Es gibt über die ganze Erde verstreut und in allen Schichten primitiver Kulturen zahllose Hinweise darauf, daß die Idee der Familie ihren Ursprung nicht in der Liebe hat, sondern in dem Streben nach ökonomischer Ausbeutung. Diese glänzende Möglichkeit stand dem frühen primitiven Mann vor Augen, als er in ungezügelter sexueller Aggression die Frau überwältigte.

„In Australien existiert wenig Zuneigung zwischen Mann und Weib und junge Männer schätzen eine Frau hauptsächlich ihrer Dienste als Sklavin wegen, in der Tat, wenn man sie fragt, warum ihnen so viel daran liegt, Frauen zu haben, so ist ihre gewöhnliche Antwort, damit sie Holz, Wasser und Nahrungsmittel für sie herbeiholen und ihre Besitztümer, was es nun sein mag, tragen. Die Stellung der Frauen in Australien scheint in der Tat äußerst erniedrigend. Sie werden mit der größten Brutalität behandelt und bei den allergeringsten Anlässen geschlagen und in die Glieder gespießt. 'Man wird' sagt Eyre, 'wenn man sie untersucht, wenig Frauen frei von entsetzlichen Narben am Kopf oder Zeichen von Speerwunden am ganzen Körper finden. Ich sah eine junge Frau, die, nach der Anzahl dieser Narben zu urteilen, mit Speerwunden beinahe ganz durchstochen gewesen sein muß."[66]

„Bei den Kaffern“, sagt Ward, Spencers *Principles of Soziology* zitierend, „muß die Frau außer ihren häuslichen Pflichten alle harte Arbeit verrichten; sie ist der Ochse ihres Gatten, wie ein Kaffer einmal zu mir sagt, —sie ist gekauft, folgerte er, also muß sie arbeiten.“[67]

Ursprünglich war die Ehe, um mit den Worten der Mutter von St. Augustin über die römische Ehe zu sprechen, nichts anderes als „ein Knechtschaftsverhältnis.“

„Bevor die Frau vertragsgemäß übergeben oder schlicht verkauft wurde, wurden die Frauen für diese eheliche Sklaverei einfach von der benachbarten Sippe geraubt; (Übers. nach Org.) Überreste davon erhielten sich bis weit in die historische Periode hinein und existieren noch heute. Es scheint kein Zweifel, daß die „Hochzeitsreise“ ein Überbleibsel der Heiratsflucht ist, die der Gefangennahme der Frau folgte, um der Wut ihrer Verwandten zu entgehen, während der Polterabend den Angriff der Mitglieder der Sippe der Frau auf das Paar, das sich zu verstecken sucht, darstellt.“[68]

Letourneau schreibt in seinem Werk *La Sociologie d'après L'Ethnographie* über bestimmte Religionen im Himalaya, in denen die tibetanische Polyandrie vorherrschte, und sagt:

„Die Frauen sind ihnen richtige Kaufmannsware, die sie kaufen und verkaufen. .... Sie verkauften auch ihre Töchter allgemein und die Brüder jeder Familie kauften gemeinsam eine Frau, die sie ohne Zögern an Fremde vermieteten.“[69]

In der matrilinearen Gesellschaft der Vayao und der Anyanja „bezeichnete das Wort für Verlobung auch diejenige Handlung eines Mannes, mit der er ein Stück Land zur Bearbeitung mit der Hacke auswählte, das er dann für seinen ausschließlichen Gebrauch sich vorbehielt.“[70]

Selbst die Forderung nach vorehelicher Keuschheit und der Verehrung der Jungfräulichkeit entspringen dem Streben nach Besitz und nicht einem

 Liebesbedürfnis. Die Ausführungen von Freud in *Tabu der Virginität* lassen keinen Zweifel daran, daß er sich der instinkthaften Natur der urzeitlichen Beziehung zwischen den Geschlechtern voll bewußt war.

Auguste Comte wußte, daß das Wort „Familie" ursprünglich auf die Diener oder die Sklaven angewandt wurde. „Die Philologen haben es bis zum oscanischen Wort famel zurückverfolgt, von welchem auch das lateinische Wort famulus, Sklave, abstammt" und fährt fort, „ob aber alle diese Ausdrücke dieselbe Wurzel haben, wie fames, Hunger, was Abhängigkeit in Betreff der Nahrungsmittel bedeutet, ist nicht gewiß."

Es ist allgemein bekannt, daß die frühesten Familienformen, auch nachdem das Inzesttabu fest etabliert war, die sexuelle Herrschaft des Mannes begünstigten. Freud sagt:

„Es ist interessant hervorzuheben, daß die ersten der durch die Heiratsklasse erzeugten Beschränkungen die Sexualfreiheit der jüngeren Generation, also den Inzest von Geschwistern und von Söhnen mit ihrer Mutter trafen, während der Inzest zwischen Vater und Tochter erst durch weitergehende Maßregeln aufgehoben wurde."[71]

Selbst das Prinzip des matrilinearen Erbes wurde so zum Zwecke der Ausweitung oder zumindest der Wahrung der sexuellen und damit auch der ökonomischen Rechte des Vaters benutzt. Überreste davon wirkten noch im juristischen Phänomen des Epicleros, wie weiter oben schon angedeutet wurde, bis in das Zeitalter des Perikles nach. Das matrilineare Erbrecht schlug Mutter und Kind einer Klasse zu, den Vater hingegen einer anderen. Die Folge war, wie schon früher erwähnt, daß eine Tochter sich nicht zu ihrem Bruder legen konnte, der zu derselben Klasse gehörte, der Vater aber mit seiner Tochter schlafen konnte, da er zu einer anderen Klasse gehörte. Allein diese Tatsache zeigt überzeugend, daß nicht eine objektlibidinöse, genitale Vaterschaft den

Mann dazu trieb, eine Familie zu gründen, sondern das Streben, die narzißtische Befriedigung seiner primitiven sexuellen Triebe sicherzustellen und auszuweiten. Daraus läßt sich schließen, daß phylogenetisch — und es gibt reiches klinisches Material dafür, daß das auch für die ontogenetische Entwicklung gilt — der Mann zu einer objektlibidinösen Vaterschaft nicht direkt gelangt, wie in der Psychoanalyse weitgehend angenommen wird, sondern in einer ähnlichen oder vielleicht noch komplexeren und verschlungeneren Weise als die Frau zu ihrer psychologischen Mutterschaft. 

Ward sagt daher richtig:

„Es wird so klar, daß die Familie, was sie auch heutzutage in zivilisierten Ländern sein mag, in ihrem Ursprung einfach eine Institution zur vollständigen Unterwerfung und Knechtung von Frauen und Kindern, zur Umkehrung der Methode der Natur war, in welcher die Mutter die Königin ist, bestimmt, wer der Vater sein soll und ihre Kinder mit dem Instinkte der mütterlichen Liebe, die ihr zu diesem besonderen Zwecke eingepflanzt wurde, bewacht. *Die primitive Familie war ein unnatürlicher androkratischer Auswuchs der Gesellschaft.*"[73]

Wenn man sich die verschiedenen Entwicklungsphasen, die zugegebenermaßen noch fragmentarisch und in vieler Hinsicht sehr dunkel sind, vor Augen hält, so hat man den Eindruck, daß aus der Entwicklungsgeschichte des Mannes nicht nur die verschiedenen komplexen und tragischen Entwicklungen in der Folge des Vatermordes in die gegenwärtige Psychologie hineinreichen, sondern auch noch frühere und sehr mächtige psychodynamische Formationen, die mit der ursprünglichen Versklavung der Mutter zusammenhängen — eine Revolution, die sich noch vor dem Vatermord ereignete. Im Lichte dieser ersten Revolution muß man die psychosexuelle Evolution des Mannes und der Frau rekonstruieren; um so die widersprüchlichen, klinischen Befunde und theoretischen Ergebnisse zu erklären.

Klar ist, daß damit die Psychologie des Mannes, die anscheinend so einfach ist, oder sagen wir lieber, die aufgrund eines andro- oder phallozentrischen Vorurteils, das bisher das psychoanalytische Denken beherrscht hat, stark vereinfacht erschien, neu überdacht werden muß.

Wenn richtig ist, daß der ursprüngliche Vatermord einerseits der Versuch war, das Tabu gegen die inzestuösen Bestrebungen des Mannes zu brechen, andererseits aber auch das damit verknüpfte Schuldbewußtsein noch verstärkte, dann ist es sicherlich auch richtig, daß wichtige Phasen der früheren prä-ödipalen Geschichte der Menschheit die Entwicklung des Mannes ebenso nachhaltig beeinflußt haben. Wieder läßt sich hier anmerken, daß Freud mit der Einführung des Begriffs der präödipalen Phase diese Zusammenhänge klug erahnte, aber damit wenig mehr tat, als die Richtung zu weisen. Sein androzentrisches Vorurteil, d.h. seine kulturelle Rückständigkeit und nicht so sehr sein fortgeschrittenes Alter hinderte ihn, einen genaueren und verständnisvolleren Blick in jene weit zurückliegende Vergangenheit zu werfen, die vor den kulturellen Entwicklungsstufen zu suchen ist, die er in *Totem und Tabu* beschreibt. Beim gegenwärtigen Stand des Wissens ist kaum mehr möglich, als einen ersten Blick in jene Epoche zu werfen.

Zu dem Zeitpunkt, als der Mann die Macht übernahm und plötzlich seine männliche Effloreszenz erlangte, hatte er wie oben ausgeführt noch nicht die Entwicklungsstufe der psychologischen Elternschaft erreicht. Mit anderen Worten: mit der Unterwerfung der Frau machte der Mann den ersten Schritt zu einer ökonomischen und familialen Ordnung. Er verfügte über alle Voraussetzungen dazu; er hatte die physische Kraft, seinen Willen durchzusetzen; er besaß die Freiheit, andere menschliche Wesen in ihre Grenzen zu verweisen oder zu überwältigen; und er war sich völlig sicher darin, daß sein „Weib“, was nichts anderes heißt als sein weiblicher

Sklave — ihm sein Fleisch rösten und sich um alle seine anderen Bedürfnisse kümmern würde. Sein Geschlechtsorgan kam ihm dabei gut zupaß und erregte ihn in geradezu magischer Weise zu intensiven Energieschüben und dauernd wachsender Macht. Kein Wunder, daß die Verehrung des Priapus in der Geschichte der Menschheit, von ihren ersten Anfängen bis zum heutigen Tage, immer wieder auftaucht. Es war des Mannes erstes und letzten Endes prägnantestes und sichtbarstes Organ und Symbol der Selbstschätzung.

Seiner Vorstellung war völlig entglitten, daß es jemals Wesen gegeben hatte oder geben würde, die anders denken und fühlen würden; dies war der Ursprung seiner androzentrischen Selbstüberhöhung, von der er in der ganzen Geschichte der Zivilisation „kein Jota" abweichen würde. Über Nacht hatte er vergessen, daß er in dieser Welt noch vor ganz kurzer Zeit, im biologischen Ablauf quasi erst am Tage vorher, von fast völliger Bedeutungslosigkeit gewesen war, daß „.... das männliche Geschlecht zuerst und eine lange Zeit hindurch und noch ... in vielen niederen Ordnungen von Wesen ausschließlich der Funktion, für welche er erschaffen wurde, nämlich der Befruchtung gewidmet (war)", daß „unter Millionen von niederen Geschöpfen .... das männliche einfach und ausschließlich Befruchter (ist)".[74] Er schwelgte in der vollen Pracht seiner physischen, narzißtischen, herrschsüchtigen Überlegenheit im Zeichen des Priapus. Nicht nur hatte er ebensowenig einen Begriff von Vaterschaft, wie ein Hahn oder ein Hund, auch seine biologischen sexuellen Bestrebungen führten ihn, wie oben schon ausgeführt wurde, anfangs nicht dahin.

Wenn die Frau ihm nicht zu Dienste sein konnte, war er ärgerlich, wenn sie hochschwanger war, trieb er sie zur Arbeit an und in seinen eigenen egoistischen Forderungen war er unerbittlich. Wenn sie sich ihrem Baby widmete, betrachtete er dieses nur als einen nutzlosen Eindringling, denn Kleinkinder verrichten keine nützliche Arbeit und halten darüber hinaus eine nutzbringende Arbeiterin von der ihren ab, die für sie als menschliches Wesen und Mutter Pflicht, Schicksal und Unglück war.

Dies sind die tiefen, phylogenetischen Wurzeln jener Feindseligkeit, die selbst der zivilisierte Vater unserer Zeit gegenüber seinem eigenen Nachwuchs hegt. Die unbewußte Feindseligkeit gegenüber den eigenen Kindern findet sich allgemein bei Männern in klinischem Material. Erst wenn die Kinder heranwachsen und artikulationsfähige menschliche Wesen werden, ändert sich die psychologische Haltung des Vaters, und er wendet sich ihnen immer mehr zu. Sicherlich ist diese phylogenetische Komponente nicht der einzige Faktor in der Entwicklung der väterlichen Feindseligkeit gegenüber dem eigenen Kind, aber sie leistet einen wichtigen Beitrag zur Entstehung der sadistischen Impulse beim Vater. Bisher ist es der Psychoanalyse, auf Grund ihrer androzentrischen Befangenheit nicht gelungen, den Stellenwert dieses Phänomens adäquat zu fassen. Zweifellos werden künftige Studien über die männliche Psyche wichtige Aufschlüsse bringen, sobald der androzentrische Schleier, der bisher über vielen wichtigen psychologischen Daten lag, verschwunden ist.

Wie dem auch sei, der urzeitliche Vater war noch kein wirklich genitaler Vater und seine Entwicklung zur Vaterschaft mußte sich erst noch herstellen. Hinzu kam, daß die Mutter, solange sie mit ihrem Baby beschäftigt war, noch aus einem anderen Grund für den Mann wenig begehrenswert war; sie ging auf die sexuellen Ansprüche des Mannes weniger ein — ein weiterer Ursprung seiner Feindseligkeit gegenüber den Kindern. Selbst in modernen Gesellschaften, in denen die Familie ein Eckpfeiler des Gemeinwesen ist, findet sich der Nachhall jener frühen Entstehungsgeschichte im narzißtischen Streben des Mannes, sich der ökonomischen und sexuellen Leistungen der Frau zu erfreuen. Der Mann wünscht sich die Frau nicht als Mutter, sondern als williges Sexualobjekt. Dieser Widerstand gegen die Mutterschaft, der beinahe die eigentliche Substanz des männlichen Triebes umkehrte, brachte Ward dazu auszurufen:

„Das ganze Phänomen sogenannter männlicher Überlegenheit trägt ein gewisses Gepräge der Unechtheit und des äußeren Scheins.“[75]

Wenn wir die psychologischen Reaktionen des menschlichen Männchens gegenüber dem Weibchen auf ihren einfachsten Nenner bringen, ergibt sich folgendes: Der Mann, der anfangs die Frau durch Vergewaltigung sich unterwarf, verhielt sich in der Folge feindselig und gewalttätig; er haßte sie, wie ein sadistischer Herr seinen Sklaven haßt; er haßte sie, wie ein Wüstling seine Mutter haßt. Als aber einige Kinder trotz der zerstörerischen Unterwerfung der Mutter durchkamen, erkannte der Vater diese günstige Gelegenheit, die Söhne zu versklaven und die Töchter zu weiteren Instrumenten der Befriedigung seiner sexuellen Wünsche zu machen.

Aber trotz all seiner ökonomischen und sadistisch-phallischen Überlegenheit konnte es dem Mann nicht verborgen bleiben, daß die Frau, die erst gestern noch eine frei Handelnde und eine freie Mutter gewesen war, noch immer eine besondere Macht über die Menschheit besaß. Sie konnte Kinder bekommen, die sich immer an sie klammerten, die sie grenzenlos liebten. Diese Kinder der Sklavin, die der Mann haßte und die ihn fürchteten, zeigten ihm gegenüber keinerlei Zuneigung. Er, der Herr und Meister, war unfähig, ihr Vertrauen zu gewinnen, geschweige denn ihre Liebe. Von daher muß der Mann, der die Mutter-Frau haßte, sie zugleich auch beneidet haben; ihr mütterliches Glück, ihre Heiterkeit und ihre Gewißheit, geliebt zu werden waren, das Einzige, was der überlegene und sonst in allen Dingen erfolgreiche Mann durch keines der Mittel, die ihm zur Verfügung standen, weder durch physischen Zwang noch durch sexuelle Bedrohung, erreichen konnte. Er muß auf die Mutter-Frau hoffnungslos eifersüchtig gewesen sein. In dieser Hinsicht war ihm die Frau unzweifelhaft über und er verfügte über keine biologischen oder psychologischen Mittel, um seine Übermacht durchzusetzen. Wenn er nur auch Mutter werden könnte! Dann wäre seine Überlegenheit vollkommen. In dieser urzeitlichen Identifikation mit der Frau, die im Grunde eine feindselige, zumindest aber eine tief ambivalente war, ist der Ursprung der *Couvade* zu suchen. Einige frühere Gelehrte, wie Letourneau, sowie spätere und zeitgenössische neigen dazu, in der *Couvade* die frühesten Versuche des Mannes zu sehen, seine rechtmäßige Vaterschaft geltend zu machen. Aber es ist natürlich Unsinn anzunehmen, daß der Mann durch irgendein Wunder seine Rolle bei der Mutterwerdung der Frau eher entdeckte und für sich beanspruchte, als sie die ihre. Die matrilinearen Traditionen, die wir selbst in voll entwickelten patrilinearen Gemeinschaften finden und die Existenz weiblicher Gottheiten vor irgendwelchen männlichen, sind Anzeichen dafür, daß die Mutter als solche schon voll anerkannt war, bevor der Mann auch nur vermutete, daß er irgendetwas mit der Geburt von Kindern zu tun hatte. Alles was er wußte, war, daß aus den Eingeweiden der Frau von Zeit zu Zeit ein neues Wesen das Licht der Welt erblickte.

Ohne irgendetwas über den Mechanismus der Identifikation, oder der Ambivalenz oder über die Dynamik des Unbewußten im Allgemeinen zu wissen, war Ward der tiefsten psychologischen Wahrheit sehr nahe, als er sagte:

„Um ein Kind zu gebären, mußte die Mutter die Geburtswehen durchmachen, mußte Schmerzen erleiden, mußte eine längere oder kürzere Zeit lang bettlägerig und hilflos sein, wie das Opfer einer Krankheit. Da diese zeitweilige Krankheit durch die ganze Geschichte der Horde oder Rasse hindurch immer und ohne Ausnahme die Geburt eines Kindes begleitete, so wurde sie schließlich unauflöslich damit verbunden, so daß die beiden in dem Geiste des Wilden ein einziger zusammengesetzter Begriff wurden."[76] 

Und er fährt fort:

„Doch die Ideen der zeitweiligen Krankheit und der Geburt des Kindes waren so eng im Geiste verwachsen, daß man den Anspruch an das Besitzrecht des Kindes nicht eher als begründet ansehen wollte, ehe nicht diese Krankheit wirklich durchgemacht war. Da aber der Vater durch die Geburt des Kindes nicht wirklich krank gemacht wurde, so wurde es als notwendig angesehen, daß er solch eine Krankheit simulieren und eine gewisse vorgeschriebene Zeit lang das Bett hüten müsse."[77]

Es kann heute kaum ein Zweifel bestehen, daß diese Identifikation mit der schwangeren, gebärenden Frau eine tiefere, magisch-wunscherfüllende Bedeutung hat, die früheren, primitiveren Bedürfnissen entstammt. Ich neige dazu anzunehmen, daß diese Bedürfnisse mit Neid und Feindseligkeit verknüpft sind — von daher die Identifikation durch die Krankheit — und daß dieselben Faktoren für den Mythos verantwortlich sind, nach dem Zeus aus dem brennenden Leib der Semele den 6 Monate alten Fötus des Dionysos nahm, ihn in seine Lende einnähte, austrug und dann den jungen Gott gebar. Ähnlich ist die Geburt der Athene aus dem Kopf des Zeus eine andere Form der Identifikation auf der Basis desselben Neides. Bekanntlich findet sich bei Schizophrenen und in den Träumen von Neurotikern die Vorstellung, daß ein Baby aus dem Penis austritt oder dem Kopf entspringt.

Angesichts dieser Tatsachen sind die Existenz mütterlicher Gottheiten und der große Neid und Haß, den der Mann seiner urzeitlichen Mutter gegenüber gehegt haben muß, leicht verständlich. Semele bedeutet „Mutter Erde". Die große kretische Mutter wurde niemals zum Olymp zugelassen. Einer der Namen von Artemis war Ma, und Cybele war auch unter diesem Namen bekannt. Cybele war die phrygische Gottheit, eine fruchtbare Mutter. Bei ihrer Anbetung kastrierten sich die Priester selbst — ein schlagendes und überzeugendes Beispiel feindseliger Identifikation und Verehrung.

Bei Ward müssen wir natürlich seiner Unkenntnis der Psychodynamik des Unbewußten Rechnung tragen und angesichts dessen auch seiner oben zitierten Annahme, daß die Couvade bewußt motiviert sei, nicht weiter Beachtung schenken. Es ist interessant zu beobachten, daß er, vielleicht der psychologischen Bedeutung seiner Worte nicht voll bewußt, nicht von Vaterschaft, sondern von dem „Besitztitel" spricht — ein Motiv, das viel eher mit den possesiven und herrschsüchtigen Wesenszügen des primitiven Mannes in Einklang steht, der nach einer langen Periode, in der er nicht mehr war als ein mordlustiges bewußtloses Befruchtungsorgan, jetzt zum selbstbewußten Herrscher geworden ist.

Wenn wir einen Moment bei dem traditionellen Idiom stehenbleiben und von Über- und Unterlegenheit sprechen wollen, dann scheint „die Idee, daß das Weib naturgemäß und in Wahrheit das überlegene Geschlecht ist, . . . unglaublich, und nur die liberalsten und aufgeklärtesten Geister, die ausgedehnte, biologische Kenntnisse besitzen, sind imstande, es zu erkennen."[78] Bei der Diskussion der biologischen Überlegenheit des einen Geschlechts und dem Unbehagen des anderen wegen seiner bewußten oder unbewußten Minderwertigkeit möchte ich daran erinnern, daß es der Mann war, der sich selbst als biologisch unterlegen wahrnahm und daß es dieses Gefühl der Minderwertigkeit und die damit einhergehende Feindseligkeit waren, die zu dem Phänomen der Couvade geführt haben — einer magischen, zwangsneurotischen, feindseligen Identifikation mit der Mutter. *Es ist diese Identifikation mit der Mutter, aus der heraus die psychologische Vaterschaft entstand.* Es mag wohl sein, daß die paradoxe Schlußfolgerung, zu der diese Untersuchung führt, überraschend ist, aber sie scheint zwingend:

das Gefühl der Vaterschaft ist im Grunde ein weibliches Attribut, das sich schließlich der Mann bei dem Versuch zueigen macht, seine Herrschaft über die Frau, die periodisch durch ihr Kindergebären ihre Überlegenheit beweist, zu sichern und sich selbst zu beruhigen. Ich neige zu der Annahme, daß nicht der Penisneid der Frau, sondern der Weiblichkeitsneid des Mannes psychogenetisch älter und deshalb von grundlegender Bedeutung ist.

Der hartnäckige Anhänger des androzentrischen Vorurteils mag entschieden Widerspruch gegen diese Ansicht erheben; er wird vielleicht einwenden, daß die gynäkozentrische Hypothese deshalb unsinnig ist, weil sie dem Mann sein natürlichstes, wenn nicht gar das wichtigste, primäre und unveräußerliche Attribut und Privileg raubt — die Vaterschaft. Darauf läßt sich nur antworten, daß das androzentrische Vorurteil kaum wohlwollender verfahren ist, wenn es die Vaterschaft als ein primäres, psychobiologisches Phänomen betrachtete, die Frau ihres Geburtsrechts beraubte und in der Psychoanalyse zu einer Hypothese führte, nach der die Frau ihre Mutterschaft nach vielen verschlungenen und außerordentlich komplexen Wendungen erlangt. Die biologischen Daten deuten stark darauf hin, daß es der Mann war, der zu seiner Vaterschaft durch viele verschlungene und außerordentlich komplexe Wendungen gelangte, während die Frau von Anfang an Mutter war, lange bevor es dem Mann einfiel, sie zu vergewaltigen, sie zu hassen, zu versklaven, zu beneiden und dann zu imitieren. Auf diese Weise könnte man zu dem Schluß gelangen, daß auch die väterliche Zuneigung und Fürsorge für die Kinder sich durch die Identifikation des Mannes mit der Frau herstellen; denn zumindest hier gibt es keinen Zweifel, daß die Frau als erste in eindrucksvoller und überzeugender Weise diese Rolle wahrnahm. In der Tat erscheint die Behauptung paradox, daß Vaterschaft ein mütterlicher Zug des Mannes ist; so paradox sie aber klingt, so richtig ist sie auch. Wenn wir die tiefe Ambivalenz gegenüber der urzeitlichen Mutter und dem ersten Sklavenweib richtig verstehen, bringt uns das ein ganzes Stück weit der Erklärung näher, was die Psychoanalytiker in der Regel weiblichen Kastrationskomplex nennen.

Ich habe nicht die Absicht, dieses komplexe Problem in der Form, in der es sich in der Psychologie der Frau darstellt, zu diskutieren. Diese Probleme bedürfen einer eigenen Erörterung. Hier möchte ich lediglich kurz die Vorstellung des Mannes dazu diskutieren. Wenn der weibliche Kastrationskomplex überhaupt gründlich und überprüfbar verstanden werden soll, dann muß der Beitrag, den das androzentrische Vorurteil zu seinem Bild in der klassischen Psychoanalyse liefert, reflektiert und abgeschwächt werden. Dafür läßt sich kein besseres Beispiel finden als der Amazonismus.

Eine kürzlich erschienene Studie von Bernice Schultz Engle[79] ist in diesem Zusammenhang sehr informativ. Schultz Engle hat außerordentlich interessante Tatsachen aus den traditionellen Sagen über die Amazonen zusammengestellt, um bestimmte Charakteristika des weiblichen Kastrationskomplexes zu illustrieren. In dieser Studie verdeckt wie so oft bei dieser Frage das androzentrische Vorurteil die offensichtlichsten Tatsachen. Die Verehrung von Mutterschaft und Fruchtbarkeit im Altertum werden erwähnt; der Kampf des Mannes gegen den übermächtigen psychologischen Einfluß der Mutter wird berücksichtigt. Das hindert die Autorin nicht, plötzlich zu behaupten, daß die Amazone im Grunde den Mann beneide und daß sie die Inkarnation des „männlichen Protestes" der Frau sei. Diese These wird in keinen kohärenten, psychodynamischen Zusammenhang mit der Mutterverehrung gebracht, auch findet die Rolle des Mannes bei der Entstehung dieses Bildes von der kastrativen Frau keine Berücksichtigung. Deshalb, und um die Existenz des Bildes von der kastrativen Frau von der Psychologie des Mannes abzukoppeln und sich des ewigen Verlangens der Frau, Mann zu sein, von neuem zu versichern — sprich, auf Umwegen die Überlegenheit des Mannes zu festigen — stellt Schultz Engle die Behauptung auf, daß die Amazonen keine legendären Wesen seien. Sie geht davon aus, daß sie tatsächlich existiert haben und daß all die eigenartigen, faszinierenden und schauerlichen Begebenheiten, die die Überlieferung ihnen zuschreibt, sich zu irgendeiner Zeit wirklich abgespielt haben, daß eine Horde von Frauen auf dem Rücken ihrer Pferde beinahe die Weltherrschaft an sich gerissen hätten, wenn nicht die Griechen sich gegen sie erhoben hätten.

Es lohnt sich, auf diese These noch etwas näher einzugehen. Es gibt kaum Zweifel daran, daß Schultz Engles Behauptung, es handele sich bei den Amazonen um historisch authentische Wesen, nicht auf Tatsachen beruht, sondern eine ad hoc Behauptung ist, die gewissen frauenfeindlichen Zügen des alten Griechenland moralische Unterstützung gibt. Damit bekommt das androzentrische Vorurteil, das sich auch viele Frauen zueigen gemacht haben, neue Nahrung. In der ganzen Geschichte der Psychoanalyse hatte Freud viele fähige und loyale Jünger und Schüler, die jede seiner Entdeckungen weiter verfolgt und sie mit detailliertem klinischen, ethnologischen und soziologischen Material angereichert haben. Um so bedauerlicher ist es, daß so gut wie keiner die Kraft hatte, gewisse methodologische Schwächen oder psychologische Vorurteile der Psychoanalyse zu untersuchen, ohne dabei durch die eigenen emotionalen Vorurteile und Gefühle so überwältigt zu werden, daß er dann alle Einsichten Freuds in Bausch und Bogen ablehnte. In dieser Hinsicht, besonders bei dem hier diskutierten Thema, ist Ernest Jones eine bemerkenswerte Ausnahme. Er spürte die schwachen Stellen in Freuds Theorie der weiblichen Sexualität auf und überprüfte sie an klinischem Material. Obwohl er Modifikationen anbot und neue theoretische Prämissen aufstellte, hielt Jones es nicht für notwendig, Freuds Ergebnisse und Behauptungen zur

 Libidotheorie zu verwerfen. Er ist der einzige, der die phallozentrische Theorie klar als die Quelle des Übels erkannte. Die Tatsache, daß er seine eigenen außerordentlich aufschlußreichen Überlegungen nicht weiter entwickelte, ist sehr bedauerlich, mindert aber nicht die zentrale Bedeutung seines Beitrags zu diesem Problem.

Ich möchte jetzt zu dem Faktenmaterial zurückkehren, das Schultz Engle für die Amazonen anführt. Wir können zunächst von der Neigung des Mannes ausgehen, seine eigenen sadistischen Impulse dergestalt zu projizieren, daß er sich scheinbar seiner Schuldgefühle entledigt. Horney und Jones haben sich darauf wiederholt bezogen, als sich die Diskussion um die weibliche Sexualität zu einer hitzigen Kontroverse entwickelte. Es läßt sich sehr leicht, schon aus Gründen psychologischer Plausibilität zeigen, daß es sich bei den Legenden über die Amazonen um eine gigantische Projektion handelt. Der Mann begann sich dieser Projektion zu bedienen, um in den Jahrhunderten, als unsere Zivilisation aus den Nebeln der Urzeit auftauchte, seine eigene Behandlung der vormals autonomen Mutter vom Zeitpunkt ihrer Urvergewaltigung bis hin zu ihrer vollständigen ökonomischen, kulturellen und psychologischen Versklavung zu rechtfertigen. Ihre Bedeutung stieg mit der zusätzlichen Feindseligkeit des Mannes, als er entdeckte, daß er der Frau nicht das Geburtsrecht auf die Mutterschaft nehmen kann und daß er selbst nicht fähig ist, es ihr gleichzutun und Kinder zu gebären.

Welche Eigenschaften schrieb nun der neidvolle, eifersüchtige, physisch überlegene und grausame Herr der Frau, diesem stolzen Wesen zu, das da in Gestalt der mythischen Amazone auftauchte?

Zuallererst ist sie eine *Amazone* — ein *ungesäugtes* Kind. Sie ist nicht an der Brust einer Mutter aufgezogen worden, eine der frühesten und krudesten Anschuldigungen gegen die Mutter, die die primären oralen Bedürfnisse des Kindes nicht voll befriedigt.

Wie allgemein bekannt, war Freud verblüfft, diesen Vorwurf im Unterbewußten des Mädchens sehr lebendig zu finden. Man fragt sich, warum er die Tatsache übersehen zu haben scheint, daß auch im Unbewußten des Knaben dieselbe scharfe Verurteilung auftritt, wenn auch dort oft verzerrter und elaborierter und deshalb nicht so leicht zu erkennen. Diese Ablehnung ist universal, und der Mann, der sich als der rechtmäßig überlegene Herr über die Frau betrachtet, ist natürlich nicht Willens, seine frühe orale Abhängigkeit von der Frau offen und frei zu akzeptieren. Von daher ist die Vorstellung, daß die Amazone ein ungesäugtes Wesen ist, beides: eine feindselige Projektion und eine Bestätigung, daß derjenige, gleich welchen Geschlechts, der nicht gesäugt wurde, frei und unabhängig ist; eine Verleugnung als Reaktionsbildung auf die Abhängigkeit des Mannes von der Mutter.

Weiterhin behauptet die Legende, daß Amazonen keine Ehemänner haben, sie sind unabhängig vom Mann. „Während des Frühlings suchten sie sich für zwei Monate im Jahr Männer aus benachbarten Stämmen für die Zeugung. Die Männer schliefen in der Dunkelheit mit der ersten Frau, die sie trafen. Die Frauen kehrten heim, sobald sie schwanger waren.“[80] Hier kommt wieder die Ablehnung der Rolle des Mannes, nur Befruchtender zu sein, klar zum Vorschein. Die Amazone wird hier als freie und unabhängige Mutter dargestellt, eine Mutter, die für ihre Mutterschaft lebt und nicht für ihren Mann. Sie „widersetzte sich der Heirat, die sie 'Sklaverei nannte' “. Sie wollte frei bleiben.

Der Mann lehnt diese urzeitliche, unbeschränkte und stolze Freiheit der primitiven Mutter ab und seine Feindseligkeit wächst in dem Maß wie sein Drang, die Frau zu unterwerfen. Das ursprüngliche Ressentiment wird immer weiter elaboriert und verzerrt, die Projektion wird vervollkommnet und zunehmend durchsichtig. Jeden sadistischen Impuls, den der Mann gegen die Frau verwirklichte, oder im

Sinn hatte, projiziert er auf die Amazone. Sie ist es, nicht er, die zu einem gewandten Reiter wird, einem berittenen Krieger, frei, mitleidlos und siegreich über das Männervolk. Der arische Zeus, der selbst die Göttin ihres Rechts auf Mutterschaft beraubte, steht der kretischen Mutter gegenüber, die immer „allein oder zusammen mit einer jungen, unterlegenen Gottheit, dem bloßen Produkt ihrer Mutterschaft“[81] dargestellt wird. Von daher ist es nur konsequent, daß die Amazonen dem verbitterten, erdgebundenen Zeus als unwillige Mütter der Menschen erscheinen. Die Amazonen überließen die Aufzucht der Kinder den Männern, die sie mit Milch nährten und mit „solchen gekochten Speisen, wie sie dem Alter der Kinder angemessen sind.“[82] Das heißt, der Mann klagte die Frau an, ihn zu einem Kindermädchen und Koch gemacht zu haben, zu genau dem, was er unbewußt gerne geworden wäre und auf das er gleichzeitig die Frau reduzieren wollte; er wünschte, daß sie daheim bliebe und in sklavischer Passivität auf ihn warte, während er frei herumstreifte, Mensch und Tier jagend und bekämpfend. Deshalb sieht der Mann die Amazonen als eine Gemeinschaft, die die Männer vom aktiven Leben ausschließt, auf daß sie nicht „anfangen, Ansprüche zu stellen und sich gegen die Frauen aufzulehnen.“[83]

Der Mann erfindet eine endlose Liste von Attributen für die Amazonen, mit denen er ihnen alle Formen der Härte und des Zorns zuschreibt, die er selbst gegen die Frau empfindet. Schultz Engles Liste dieser Bezeichnungen ist sehr aufschlußreich. Sie spricht von „sich den Männern widersetzend, männermordend, männerhassend, fleischverschlingend (ein Echo auf die orale Ablehnung), kriegslustig, männerbesiegend, männerzerstörend, männertötend, gegen Männer kämpfend, Männer verletzend, Männern Schmerz zufügend.“[84]

Es fällt in der Tat schwer, sich des Eindrucks zu erwehren, daß hier eine sehr kraftvolle Komponente des männlichen Kastrationskomplexes, der später fast ausschließlich mit der Angst vor dem Vater und dem Ödipuskomplex in Verbindung gebracht wurde, aus dem viel früheren Kampf des Mannes gegen die Frau und der Projektion dieses Sadismus auf die urzeitliche freie Mutter stammt. Jones sagt, die Argumente von Karen Horney zusammenfassend in *Die Phallische Phase*: „Sie (Karen Horney) erwähnt auch Melanie Kleins Meinung über die Vergeltungsfurcht des Knaben, die mit seinen eigenen sadistischen Impulsen gegen den Körper der Mutter zusammenhängt."[85]

Es ist bedauerlich, daß die Bedeutung dieser Anregung unter den psychoanalytischen Forschern, die nach einer umfassenden Konzeption für die psychologische Evolution der männlichen und weiblichen Sexualität gesucht haben, nicht mehr Beachtung gefunden hat.

Ich kann nicht oft genug wiederholen, daß viele Psychoanalytiker dazu neigten, jeden wissenschaftlichen Schritt Freuds als unwiderruflich und abgeschlossen zu betrachten. Das hat häufig zu einer Verwirrung der Fragen, einer Behinderung des wissenschaftlichen Fortschritts und, was am wichtigsten ist, zu einer dogmatischen Haltung geführt. Beide, Befürworter und Gegner der Freudschen Psychoanalyse, treten deshalb mehr durch ihre militante, einfallslose Stagnation hervor als durch wissenschaftliche, progressive Kreativität. Kein einziges von Freuds klinischen Ergebnissen oder von seinen grundlegenden Konzepten, die darauf aufbauen, ist in Frage gestellt, wenn die gesamte Evolution des Menschen berücksichtigt wird. Ich jedenfalls finde fast nichts — oder auf jeden Fall sehr wenig — an Freuds Konzeption der männlichen Sexualität zweifelhaft, wenn ich gleichzeitig die präödipalen und phylogenetischen Wurzeln des männlichen Kastrationskomplexes in jener urzeitlichen Phase der Entwicklung des Mannes suche, als er weder Vater noch Mann im psychologischen Sinne war und auf dem Weg zu beidem ein Despot werden mußte, roh und egozentrisch gegenüber Frauen und seinen ganzen Sadismus auf sie projizierend. Im Lichte dieser Urzeitlichen Phase finde ich die Passage bei Hippokrates psychologisch plausibel, in der er behauptet, daß die Amazonen ihre männlichen Kinder entweder wegschicken oder erschlagen, „um zu verhindern, daß sich die Männer gegen die Frauen verschwören und stattdessen als Handwerker mit Leder, Kupfer oder anderen friedlichen Arbeiten beschäftigt sind." Ohne Zweifel war der erste „industrielle Arbeiter" die Frau, die der Mann zur Arbeit anstellte, und seit dieser Zeit fürchtet er, selbst von der Frau versklavt zu werden.

Ich möchte wiederholen, daß der erste kulturelle und der erste sexuelle Akt, der zur Bildung der Familie führte, identisch waren — die erfolgreiche, physische, narzißtische, sexuelle Überwältigung der Frau. Vielleicht lohnt es sich, an dieser Stelle nach den Quellen jener Kontroverse zu suchen, die innerhalb der Psychoanalyse tobte und viel zur Verwirrung der Frage beigetragen hat. Die erste ökonomische und die erste sexuelle Selbstbehauptung des Mannes waren ein und derselbe Akt, die Familie und die ersten gesellschaftlichen Institutionen gingen aus diesem explosiven Akt hervor. Der Mann wäre nicht in der Lage gewesen, die Vorteile, die er momentan durch diesen Akt gewonnen hatte, zu halten, wenn es ihm nicht gelungen wäre, die Rivalität mit der urzeitlichen Mutter dadurch zu lösen, daß er einen großen Teil seines eigenen Sadismus auf sie projizierte und sich — und das ist vielleicht noch wichtiger — selbst mit der Mutter identifizierte. Ohne diese Identifikation wäre er nicht nur unfähig gewesen, seine psychologische Vaterschaft auszubilden, sondern er hätte auch keine Zuneigung zu seinem eigenen Nachwuchs entwickeln können, dieses Gefühl der Zärtlichkeit und des Bedürfnisses, seine Kinder zu versorgen, eine wesentlich väterliche Eigenschaft. Diese Fähigkeit des Mannes, einige der besonderen Eigenschaften der urzeitlichen Mutter zu übernehmen, stand am Beginn der menschlichen Familie und der menschlichen Zivilisation überhaupt. 

Dies ist vielleicht die wahre psychologische Bedeutung der Synthese, die das Christentum in der Verbindung der Geschichte vom Sündenfall Evas im Alten Testament mit dem Bild der Heiligen Jungfrau im Neuen versucht hat. Es scheint plausibel, daß die Geschichte vom Fall Adams eine Projektion des männlichen Bedürfnisses auf die Frau darstellt. Aber aus psychologischer Sicht ließe sich die Geschichte der Menschheit wohl richtiger so deuten: es war Adam, der Eva in diese Lage brachte, er war es, der die verbotene Frucht abbrach und von ihr aß, um die sorglose Heiterkeit des Gartens Eden für eine Welt zu verlassen, in der Sorge, Haß, Mord und Sklaverei regierten. Er zog Eva mit sich, die Verantwortung aber mußte sie tragen, denn der Mann besaß den Willen und die Macht, seine Feindseligkeit zu projizieren. Mit der heiligen Jungfrau kehrt das Bild der freien und aufopfernden Menschenmutter wieder, die nur den heiligen Geist als die wahre Kraft des Lebens anerkennt und frei von der Erniedrigung der Sklaverei und unabhängig von den Launen des narzißtischen Mannes ist. Ihr Kindsohn ist der Sohn Gottes und deshalb frei, kein Menschensohn und Sklave. Dieser ewige Kampf zwischen zwei Mächten — der freien Frau, der freien, unversklavten Mutter und dem Mann, der sie beneidet und sie ihrer urzeitlichen Rechte berauben will, findet sich in der Religion, der Philosophie und der Soziologie und er spiegelt sich in den Verlaufsformen psychoanalytischen Denkens wieder.

Die angeführten Beobachtungen und Überlegungen können kaum all die verschlungenen Probleme lösen, mit denen wir bei dem Versuch, den Entwicklungsverlauf der weiblichen Sexualität zu verstehen, konfrontiert sind. Wir können nicht einfach davon ausgehen, daß die Unklarheiten dieser Entwicklung im Lichte der gynäkozentrischen Theorie und der psychoanalytischen Ergänzung leicht aus dem Wege zu schaffen sind. Aber man kann sehr wohl annehmen, daß diese Beobachtungen dazu beitragen werden, den psychologischen Blick zu schärfen und ein wenig mehr Einsicht in eine Reihe von Phänomenen zu gewinnen, die bisher, aufgrund ihres besonderen Charakters, mehr Streitsucht und Krittelei als gelassene Neugier und tolerante Objektivität hervorgerufen haben. Wenn wir uns darauf einigen können, anzuerkennen, wieviel Weibliches in den Attributen zu finden ist, die bisher als genuin männliche[86] betrachtet wurden und wenn wir uns den tiefsitzenden Neid, mit dem der Mann die Frau behandelt, und die Feindseligkeit, die er gegen sie hegt, berücksichtigen, dann werden die klinischen Beobachtungen sicherlich neues Material ergeben, das uns bisher, aufgrund des androzentrischen Vorurteils, verborgen gewesen ist und sich deshalb direkter Beobachtung und wissenschaftlicher Analyse entzog.

Als ein Beispiel möchte ich wieder Jones zitieren, der eine Bemerkung von Freud wiedergibt, daß bei aller Unklarheit der Entwicklung der weiblichen Sexualität ein Punkt als sicher angenommen werden kann, nämlich daß das erste Bild des Koitus beim jungen Mädchen ein orales ist, das der Fellatio. Es gibt hinreichende biologische Evidenz für die Annahme, daß dieses oral-genitale Bild sich von der urzeitlichen Vorstellung von Ernährung als dem Akt der Befruchtung und Geburt herleitet. Diese psychobiologische Komponente geht in die frühe Mutter-Kind Beziehung ein, in der sie einen zentralen psychologischen und biologischen Stellenwert einnimmt und so die oralen Reaktionen und Konflikte des Mädchens verstärkt. Man fragt sich auch, ob nicht statt des Koitus, dieser elaborierten, komplexen und schmerzhaften Form dessen, was in der frühen Vergangenheit die Paarung war, es nicht vielmehr Empfängnis, Geburt und Mutterschaft sind, mit denen sich die Phantasie des Mädchens in Wirklichkeit beschäftigt. Die Beobachtungen von Josine

Müller, Karen Horney, Jones und anderen Beobachtungen, die auch von denen nicht bezweifelt werden, die Freuds Hypothese zur weiblichen Sexualität vollständig akzeptieren, verweisen direkt auf primäre Wünsche und Ängste der Frau in Bezug auf Mutterschaft. „Schließlich ist die zentrale Befürchtung des schuldbewußten Mädchens — sogar im Bewußtsein — die, sie werde nie Kinder bekommen können, d.h., ihre inneren Organe seien beschädigt."[87] Die Frau ist von Anfang an Mutter gewesen, und von daher hatte es eigentlich nie einen Zweifel zu geben brauchen, daß die haßerfüllte Form des weiblichen Penisneids oder wohl jede seiner Formen eine sekundäre Entwicklung darstellt, die neurotische Antwort auf eine primäre Enttäuschung, wie Jones es nennt, nicht die primäre Phase eines angeblich verschlungenen Pfades zur psychologischen Mutterschaft. Hier treffen wir uns auf dem zentralen Streitpunkt in der psychoanalytischen Theorie der männlichen und weiblichen Sexualität. Wenn man die anscheinend unerklärlichen Vergewaltigungsphantasien bedenkt, die Karen Horney und viele andere bei ihren Patientinnen beobachtet haben, und wenn wir damit die Theorie der Urvergewaltigung, die hier skizziert wurde, in Zusammenhang bringen, erscheint die Deutung von Horney und Jones unmittelbar plausibel, daß der Penisneid der Frau eine heftige und verzweifelte Reaktion auf die nicht weniger gewaltsame Deflora tion oder Vergewaltigung durch den Mann ist.

Aber warum gerade diese Reaktion? Warum sollte sich der Neid auf ein Organ konzentrieren, auf den anatomischen Unterschied zwischen Mann und Frau? Die traditionelle Behauptung, „Anatomie ist Schicksal", der anatomische Unterschied an sich sei schon Kennzeichen einer primären biologischen Überlegenheit, ist sicherlich nicht befriedigend. Ist es nicht rationaler, psychologisch plausibler und wissenschaftlich konsequenter, von folgender Überlegung auszugehen: der Akt der Urvergewaltigung war in der biologischen und kulturellen Geschichte der Menschheit eine revolutionäre Handlung. Sie war unmittelbar das Ergebnis der Konzentration von Triebenergie im Penis, die mittelbar mit dem physischen Wachstum des Mannes einherging, das selbst wiederum Ergebnis der natürlichen Selektion war, einer Selektion, in der die biologischen Ansprüche der Mutter-Frau eine zentrale Rolle gespielt hatten. Als sich das Produkt dieser natürlichen Selektion zu voller Blüte entwickelte, trat der Mann, phylogenetisch gesehen, in seine phallische Phase ein. Es war das goldene Zeitalter des Phallus oder vielmehr wurde es da aus der Taufe gehoben.

Der Phallus übernahm jetzt den aktiven Part, er wurde von der Menschheit verehrt, ein neues Objekt der Anbetung, das langsam die bis dahin vorherrschende Verehrung der Fruchtbarkeit und Mutterschaft verdrängte. Es war der Phallus, der die Frau unterjochte, der den ersten, urgeschichtlichen und ewig fortdauernden Zorn in ihr entfachte, und es war dann natürlich der Phallus, der ins Zentrum ihrer wütenden und rebellischen Aufmerksamkeit rückte. Aus dieser Feindseligkeit heraus und der sich daraus entwickelnden feindseligen Identifikation mit dem Mann, der sie aus seiner Machtstellung verdrängen wollte, verfiel sie auf eine Reaktionsweise, die die Psychoanalytiker unserer Tage unter dem Begriff des kastrativen Penisneids fassen.

Aus dem Gesagten wird deutlich, daß Ferenczis „paleobiologische Spekulation" — die Freud in eher herablassender Geste dahingehend kritisierte, daß sie harmlos sei, solange sie nicht die zentralen Fakten der phallozentrischen Theorie gefährdeten — im Grunde weiterreichte und der psychologischen Wahrheit näher kam, als Ferenczi selbst wußte. Er behauptete, daß es einen Zeitpunkt gegeben haben muß, in dem der Akt der Paarung, der urzeitliche Prototyp des Koitus, zu einem Akt der Unterwerfung der schwächeren Zelle durch die stärkere wurde, der dann die schwächere für immer verbitterte. Es ist offensichtlich, daß Ferenczis Spekulation zu verkürzt war, um plausibel zu erscheinen; er neigte dazu, einzelligen Organismen eine gewisse Fähigkeit zu sexueller Rivalität zuzuschreiben — ein klarer anthropozentrischer Irrtum. Wenn man aber, was in diesem Fall angemessen ist, einige Jahrhunderte oder besser Jahrtausende zwischen den Akt der Paarung zweier Zellen und dem Akt der Vergewaltigung des Weibchens durch das Männchen schiebt, dann wird deutlich, welche Kraft und Einsicht hinter Ferenczis Intuition stand.

Wie ich schon ausführte, läßt sich beim gegenwärtigen Stand des psychoanalytischen Wissens das Problem nicht völlig lösen. Es lassen sich nur Entwicklungslinien für weitere Untersuchungen aufzeigen; die Punkte, auf die sich Mißverständnisse konzentrieren, können in Rechnung gestellt und von neuem untersucht werden. Die ganze Frage sogenannter Passivität und Aktivität wird neu untersucht werden müssen, ebenso wie die Frage des männlichen und weiblichen Narzißmus. Dasselbe gilt für viele andere Attribute, die wir in der Regel ohne weitere Überlegung Männern oder Frauen zugeschrieben haben. Erst dann wird es möglich sein festzustellen, ob besondere Kleidung, Mode und Make-up, zweifellos weibliche Attribute, wirklich rein weiblich sind oder nicht vielmehr männliche Züge, die sich die Frau unter Bedingungen physischer und kultureller Unterwerfung allmählich zueigen gemacht hat. In einer frühen Vergangenheit besaß der Mann diese Merkmale, als seine einzige Funktion die der Befruchtung war. Bei den Männchen im Tierreich treten sie immer noch in Form von Gefieder, Farbenpracht oder anderen Zügen auf, die alle darauf abzielen, hervorzustechen, um das wohlgefällige Auge des Weibchens aufsichzuziehen.

Auch müssen wir viele Erscheinungsformen des kulturellen Wandels, der sich vor unseren Augen abspielt, neu untersuchen und wir werden viele traditionelle Ansichten der Psychologie über den Kampf um die Gleichheit der Geschlechter revidieren müssen. Vielleicht läßt sich dieser Kampf um Gleichheit auch als ein Versuch verstehen, die ursprüngliche Freiheit der Frau wiederzugewinnen, eine Freiheit, die sie besaß, lange bevor der Mann auch nur einen Begriff davon hatte. Vielleicht stellt sich dann auch heraus, warum einige nicht in der Lage sind, diese Probleme im Licht der Psychoanalyse zu lösen, warum sie nur die kulturellen Determinanten der Psychologie gelten lassen und die biologische, instinktive Basis, ohne die es keine Kultur und vielleicht auch keine Menschheit gäbe, außer acht lassen.

Ohne androzentrisches Vorurteil läßt sich unschwer erkennen, daß es nicht nur eine kulturelle Revolution war, die damals, als der Mann sich gegen die Frau zu behaupten begann, als er anfing, um die Macht zu kämpfen, und in diesem Kampf Rückschläge erlitt, der Menschheit und dem Individuum das Unheil psychopathologischer Reaktionen brachte. Vielleicht läßt sich zeigen, daß hinter dieser Betonung kultureller Faktoren das richtige Bewußtsein steht, daß am Anfang Kultur und Biologie eins waren, daß sie noch immer wenigstens insoweit eins sind, als keine kulturellen Erscheinungen ohne instinktive Triebe möglich sind — und weiter, daß die instinktiven Triebe, die primitivsten ebenso wie die komplexesten, kein anderes Medium haben, durch das sie sich ausdrücken könnten als das der kulturellen Muster, es sei denn, es handelt sich um rein physiologische, wie Verdauung, Assimilation und Ausscheidung. In dem Moment, wo man von Psychologie spricht, muß man sich vergegenwärtigen, daß die ganze Komplexität der Instinkte nicht in einem Vakuum auftritt, sondern im wirklichen Leben, der Kultur. Die Emphase, mit der ich hier bestimmte Tatsachen dargestellt habe, die die Psychoanalyse bisher meiner Ansicht nach nicht ausreichend berücksichtigt hat, ist durchaus intendiert. Es lag mir ebenso am Herzen zu betonen, daß wir noch viel lernen müssen, bevor irgendwelche endgültigen Antworten formuliert werden können. Ich möchte mit einem Zitat aus Frazers Vorwort zu *Totemism and Exogamy* abschließen, das Freud in *Totem und Tabu* anführt und dort einen „schönen Satz" nennt.

„Ich bin nicht so töricht zu behaupten, daß meine Einsichten zu diesen schwierigen Fragen endgültig sind. Ich habe meine Ansichten wiederholt geändert und ich habe die Absicht, sie mit jeder neuen Tatsache wieder zu verändern. Denn wie das Chamäleon muß der Forscher seine Farben ändern, den wechselnden Farben des Gebiets entsprechend, das er betritt."[88]

Ich bin mir völlig im klaren darüber, daß für einige Psychoanalytiker die hier vorgeschlagenen Überlegungen, soweit sie in der psychoanalytischen Literatur neu sind, an recht niedrigen, um nicht zu sagen, abstoßenden Aspekten der Funktionsweise des Menschen als Menschen anzuknüpfen scheinen. Selbst in gewissen psychoanalytischen Kreisen hört man in letzter Zeit häufiger, als es wissenschaftlich wünschenswert wäre, die Aufforderung, die Analytiker sollten dem, was man die Würde des Menschen nennt, mehr Aufmerksamkeit schenken. Darauf kann man nur mit den Worten Mephistos antworten, die im vollen Bewußtsein des bösen Willens und der niedrigen Triebe des Menschen gesprochen sind:

*Mann und Frau sind*
*Ein Teil von jener Kraft*
*Die stets das Böse will und stets das*
*Gute schafft.*

[1] Freud, S., GW, Bd. XII, S. 176
[2] Freud, S., GW, Bd. XIV, S. 20
[3] ebd., S. 30
[4] Freud, S., GW, Bd. XIV, S. 523
[5] Freud, S., GW, Bd. XIV, S. 29f
[6] *Malleus Malificarum,* Hexenhammer (1487), dt. Übers. U. Schmidt, 1974
[7] ebd.
[8] Ward, Lester F., *Pure Sociology,* New York, 1914; im folgenden zitiert nach Ward, *Reine Soziologie,* Innsbruck 1909, S. 475
[9] Unwin, Joseph Daniel, *Sex and Culture,* London, Oxford Univ. Press, 1934, S. 134f
[10] ebd., S. 149
[11] Freud, S. GW, Bd. IX, S. 132
[12] Moerenhaut, J.A., *Voyages aux Isles du Grand Océan,* Paris 1837, zit. bei Ward. S. 438
[13] Le Comte de Las Casas, *Memorial de Sainte Helène,* London 1823, zit. bei Ward, S. 459f
[14] Comte, Auguste, *Philosophie positive,* Paris, 1839, zit. bei Ward, S. 374
[15] Condorcet, Marie Jean A., *Tableau Historique des Progrès de l'Esprit Humain,* Paris, 1900, zit. bei Ward, S. 437
[16] ebd., S. 374
[17] Beecham, Thomas, *Woman ruins music,* WOXR Bulletin 1943
[18] Ward, op.cit., S. 416
[19] Jones, Ernest, *Die phallische Phase,* Int. Ztschr. f. PsA., XIV, 1933, S. 323
[20] ebd., S. 322
[21] Horney, Karen, *Zur Genese des weiblichen Kastrationskomplexes,* Int. Ztschr. f. PsA., IX, 1923, S. 13
[22] Horney, Karen, *Flucht aus der Weiblichkeit,* Int. Ztschr. f. PsA., XII, 1926, S. 368, s.a. Anhang
[23] Jones, Ernest, *Die erste Entwicklung der weiblichen Sexualität,* Int. Ztschr. f. PsA, XIV, S. 11
[24] Deutsch, Helene, *Über die Weiblichkeit,* Int. Ztschr. f. PsA, XVIII, 1932, S. 231
[25] Horney, Karen, op. cit., S. 365
[26] Horney, Karen, *Die Verleugnung der Vagina,* Int. Ztschr. f. PsA., XIV, 1933, S. 378
[27] Horney, Karen, *Flucht aus der Weiblichkeit,* S. 373
[28] Freud, S., GW, Bd. XIV, S. 24
[29] Freud, S., GW, Bd. IX, S. 7
[30] Freud, S., GW, Bd. XII, S. 170f
[31] Freud, S., GW, Bd. IX, S. 9
[32] Freud, S. GW, Bd. IX, S. 147
[33] Freud, S. GW, Bd. XII, S. 178
[34] Freud, S. GW, Bd. IX, S. 174
[35] Freud, S. GW, Bd. IX, S. 164
[36] Freud, S. GW, Bd. IX, S. 180
[37] Jones, Ernest, op.cit., S. 348
[38] Horney, Karen, *Zur Genese des weiblichen Kastrationskomplexes,* op.cit., S. 25
[39] Horney, Karen, *Die Verleugnung der Vagina,* op.cit., S. 382
[40] Freud, S., GW, Bd. XII, S. 161

[41] Lamarck, Jean B.P., *Philosophie Zoologique,* 1809, zit. bei Ward, S. 381
[42] Ward, op.cit., S. 392
[43] ebd., S. 389f
[44] ebd., S. 388
[45] ebd., S. 400
[46] ebd., S. 404
[47] ebd., S. 397
[48] ebd., S. 394
[49] ebd., S. 467
[50] Dr. L.O. Howard in einem Brief an Science 1889, zit. bei Ward, S. 396
[51] Ward, op.cit., S. 366
[52] ebd., S. 413
[53] ebd., S. 470
[54] Unwin, J.D., op.cit., s. 142f
[55] Róheim, Géza, *Die Psychoanalyse primitiver Kulturen,* Imago, Bd. XVIII, 1932, S. 382
[56] Ward, op.cit., S. 434
[57] Letourneau, zit. bei Ward, S. 478f
[58] Ward, op.cit., s. 437
[59] ebd., s. 454
[60] Letourneau, Charles, Jean, *La Sociologie d'après L'Ethnographie,* Paris 1892, zit. bei Ward, S. 426
[61] Ward, op.cit., S. 438f
[62] ebd., S. 432
[63] ebd., S. 455
[64] Letourneau, Charles, op.cit. bei Ward, S. 438
[65] Ward, op.cit., S. 420f
[66] ebd., S. 435f
[67] ebd., s. 436
[68] ebd., S. 446
[69] ebd., S. 437
[70] Unwin, J.D., op.cit., S. 160
[71] Ward, op.cit., S. 439
[72] Freud, S., GW, Bd. IX, S. 148
[73] Ward, op.cit., S. 441f
[74] ebd., S. 393
[75] ebd., S. 414
[76] ebd., S. 427
[77] ebd., S. 428
[78] ebd., S. 455
[79] Schultz Engle, Bernice, *The Amazons in Ancient Greece,* Psychoanalytic Quart., 1942, S. 512-554
[80] ebd., S. 514
[81] ebd., S. 521
[82] ebd., S. 516
[83] ebd.
[84] ebd.
[85] Jones, Ernest, *Die phallische Phase,* S. 330
[86] Wie etwa das Verlangen nach Vaterschaft, das, wie schon erwähnt, wahrscheinlich nicht primär ist, sondern ein Ergebnis der psychobiologischen Evolution, des Neids auf die Frau und der späteren Identifikation mit ihr.

[87] Jones, Ernest, op. cit., S. 348

[88] Vorrede zum 1. Bd. vom *Totemism and Exogamy,* 1910, zit. bei Freud, GW, Bd. IX, S. 132 (bei Freud im Original)

*Kate Millett*

# Freud und der Einfluß der Psychoanalyse

Druck von offizieller Seite ist keine genügende Erklärung für die Gegenrevolution. Fast überall zerfiel die Sexualrevolution von innen heraus, mehr durch eigene Unzulänglichkeiten als durch feindliche Kräfte von außen. Die wirklichen Ursachen der Gegenrevolution scheinen darin zu liegen, daß die Sexualrevolution sich zwangsläufig auf die Außenstruktur der patriarchalischen Politik konzentiert hatte, auf die Forderung nach neuen Gesetzen, die Beseitigung offenkundiger Mißstände und auf eine Änderung der Erziehungsstruktur. Dabei hatte sie den Eingliederungsprozeß in die Gesellschaft, die Formung des Temperaments und die Rollendifferenzierung bestehen gelassen. Grundhaltungen, Werte, Gefühle — alles, was die patriarchalischen Gesellschaften durch Jahrtausende an psychischen Strukturen aufgebaut hatten — wurden nicht genügend mit in Betracht gezogen, wenn überhaupt angerührt. Außerdem waren die Hauptinstitutionen der alten Tradition, die patriarchalische Ehe und die Familie, nie oder kaum in Frage gestellt worden. Nur die äußere Fassade der Gesellschaft hatte sich geändert; darunter war das System im wesentlichen unangetastet geblieben. Sobald dieses System aus neuen Quellen gespeist wurde, neue Bestätigungen, neue ideologische Rechtfertigungen erhielt, konnte es von neuem erstarken. Das Patriarchat, ein höchst wirkungsvolles politisches System, konnte als Gesellschaftsform ohne sichtbare Superstruktur, außer der Familie, an der Macht bleiben, weil es ganz einfach in Hirn und Herz der Menschen weiterlebte; mit ein paar Reformen war es kaum zu vertreiben.

Seit kurzem beschäftigen sich eine Anzahl von Untersuchungen mit den konservativen Zügen, die zwischen 1930 und 1960 eine Verschlechterung des wirtschaftlichen und erzieherischen Niveaus der amerikanischen Frauen verursachten.[1] In diesen Untersuchungen wird diese Situation einer Nachkriegsreaktion zugeschrieben, die aus einer konservativen oder anti-kommunistischen Haltung gegenüber der Sowjetunion oder anderen sozialistischen Experimenten resultierte. Die Frauen wurden als Reservearbeitskräfte ausgenutzt, von Zeit zu Zeit und in großer Zahl aus Anstellungen entlassen und bei Wiedereinstellung auf niedrigere Positionen abgeschoben. Schließlich wurden sie ganz auf die Ideologie der „höheren Häuslichkeit" verwiesen.[2] Da diese Erscheinungen zu einem gewissen Grad bereits dokumentiert wurden, wollen wir uns hier mit den breiteren Strömungen in der Literatur und den Wissenschaften, dem intellektuellen Ursprung und der Atmosphäre der gegenrevolutionären Epoche befassen.

Wenn der patriarchalischen Gesellschaftsordnung, ihren Geschlechtsrollen und ihren differenzierten männlichen und weiblichen Temperamenten neue ideologische Unterstützung erwachsen sollte, konnte diese nicht mehr aus der Religion kommen, obwohl die fraglichen Jahrzehnte eine religiöse Wiedererweckung sahen, besonders auf den prestige- und einflußreichen Gebieten der Literatur und der Universitäten. T.S. Eliots Frömmigkeit und die heilige Pose der modischen Neuorthodoxie in Oxford und des New Criticism konnten aber kaum als Rettungsboote für eine ganze Gesellschaft dienen, ebensowenig wie das häufige Überlaufen von Literaten und Kritikern aus dem Rationalismus in die Höhlen des Mythos. Die Neuformulierung alter Haltungen mußte aus den Wissenschaften kommen und besonders aus den jungen Sozialwissenschaften, aus der Psychologie, der Soziologie und der Anthropologie — den nützlichsten und autoritativsten Zweigen gesellschaftlicher Kontrolle und Manipulation. Um sich gegen Angriffe abzudecken, sollte eine Beziehung zu den besser akkreditierten Wissenschaften der Biologie, Mathematik und Medizin hergestellt werden. Um, gleichgültig wie zweifelhaft die Echtheit dieser Beziehungen auch sein mochte, eine konservative Gesellschaft und Bevölkerung zu befriedigen, die zu widerwillig oder zu verwirrt war, um sich zu revolutionären Umwälzungen hinreißen zu lassen, die drastisch solche Grundeinheiten wie die Familie angriffen, erstanden einige Propheten, die die alte Doktrin von den getrennten Sphären in die modische Sprache der Wissenschaften kleideten. 

Der einflußreichste unter ihnen war Sigmund Freud, ohne Frage die stärkste persönliche Kraft und der wichtigste gegenrevolutionäre Brennpunkt der sexualpolitischen Ideologie dieser Zeit. Obgleich Freuds Sexualtheorien zur Zeit von Lawrence in England und auf dem Kontinent populär waren, erzielten sie dort nie das überwältigende Prestige, das ihnen in den Vereinigten Staaten zuteil wurde. Freuds Einfluß in Amerika ist nicht abzuschätzen; und Amerika, das in vieler Hinsicht das erste Zentrum der Sexualrevolution war, schien ihn nötig zu haben. Freud wird im allgemeinen als der Prototyp liberaler sexueller Freiheit akzeptiert, er hat wesentlich zur Aufgabe der traditionellen puritanischen Inhibitionen beigetragen. Seine Arbeiten, die Arbeiten seiner Schüler und noch mehr seine große Anhängerschaft wirkten jedoch dahin, die „häßlichen" Beziehungen zwischen den Geschlechtern zu vereinfachen, traditionelle Rollen zu bestätigen und temperamentbedingte Unterschiede anzuerkennen.

Durch eine beinahe tragische Ironie wurden die Entdeckungen dieses großen Pioniers, dessen Theorien des Unbewußten und der infantilen Sexualität wesentliche Beiträge zum Verständnis des Menschen sind, im rechten Augenblick dazu benutzt, einen Gesichtspunkt zu vertreten, der im Grunde konservativ ist. Freuds Lehre wurde in den Dienst einer stark gegenrevolutionären Haltung gestellt, was sich natürlich auf das Ziel der Sexualrevolution und die Befreiung der weiblichen Menschheit aus einer traditionsbedingten Unterworfenheit auswirkte. Wohl gingen die unglücklichen Übertreibungen eines vulgären Freudianismus weit über Freuds Absichten hinaus, doch fand der Anti-Feminismus in Freuds Werk seine Ausgangsbasis.

In einem Moment demütiger Verwirrung bekannte Freud einst seinen Studenten gegenüber: „Wollen Sie mehr über die Weiblichkeit wissen, so befragen Sie Ihre eigenen Lebenserfahrungen, oder Sie wenden sich an die Dichter, oder sie warten, bis die Wissenschaft Ihnen tiefere und bessere zusammenhängende Auskünfte geben kann."[3] Bei anderer Gelegenheit gab er Marie Bonaparte gegenüber zu: „Die große Frage, die noch nie beantwortet wurde und die ich trotz meiner dreißigjährigen Erforschung der weiblichen Seele noch nicht beantworten kann, ist: Was will das Weib?"[4] Angesichts so grundlegender Unsicherheiten ist es bedauerlich, daß Freud in seiner Konstruktion der weiblichen Psychologie so weit gegangen ist.

Die wirkliche Tragödie der Freudschen Psychologie besteht darin, daß die falschen Interpretationen des weiblichen Charakters auf klinischen Beobachtungen von unantastbarer Gültigkeit beruhen. Denn die Frauen, die zum Psychoanalytiker gingen, waren (und sind in vielen Fällen noch) die „nichtangepaßten Frauen", alle diejenigen, die in Viola Kleins beredter Beschreibung für eine „weitverbreitete, ja allgemeine Unzufriedenheit mit ihrer sexuellen Rolle" beispielhaft sind.[5]

In seiner klinischen Arbeit beobachtete Freud zwei Arten von Frauenleiden: sexuelle Inhibition (die manchmal so groß war, daß Neurosen, selbst Hysterien hervorgerufen wurden)[6] und Unzufriedenheit mit den Lebensumständen in der Gesellschaft. Im allgemeinen tendierte er dazu, die zweite Art von Störungen von den ersten abhängig zu machen und die sexuelle Erfüllung als Allerweltsmittel für das zu empfehlen, was in einer oppressiven Kultur wesentliche Symptome sozialer Unruhe waren.

Wenn man Freuds Theorien über die Frauen betrachtet, muß man sich nicht nur fragen, welche Schlußfolgerungen er aus seinem Beweismaterial zog, sondern auch, aufgrund welcher Voraussetzungen er sie zog. Freud akzeptierte die Symptome seiner Patienten nicht als Beweis einer berechtigten Unzufriedenheit mit einengenden Lebensumständen, die ihnen von der Gesellschaft auferlegt wurden, sondern als Symptome einer universell weiblichen Tendenz.[7] Er nannte diese Tendenz „Penisneid", verfolgte ihren Ursprung bis zurück in Kindheitserfahrungen und baute seine Theorie der weiblichen Psychologie darauf auf. Er glaubte, daß drei andere Eigenschaften, die ihm typisch für die weibliche Psyche erschienen (Passivität, Masochismus, Narzißmus), ebenfalls vom Penisneid abhängig seien oder doch damit in Zusammenhang stünden.

Da das Freudsche Verständnis des weiblichen Wesens auf der Idee des Penisneids aufbaut, verlangt es eine ausführliche und sich oft wiederholende Darlegung.[8] In der Theorie des Penisneids ist die Definition der Frau negativ — was sie ist, ist das Ergebnis der Tatsache, daß sie kein Mann ist und daß ihr etwas „fehlt". Freud nahm an, daß die Entdeckung ihres eigenen Geschlechts für die Frau eine Katastrophe von so verheerendem Ausmaße ist, daß sie ihr ganzes Leben hindurch davon verfolgt wird und daß diese Katastrophe für fast alle Aspekte ihres Temperaments verantwortlich ist. Seine gesamte Psychologie der Frau, an die die moderne Psychologie und Psychoanalyse sich anlehnt, ist auf dieser ersten, tragischen Erfahrung aufgebaut, weiblichen Geschlechts zu sein. Es scheint, daß Freud hier Informationen weitergibt, die ihm von Frauen selbst mitgeteilt wurden, von Patientinnen, auf die sich seine klinischen Beobachtungen und damit seine späteren

 Verallgemeinerungen stützen. Freud glaubte, dem Prozeß beizuwohnen, in dem Frauen erkannten, daß als Frau oder „kastriert“ geboren zu sein dasselbe bedeute.

Wie wir aus der psychoanalytischen Arbeit erfahren, betrachten sich die Frauen als infantil geschädigt, ohne ihre Schuld um ein Stück verkürzt zurückgesetzt, und die Erbitterung so mancher Tochter gegen ihre Mutter hat zur letzten Wurzel den Vorwurf, daß sie sie als Weib anstatt als Mann zur Welt gebracht hat.[9]

Wenn wir annehmen, daß dies stimmt, dann ist die nächste Frage ganz offensichtlich, warum das so ist. Entweder ist die Männlichkeit tatsächlich ein von Geburt an überlegenes Phänomen, wobei die „höhere Qualität“ empirisch bewiesen und dargelegt werden muß, oder die Frau mißversteht sich und denkt irrtümlich, daß sie die Unterlegene sei. Und wieder muß man fragen, warum. Welche Faktoren in ihrem Erfahrungsbereich, in der Gesellschaft und im Sozialisierungsprozeß haben sie dazu veranlaßt, sich als ein unterlegenes Wesen anzusehen? Die Antwort liegt offensichtlich in den Lebensbedingungen der patriarchalischen Gesellschaft und dem niedrigen Rang, den Frauen in einer solchen Gesellschaft einnehmen. Freud aber zog es vor, diese Gedankenrichtung nicht weiter zu verfolgen, und versteifte sich statt dessen auf die Ätiologie der Kindheitserfahrungen, die auf der biologischen Tatsache anatomischer Unterschiede beruhen.

Es ist äußerst bedauerlich, daß Freud die Hypothese der gesellschaftlichen Beeinflussung nicht näher untersuchte und sich statt dessen auf die Verzerrungen der kindlichen Subjektivität konzentrierte. Dennoch müßte man seine Analysen bewundern, wäre er objektiv genug gewesen zuzugeben, daß die Frau in eine männlich beherrschte Kultur hineingeboren wird, in eine Kultur, die es darauf abgesehen hat, ihre Wertbegriffe auch auf die Anatomie auszudehnen und biologische Phänomene mit symbolischer Kraft auszustatten. Analog dazu verleihen die traumatischen Umständen, in einer weißen Rassengesellschaft als Schwarzer geboren zu sein, der Hautfarbe eine symbolische Qualität, die uns nichts über die Rasse als solche sagt. 

Freud lehnte den gesellschaftlich-kulturellen Zusammenhang als Grund für das weibliche Unbehagen ab und isolierte es als frühe Kindheitserfahrung. Damit ignorierte er auch die gesellschaftlichen Strukturen der Kindheitserfahrungen und nannte als Grund für den weiblichen „Kastrationskomplex" die Entdeckung des anatomischen Unterschieds der Geschlechter. Freud glaubte, daß er damit den Schlüssel zur weiblichen Mentalität gefunden hatte: sie wurzelte für ihn in der Entdeckung des kleinen Mädchens, daß es „kastriert" sei.

Es bemerkt den auffällig sichtbaren, groß angelegten Penis eines Bruders oder Gespielen, erkennt ihn sofort als überlegenes Gegenstück seines eigenen, kleinen und versteckten Organs und ist von da an dem Penisneid verfallen.[10]

Es bestehen hier mehrere unerklärte Mutmaßungen: warum ist das Mädchen sofort davon überzeugt, daß größer auch besser ist? Könnte es sich nicht mit der Naivität des kindlichen Narzißmus genausogut vorstellen, daß der Penis ein Auswuchs sei, und seinen eigenen Körper als Norm nehmen? Knaben tun dies ohne weiteres, wie Freud klarmacht. Sie reagieren dabei, so meint er, nicht mit der Feststellung, daß ihr eigener Körper eben einfach anders ist, sondern mit einer „Abscheu vor dem verstümmelten Geschöpf oder triumphierender Geringschätzung desselben".[11] Zweitens wird angenommen, daß die „Überlegenheit", die das Mädchen angeblich „sofort erkennt", sich auf die autoerotischen Befriedigungen der Kindheit bezieht; aber auch hier liefert die Erfahrung des Kindes keine Beweise für eine solche Annahme.

Ein großer Teil der Freudschen Theorie gründet sich auf diesen Augenblick der Entdeckung. Man ist davon beeindruckt, daß die Rekapitulation des Dramas vom Penisneid eine Wiederholung der Geschichte vom Sündenfall ist, ein Fall, der nur Eva betrifft.[12] Die kleinen Knaben und Mädchen leben anfangs auf einem paradiesischen Spielplatz, auf dem die Rollen „aktiv“ und „passiv“, männlich und weiblich, austauschbar sind. Bis zu dem schrecklichen Augenblick des Falls, wenn das Mädchen seine Unterlegenheit, seine „Kastration“, entdeckt, sollen wir glauben, daß es seine Klitoris für einen „Penis“ gehalten hat. Man fragt sich, wieso. Freud nimmt an, daß es damit onanierte und daß das, was für solche Zwecke besonders geeignet ist, ein Penis sein müsse.[13] Er besteht darauf, diese Periode des klitoralen Autoerotizismus bei Mädchen „phallisch“ zu nennen.

Die Enthüllung, von der Freud annahm, daß sie das weibliche Leben vergifte, ist wahrscheinlich in den meisten Fällen ein Blick auf einen Spielgefährten, der uriniert oder der gebadet wird. Es wird nie erklärt, wie das Mädchen den logischen Sprung von der Beobachtung beim Urinieren oder beim Baden zu dem Wissen macht, daß kleine Knaben mit diesem komischen Anhängsel onanieren. Selbst wenn das Mädchen den Penis zum ersten Mal bei onanierenden Spielen entdeckt, kann man doch nicht mit Freud daraus folgern, daß es sofort annimmt, dieser fremdartige Gegenstand sei für autoerotische Befriedigung besser geeignet als seine Klitoris. (Außerdem hat es keine Möglichkeit, den Autoerotizismus des Penis zu erleben, so wie der männliche Teil nie den der Klitoris erfahren kann.) Nichtsdestoweniger glaubte Freud, daß der weibliche Autoerotizismus mit zunehmender Aufklärung abnehme. Er hält dies für „eine andere überraschende Wirkung des Penisneides — oder der Entdeckung der Klitoris“.[14] Wie so oft, kann man auch hier Freuds Vorstellungen über die Gedankengänge eines Kindes nicht von seinen eigenen Denkvorgängen unterscheiden, und seine Ausdrucksweise, die immer abfällig ist, trägt noch weiter zur Verwirrung des Sachverhaltes bei. Freud kann

zur Fundierung seiner Theorie des Penisneides 
oder des weiblichen Kastrationskomplexes keine unumstößlichen Beweise erbringen[15] Die Subjektivität, mit der all diese Dinge behandelt sind, bestürzt. Sie ist das Anzeichen eines stark maskulinen, ja eines ziemlich massiven männlich-suprematistischen Vorurteils.[16]

Diese männliche Voreingenommenheit in Freuds Ausdrucksweise und die Haltung, die dadurch zum Ausdruck kommt, wird von seinen Schülern erhärtet und ausgebaut. Helene Deutsch sieht die Klitoris als einen „ungenügenden Ersatz für den Penis"; Karl Abraham spricht von einer „Armut an äußeren Genitalien" bei Frauen; und alle stimmen darin überein, daß selbst die Schwangerschaft nur ein armseliger Ersatz für eine solche konstitutionelle Unzulänglichkeit sei.[17] Wie Viola Klein in ihrer Kritik an Freud bemerkt, ist es eine eigenartige Hypothese, daß „die Hälfte der Menschheit biologische Gründe haben soll, sich benachteiligt zu fühlen wegen einem Mangel, den die andere Hälfte nicht leidet (aber nicht umgekehrt)".[18] Es ist besonders eigenartig, wenn man sich vorstellt, daß die eine Hälfte ihre klare und offensichtliche Rangunterlegenheit biologischen Gründen zuschreiben soll, wo doch wesentlich mehr soziale Faktoren eine Rolle spielen.

Freud behauptet in seiner höchst unwahrscheinlichen Hypothese, daß junge weibliche Wesen den Wert und bis zu einem gewissen Grad sogar die Existenz der weiblichen Sexmerkmale leugnen. Dabei sind die Brüste der Mutter sicherlich das erste, was alle Kinder bemerken, ebenso wie die Tatsache, daß der Vater keine hat. Auch die möglicherweise sehr eindrucksvolle Wirkung der Geburt auf junge Kinder wird hier übersehen, wie auch das Wissen des Mädchens nicht nur um ihre Klitoris, sondern auch um ihre Vagina.

Sobald Freud die Theorie des Penisneides formuliert hatte, war eine mögliche gesellschaftliche Erklärung der weiblichen Unzufriedenheit nicht mehr diskutabel. Die angebliche weibliche Eifersucht auf das männliche Organ schloß diese Möglichkeit von vornherein aus. Da es absurd wäre, erwachsenen Frauen diese Haltung zuzuschreiben, wird sie eben von Kindern formuliert und eine drastische Kindheitserfahrung rekonstruiert. Beinahe die ganze weibliche Entwicklung, ob sie sich nun an gesellschaftliche Normen angepaßt hat oder nicht, wird aus dem Blickwinkel der entdeckten Kastration gesehen.

Bis zu diesem Punkt hat Freud eine Art Logik formuliert, die er, ob nun mit Recht oder Unrecht, der Subjektivität der jungen Frau zuschreibt. Seine Darstellung will nicht viel mehr sein als eine Beschreibung dessen, was Mädchen irrtümlich glauben. Aber dabei bleibt es nicht. Es wird angenommen, daß die Entdeckung der „Kastrierung" beim weiblichen Geschlecht eine ziemlich universelle Erfahrung ist. Die Reaktion auf dieses Geschick wird zum Kriterium, an dem die weibliche Gesundheit, ihre Reife und ihre Zukunft in einer Reihe von Entwicklungsstufen gemessen wird. „Mit der Anerkennung seiner narzißtischen Wunde stellt sich — gleichsam als Narbe — ein Minderwertigkeitsgefühl beim Weibe her. Nachdem es den ersten Versuch, seinen Penismangel als persönliche Strafe zu erklären, überwunden und die Allgemeinheit dieses Geschlechtscharakters erfaßt hat, beginnt es, die Geringschätzung des Mannes für das in einem entscheidenden Punkt verkürzte Objekt zu teilen und hält wenigstens in diesem Urteil an der eigenen Gleichstellung mit dem Manne fest."[19] Und so ergibt es sich, „daß am Ende fast immer die Mutter für den Penismangel verantwortlich gemacht wird, die das Kind mit so ungenügender Ausrüstung in die Welt geschickt hat".[20] Auch hier unterscheidet Freuds Sprachgebrauch nicht zwischen Tatsachen und weiblicher Phantasie.

Doch nicht genug damit, daß das Mädchen sein eigenes Geschlecht verwirft. Wenn die junge Frau zur Reife gelangen will, muß sie lernen, sich einem männlichen Objekt gegenüber positiv einzustellen. Dies bezeichnet den Beginn der sogenannten Ödipus-Phase. Es wird uns glauben gemacht, daß das Mädchen jetzt seine Hoffnung aufgibt, „die Mutter schwanger zu machen" — ein Ehrgeiz, den Freud ihm zutraut. (Man fragt sich, wie dieses Mädchen den Vorgang der Befruchtung herausgefunden hat, der so subtil und komplex ist, daß Kinder ihn nicht von allein entdecken können, und den unter primitiven Völkern nicht einmal alle Erwachsenen verstehen.) Das Mädchen soll nun annehmen, daß es von seinem weiblichen Elternteil wegen seiner Minderwertigkeit oder möglicherweise als Strafe für das Verbrechen der Onanie verstümmelt worden sei, und kehrt jetzt seine ängstliche Aufmerksamkeit dem Vater zu.[21]

In diesem Stadium seiner frühen Kindheit erwartet nach Freud das kleine Mädchen, daß der Vater sich großzügig erweist und ihr einen Penis gibt. Später, nachdem es in dieser Hoffnung enttäuscht worden ist, lernt es sich mit der Hoffnung zufriedenzugeben, sein Kind zu tragen. Das Baby wird als kurioser Gegenstand betrachtet; es ist eigentlich ein Penis und überhaupt kein Baby: „Nun aber gleitet die Libido des Mädchens — man kann nur sagen: längs der vorgezeichneten symbolischen Gleichung Penis = Kind — in eine neue Position."[22] Obgleich es niemals die Hoffnung aufgeben wird, einen Penis zu bekommen („. . . vielleicht sollten wir diesen Peniswunsch . . . als einen exquisit weiblichen anerkennen . . "[23]), ist ein Baby doch das Nächstbeste, was ein Mädchen anstatt eines Penis bekommen kann. Der neue Peniswunsch wird in ein Baby metamorphosiert, in einen kleinen, weiblich ausgestatteten Penis, der zudem das Verdienst hat, Ziel eines respektablen Ehrgeizes zu sein. (Es ist interessant, daß Freud glaubt, die Furcht einer jungen Frau konzentriere sich auf Kastrierung statt Vergewaltigung. Vor

 Vergewaltigung können junge Mädchen sich tatsächlich mit einigem Grund fürchten, da diese ihnen ja wirklich angetan werden kann — Kastrierung aber nicht.) Mädchen, so informiert Freud uns, verlieren in diesem Stadium einen Teil ihrer Kastrationsangst, aber sie hören nie auf, den Penis zu beneiden und sich darüber zu ärgern.[24] Trotz ihrer „Impotenz" aber bleiben sie für den besser ausgestatteten Mann doch ein beständiges Risiko. Man kann hier Untertöne eines leicht kapitalistischen Antagonismus zwischen den Besitzenden und den Besitzlosen heraushören. Dies scheint die beträchtliche Furcht vor Frauen zu erklären, die in der Freudschen Ideologie steckt, wie auch den gewaltsam anklägerischen Ton, mit dem Freud die Theorie vom Penisneid vorträgt.

Doch die Freudsche „Familienromanze", das häusliche Psychodrama, das weit gruseliger ist als Gefühlsschnulzen des Fernsehens, geht weiter: Das archetypische Mädchen wird jetzt in die Ödipus-Phase eines „Begehrens nach dem Vater" gestoßen, nachdem es sich von der vollständigen Unzulänglichkeit seiner Klitoris und daher seines Geschlechtes und seiner selbst überzeugt hat. Der Knabe hat inzwischen durch die Folgen sexueller Aufklärung einen solchen Schock erhalten, daß er deren Bedeutung verdrängt. Später kann er sie nur verdauen, indem er die Entdeckung der sexuellen Differenzierung mit einer überwältigenden Verachtung für das weibliche Wesen verbindet. Läßt man den gesellschaftlichen Zusammenhang unberücksichtigt, wie Freud das tut, kann man kaum verstehen, warum ein Knabe eigentlich von der „Überlegenheit" seines Penis so überzeugt sein kann. Und doch versichert uns Freud, „daß durch die Entdeckung der Penislosigkeit das Weib dem Mädchen ebenso entwertet wird wie dem Knaben und später vielleicht dem Mann".[25]

Der Konflikt mit dem Vater enthält für den Knaben die Warnung, daß sich die Kastrationskatastrophe auch an ihm vollziehen könnte. Er beginnt sich um sein äußeres Merkmal zu sorgen und gibt seine sexuellen Wünsche nach seiner Mutter aus Furcht auf.[26] Aus Freuds Darlegungen der neurotischen Beziehungen innerhalb einer Familie könnte man genügend Beweise für die schädliche Wirkung der Familie als Institution ableiten. In den Personen der Eltern werden den kleinen Kindern Sexualobjekte vorgeführt; doch der Geschlechtsverkehr mit ihnen wäre, sofern überhaupt körperlich möglich, Blutschande.

Wenn Freud mit Nachdruck darauf hinweist, daß alle weiblichen Hoffnungen auf einen Penis aufgegeben und in der Mutterschaft sublimiert werden müßten, empfiehlt er damit nur eine Umlagerung des Wunsches, da ja selbst die Mutterschaft angeblich auf der Penisaspiration aufbaut. Denn, so heißt es, während sie weiterhin reift, gibt die Frau die Hoffnung auf den Penis, der jetzt manierlich mit einem Baby gleichgesetzt wird, doch nie ganz auf. So kommt es, daß Männer die Frauen lieben, oder vielmehr die Idee der Frau, während Frauen Babys lieben lernen.[27] Es wird weiter behauptet, daß die Frau ihre traurige Suche nach dem Phallus auch bei der Geburt verbissen weiter verfolgt und aus ihrer Ödipus-Situation, mit dem Baby gleichsam einen Penis zu bekommen, nie hinauswächst. „Das Glück ist groß, wenn dieser Kinderwunsch später einmal seine reale Erfüllung findet, ganz besonders aber, wenn das Kind ein Knäblein ist, das den ersehnten Penis mitbringt."[28] Die Freudsche Logik hat es zustande gebracht, die Geburt, eine eindrucksvolle weibliche Leistung, und nahezu die einzige Funktion, die der Frau erlaubt ist, in nichts weiter als eine Jagd nach dem männlichen Glied zu verwandeln. Selbst Gebären wird dadurch etwas wie ein männliches Vorrecht, da Babys ja nur Ersatzglieder sind. Im übrigen ist die Libido der Frau zu gering, um konstruktiv wirken zu können. Freud macht wiederholt darauf aufmerksam, daß der weibliche Sexualtrieb schwächer sei als der des Mannes. Der Frau wird deshalb in ihrer begrenzten Existenz mit einer zweitrangigen biologischen Ausrüstung nur ziemlich wenig Wert beigemessen: würde sie selbst ein ganzes Waisenhaus an Nachkommenschaft gebären, wäre es doch jedesmal nur ein behelfsmäßiger Ersatzpenis.

Solange das Stadium des aktiven „phallischen" Autoerotizismus nicht überwunden und damit die klitoridische Minderwertigkeit akzeptiert ist, kann der Reifeprozeß nicht stattfinden. Hier schreibt Freud besonders genau vor: „. . . daß wenigstens die Masturbation an der Klitoris eine männliche Betätigung sei, und daß die Entfaltung der Weiblichkeit die Wegschaffung der Klitorissexualität zur Bedingung habe".[29] (Die Weiblichkeit wird als sowohl normal wie gesund beschrieben; später wollen wir noch genauer untersuchen, woraus sie besteht.) Jugendlicher Autoerotizismus ist verboten; Enthaltsamkeit ist für die korrekte weibliche Entwicklung unerläßlich. Aber selbst für Mädchen, deren Entwicklung soweit günstig verlaufen ist, gibt es noch Hindernisse: „Das Weib anerkennt die Tatsache seiner Kastration und damit auch die Überlegenheit des Mannes und seine eigene Minderwertigkeit, aber es sträubt sich auch gegen diesen unliebsamen Sachverhalt.[30] Freud findet es typisch, „daß auch hier die Konstitution sich nicht ohne Sträuben in die Funktion fügen wird."[31]

Während die neu konstituierte Frau in einem Leben, das der Kindererzeugung gewidmet ist, Erfüllung sucht, verhaften andere Frauen dem Fehler, eine Existenz über die biologischen Grenzen der Zeugung und Mutterschaft hinaus zu suchen. Damit verfallen sie dem Irrtum, den Freud „Männlichkeitskomplex" nennt.[32] Abartige Frauen sind sowohl die, die der Sexualität ganz entsagen oder sie auf Mitglieder ihres eigenen Geschlechts leiten, als auch die, welche „männliche Ziele" verfolgen. Diese letztere Gruppe sucht den Penis nicht offen und ehrlich in der Mutterschaft, sondern verlangt statt dessen Zulaß zu den Universitäten und ein selbständiges und unabhängiges Leben, paktiert mit den Feministen oder wird unruhig und verlangt nach der Behandlung einer „Neurose". Freuds Methode bestand darin, solche Frauen als „unreife" oder „regressive" Personen, als klinische Fälle einer „aufgehaltenen Entwicklung" anzuprangern.

Der Penisneid kann unterdrückt, aber niemals völlig ausgemerzt werden und ist die Hauptquelle für Gesundheit oder pathologisches Verhalten. Das Gute oder Schlechte im weiblichen Leben aber hängt von einem mysteriösen Faktor ab, der „der konstitutionelle Faktor" genannt wird.[34] Wenn deshalb eine Frau ihr Schicksal mit Würde auf sich nimmt, obgleich sie ganz offensichtlich Mitglied einer minderwertigen Spezies ist, erkennt sie damit wenigstens ihr Los an, sich auf die Mutterschaft zu beschränken. Rebelliert sie aber, so bricht sie in die größere Welt ein, von der Freud, ohne darüber weiter nachzudenken, überzeugt ist, daß sie „männliches Territorium" ist. Dann versucht sie in „Konkurrenz" zu treten und bedroht damit den Mann. An diesem Punkt kann sie des „Männlichkeitskomplexes" überführt werden oder des „männlichen Protestes".

In solchen Fällen unternahmen Freud und seine Anhänger alles, was in ihrer Macht stand, um die Frau von ihrem Irrtum zu überzeugen: durch sanftes Zureden, scharfes Lächerlichmachen und, als der Vulgärfreudianismus ans Ruder kam, durch die effektiven Beeinflussungen der Populär-Psychologie. Die Abtrünnige muß sich anpassen oder wird unterworfen. Man wird nie darüber aufgeklärt, aufgrund welcher Beweise alle menschlichen Unternehmungen, ob interessant oder uninteressant, als „männliches Territorium" bezeichnet werden. Es wird auch kein Beweis dafür erbracht, aufgrund welcher biologischer Tatsachen etwa das Universitätsstudium oder die Fachberufe als von Natur aus männliche Angelegenheit betrachtet werden. Es wäre ein leichtes, zu behaupten, daß Freud Gewohnheit als Erbteil und die männliche Kulturherrschaft als naturgegeben ansieht; aber seine Hypothese ist so belastet mit Zweckdienlichkeit, daß man ihn dann naiv nennen müßte.

Eine Philosophie, die von der Voraussetzung ausgeht, daß „die Gerechtigkeitsforderung . . . eine Verarbeitung des Neids“ ist,[35] und die Enteigneten darüber aufklärt, daß dieser Zustand organischer Natur und deshalb unabänderbar ist, kann natürlich sehr viel Ungerechtigkeit stillschweigend gutheißen. Es läßt sich voraussagen, welche Wirkung so eine Philosophie für andere benachteiligte Gruppen hat, die mit ihrem Status quo unzufrieden sind. Da die gesellschaftlichen und politischen Konsequenzen solcher Gedankengänge ziemlich klar sind, versteht man auch, warum Freud schließlich in konservativen Kreisen ein populärer Denker wurde.

Freud hatte die großartige Gelegenheit für zahllose aufgeklärte Untersuchungen über die Wirkung einer männlich-suprematistischen Kultur auf die Ego-Entwicklung der jungen Frau abgeschlagen. Es war ihm lieber, die Unterjochung als unvermeidbares „biologisches“ Gesetz zu heiligen. Die Theorie des Penisneides hat das Verständnis der gesellschaftlichen Grundlagen so wirkungsvoll getrübt, daß die Psychologie bis heute noch nicht in der Lage ist, das Problem zu enträtseln. Wenn, was unwahrscheinlich ist, der Penisneid überhaupt eine Bedeutung hat, dann nur im gesamtkulturellen Zusammenhang der Geschlechter. Und hier hat es den Anschein, daß Mädchen sich der männlichen Überlegenheit bewußt sind, lange bevor sie den Penis ihres Bruders sehen. Das gehört zum Wesen ihrer Kultur, es ist ständig gegenwärtig durch die Bevorzugung in Schule und Familie und durch das Bild der Geschlechter, das ihnen durch alle Kommunikationsmedien, die Religion und jedes Modell der erwachsenen Welt übermittelt wird. Da die Mädchen zu diesem Zeitpunkt bereits tausend andere Geschlechtsmerkmale kennengelernt haben, ist es überflüssig oder unnötig, das Gefühl der männlichen Überlegenheit mit den unterschiedlichen Genitalien in Verbindung zu bringen. Sie sind allenthalben von konkreten Beweisen jener männlichen Überlegenheit umgeben und bekommen von überall die Herabwürdigung ihres Geschlechts zu spüren. Aus diesem Grund beneiden die Mädchen die jungen Männer nicht um ihren Penis, sondern um das, was Männlichkeit an gesellschaftlichen Vorteilen bietet. Freud hat offensichtlich eine ziemlich törichte Verwirrung der Begriffe aus Biologie und Kultur, der Anatomie und des Ranges angerichtet. Und es ist noch offensichtlicher, daß seine Zuhörerschaft solch eine Verwirrung recht nützlich fand.

Wie gelassen sich Freud auch gab, er scheint die frauenrechtliche Bewegung doch für eine ziemliche Gefahr gehalten zu haben. Seine Bemerkungen über Frauen zeigen oft Spitzen gegen feministische Gesichtspunkte. Immer wieder wird die Beschuldigung des Penisneides gegen die Rebellinnen erhoben. Diese Beschuldigung dient als Beschwörungsformel, die das Gespenst der emanzipierten oder intellektuellen Frau vertreiben soll: solche Frauen sind nichts als Sonderlinge, die sich unter vergeblichen Anstrengungen die Mühe machen, ihre organische Minderwertigkeit durch Bemühungen um eine kulturelle Leistung auszugleichen; doch dafür ist nach Freud der Besitz eines Penis unbedingt nötig. Er beklagt sich sogar darüber, daß Frauen zur Analyse kommen, um gleichsam „einen Penis zu erwerben".[36] Da dies unklar ist, muß man es erläutern: weibliche Patienten konsultierten ihn in der Hoffnung, in ihrer Arbeit produktiver zu werden; als Gegenleistung für ihre Honorare tat Freud sein Bestes, sie dazu zu bewegen, ihre Berufe als unnatürliche Irrwege aufzugeben.[37] Überzeugt, daß die Verbindung zwischen Penis und intellektuellen Fähigkeiten organisch sei, protestierte Freud mit einem belustigten Achselzucken, „denn für das Psychische spielt das Biologische wirklich die Rolle des unterliegenden gewachsenen Felsens".[38] Die intellektuelle Überlegenheit des Mannes, konstitutionell mit dem Penis verbunden, ist für Freud nahezu eine beweisbare Tatsache, ein bemerkenswert komfortabler Fels.

Freud glaubte, daß zwei Aspekte des weiblichen Charakters zum Penisneid in direkter Beziehung stehen: Bescheidenheit und Eifersucht. Es ist ihre Verzweiflung über den „Defekt" der „Kastration", so wird uns gesagt, die das bekannte Schamgefühl der Frauen hervorrufe. Es beeindruckt, wieviel gütiger die viktorianische Ritterlichkeit da mit ihrem „Reinheits"-Gerede war. Freud bezeichnete die Scham als eine „exquisit weibliche Eigenschaft".[39] Ihr Zweck ist seiner Ansicht nach einfach, den unglücklichen Defekt zu verbergen. Wie unter den Primitiven, so versteckt demnach auch die Frau von heute ihre „Wunde". Freud meint, Bescheidenheit sei bei Frauen ursprünglich dazu bestimmt gewesen, „den Defekt des Genitales zu verdecken". Er ist sogar bereit, das Schamhaar als eine Reaktion der Natur selbst hinzustellen, um ihren weiblichen Fehler zu verstekken.[40]

Ein Lieblingsgedanke Freuds beschäftigt sich damit, daß Frauen in der Vergangenheit nie zivilisatorisch gewirkt hätten und aus konstitutionellen Gründen auch in Zukunft nie zur Zivilisation beitragen könnten. (Otto Weininger, ein misogyner Denker, dem Freud viel verdankt, glaubte, Genie sei männlich, und weibliches Genie stelle einen Widerspruch in sich selbst dar.) Trotzdem billigt Freud den Frauen zu, daß sie vielleicht das Flechten und Weben erfunden haben, denn dies seien Entdeckungen, die dem Impuls entstammten, ihren Defekt zu verbergen.[41]

Die populäre Beschuldigung der weiblichen Eifersucht gehört ebenfalls zu Freuds Programm, und er versichert, daß auch dieses Laster vom Penisneid komme.[42] Er ist der Meinung, daß Männer weniger zu sexueller Eifersucht neigen (bei vielen Gelegenheiten legt Freud ein gutes Wort für die doppelte Moral ein, die das Leben der Männer an sexuellen Gelegenheiten reicher macht), und sieht in der Wachsamkeit von Ehemännern, Vätern und Brüdern nur die wachende Aufmerksamkeit des Eigentümers. Die monogame Ehe ist eine Einrichtung, an der er viel auszusetzen hat, hauptsächlich deshalb, weil sie der männlichen Freiheit im Wege steht. Weibliche Eifersucht und andere moralische Schwächen inspirieren Freud zu Bemerkungen dieser Art: „Daß man dem Weib wenig Sinn für Gerechtigkeit zuerkennen muß, hängt wohl mit dem Überwiegen des Neids in ihrem Seelenleben zusammen . . .“[43] Angesichts der niedrigen Bewertung der Frauen in der Gesellschaft ist dies eine äußerst destruktive Anklage. Freud klagt eine bereits enteignete Gruppe des Trotzes und der Ungerechtigkeit an und bringt sie in Verruf, indem er sie niederer Motive bezichtigt. Dabei ist die moralische Aufrichtigkeit der Mitglieder dieser Gruppe ihr einziger Anspruch auf gerechte Behandlung.

Da Freuds Doktrin des Penisneids mit dem Höhepunkt der Sexualrevolution zusammenfiel, wirkte sie in der Tat als wohlgezielte Anklage. Sie machte es den Männern möglich, wieder die Offensive zu ergreifen, wie dies seit dem Verschwinden des offenen Frauenhasses, als die Geste der Ritterlichkeit in Mode kam, nicht mehr möglich gewesen war. Das ganze Gewicht der Verantwortung und sogar der Schuld wird nun auf die Frau abgeladen, die nicht willens ist, auf ihrem Platz zu bleiben. Die Theorie des Penisneides verlagert die Schuld an ihrer Lage auf die Frau, die es wagt, einen biologisch unmöglichen Status anzustreben. Jedes Verlangen nach einer weniger demütigenden und beengten Existenz wird als unnatürliches und unrealistisches Abirren von ihrer genetischen Identität und deshalb ihrem Schicksal verschrien. Jede Frau, die sich der „Weiblichkeit“ widersetzt, d.h. dem weiblichen Temperament, der Rangordnung und Rollenverteilung, lädt eine Neurose auf sich, denn „Weiblichkeit“ ist ihr Geschick, so wie „Anatomie Schicksal ist.“

Freuds Formulierung des Penisneides erstreckt sich über mehrere Etappen: er beginnt damit, die verzerrten Eindrücke von Kindern zu berichten; später nimmt er an, daß diese Eindrücke korrekt seien; dann geht er von der Beschreibung zu einer Art Vorschrift über, der es unter dem Vorwand der Sorge für Gesundheit und Normalität doch nur auf die Fortdauer des patriarchalischen Status quo ankommt. Außer dem Lächerlichmachen verwendete die gegenrevolutionäre Periode zu keiner Zeit eine tödlichere Waffe gegen den Aufstand der Frauen als die Freudsche Beschuldigung des Penisneids.

Da Freuds Vorstellungen vom weiblichen Charakter ebenso vom Verständnis der Biologie wie von dem psychologischen Motiv des Penisneids abhängen, ist es notwendig, zuerst einmal seine Auslegung der biologischen Tatsachen zu untersuchen. Die schlimmste Verzerrung in Freuds Theorie der weiblichen Psychologie stammt von der unbewußten oder bewußten Unfähigkeit, zwei radikal verschiedene Phänomene, weibliche Biologie und weibliche Rangordnung zu trennen: er folgert, daß die Rangordnung ebenso oder doch beinahe ebenso ein Produkt der Natur sei wie die biologische Konstitution, und deshalb unvermeidlich und keineswegs das Ergebnis einer gesellschaftlichen Situation. Was eine männliche Welt also aus der Frau gemacht hat, ist nur das, was die Natur bereits vorgebildet hatte.

Im allgemeinen definiert Freud das Männliche als Aktivität, das Weibliche als Passivität.[44] Er beruft sich dabei auf zwei Ursachen: auf das sexuelle Verhalten seiner Zeitgenossen, wie es sich sowohl im gesellschaftlichen Leben wie auch im Koitus manifestierte, und auf die Attribute des biosexuellen Materials und Prozesses. Vom Samen und der Penetration heißt es, daß sie aktiv, von der vaginalen Empfangsbereitschaft und dem Ei, daß sie passiv seien.[45] Doch selbst die biologischen Fakten werden damit übertrieben; das Ei wandert durch die Fallopischen Röhren und hat so an der Aktivität teil, der Samen aber wird eingefangen, gehalten und durch die saugartige Bewegung der Cervix hochgehoben, wobei er sich passiv verhält. Doch ist es kaum sinnvoll, die Interdependenz gesellschaftlicher Zustände von den winzigen Unterschieden in den Eigenschaften mikroskopischer menschlicher Zellen ableiten zu wollen. Freud geht auch nicht so weit. Allerdings verwendet er Sexualzellen als Analogien für Temperament und Rolle und für die psychologischen Aspekte von „männlich" und „weiblich". 

Er untersucht nie ausführlich, warum „männlich" und „weiblich" im Rahmen der Gesellschaft für jedes Geschlecht reichhaltige Verhaltensmuster liefern. Er setzt voreilig gesellschaftliches Verhalten mit Erbanlagen gleich, mit dem biologisch Unvermeidbaren, und gelangt schließlich zu einer normativen Theorie, die gesellschaftliche Normen als konform mit dem erklären, was er für eine anatomische Grundlage hält.

Um die vielen beunruhigenden Ausnahmen der sexuellen Temperamentsunterschiede zu erfassen, stellt Freud eine Skala von Abstufungen und Varianten von „männlich" und „weiblich" mit platonischen Idealen an den beiden Enden auf, die wahrscheinlich von Weininger geborgt waren. Dann hängt er die Theorie der Bisexualität an. Auf Bisexualität könnte man sich dann berufen, erklärte Freud, wenn man es mit „Damen" zu tun hätte, die „jedesmal, wenn eine Vergleichung zu Ungunsten ihres Geschlechts auszufallen schien" den Verdacht äußern konnten, „daß wir, die männlichen Analytiker, gewisse tief eingewurzelte Vorurteile gegen die Weiblichkeit nicht überwunden hätten, was sich nun durch die Parteilichkeit unserer Forschung strafte." Freud fügt dem an: „Wir hatten es dagegen auf dem Boden der Bisexualität leicht, jede Unhöflichkeit zu vermeiden. Wir brauchten nur zu sagen: Das gilt nicht für Sie. Sie sind eine Ausnahme, in diesem Punkt mehr männlich als weiblich".[46] Frauen, die diese Logik bezweifeln, werden „männlich" genannt. Die Begründung der sexuell-temperamentellen Trennung, die durch die Unterschiede im Verhalten gestützt wird und die gesellschaftlichen Normen darstellt, wird von den Freudianern immer noch nach ihrem psychologischen Ursprung gesucht. Dabei sollte es verwirren, wenn man sagt, daß eine Frau nicht weiblichen Geschlechts sei. Auch bietet die Theorie der Bisexualität der einzelnen Frau nicht viel Hilfe, da „Weiblichkeit" immer noch gewaltsam postuliert und als die reife Lösung des bisexuellen kindlichen Dilemmas gepriesen wird.

Verschiedentlich gab Freud zu, daß das Männliche und Weibliche in ihrer reinen Form theoretische Konzepte unbestimmten Charakters sind.[47] Er ließ sich dann auf Überschneidungen und Abstufungen ein, wie es die meisten Sozialwissenschaften seitdem zu ihrem eigenen Schaden getan haben. Trotz der Theorie der Bisexualität ging die allgemeine Wirkung der Freudschen Theorie dahin, das als maskulin Definierte mit dem biologisch Männlichen, das als feminin Definierte mit dem biologisch Weiblichen gleichzusetzen und es als solches zu beschreiben. Als Freud 1933 seine Arbeit „Die Weiblichkeit" über dieses Thema schrieb, definierte er das Weibliche als Bevorzugung passiver Ziele oder, um es in seiner eigenen, etwas paradoxen Ausdrucksweise wiederzugeben, „die aktive Verfolgung einer passiven Funktion"[48]

Freud hatte seine frühere Hypothese, daß das weibliche Temperament zum großen Teil durch die Einwirkung von Lernprozessen und gesellschaftlichem Druck geformt wird, allmählich verworfen. Obwohl er manchmal nebenher noch eine Sozialkomponente anerkannte, identifizierte er mehr und mehr die „femininen" Attribute mit „konstitutionellen", „instinktiven" oder genetischen Tendenzen.[49]

In Freuds Werk, und noch mehr in dem seiner Schüler, wird im allgemeinen „maskulin" und „feminin" mit „männlich" und „weiblich" als identisch gleichgesetzt. Ein Abweichen von auch nur einer dieser Normen wird als symptomatisch für Geisteskrankheiten angesehen. Wäre diese Annahme jedoch tatsächlich richtig, hätten während der gegenrevolutionären Periode, als eine Abweichung nicht nur als ungesund, sondern sogar als ausgesprochen schädlich angesehen wurde, weniger Vorschriften und Druck angewandt werden müssen. Man könnte sogar argumentieren: Wenn „maskulin" und „feminin" natürliche oder konstitutionelle Produkte sind, ist alles Verhalten von seiten eines Mannes automatisch maskulin, von seiten einer Frau feminin. Nimmt man „maskulin" und „feminin" aus dem gesellschaftlichen Verhaltenskodex heraus, wo sie mithelfen, Beherrschung und Unterwerfung aufrechtzuerhalten, bedeuten diese Ausdrücke rein gar nichts und können sehr wohl durch das ersetzt werden, was biologisch und natürlich verifizierbar ist — „männlich" und „weiblich".

Sehr früh, bereits 1905, definierte Freud die Libido (ein Ausdruck, der viel mehr als nur den Sexualtrieb bezeichnet und praktisch ungefähr mit „Lebenskraft" oder jeglicher Art von „menschlicher Energie" gleichzusetzen ist) als maskulin: „. . . so ließe sich auch die Behauptung vertreten, die Libido sei regelmäßig und gesetzmäßig männlicher Natur, ob sie nun beim Mann oder beim Weibe vorkomme."[50] Damit wird nicht nur die Theorie der Bisexualität für ungültig erklärt, sondern es zeigt sich auch der viktorianische Charakter von Freuds eigener sexueller Haltung, wenn er die sexuelle Betätigung nur „für Männer" vorsah. Um 1923 modifizierte er diese Ansicht etwas und gab zu, daß die Libido kein Geschlecht habe.[51] Doch sieht er sie im ganzen weiterhin als eine maskuline Funktion mit außergewöhnlichen kulturell schöpferischen Möglichkeiten an. Sie bleibt für ihn beinahe ausschließlich männliches Eigentum. Diese Ansicht wurde noch durch Freuds Einstellung ergänzt, daß Kultur im allgemeinen der Sexualität feindlich gegenüber stehe: wenn mann sich „höheren" Zielen ergebe, müsse man die Sexualität aufgeben oder sie zumindest sublimieren. Frauen haben seiner Definition nach eine sehr geringe Libido („. . . die mit dem schwächeren Sexualtrieb als Weib ausgestattet ist . . .")[52] und können so auch kulturell sehr wenig leisten. Sublimierung bedeutet also praktisch, daß der Mann, dessen größere Libido ihn zur Kulturschöpfung befähigt, den Versuchungen durch die Frau zu widerstehen hat und sich auf höhere Ziele konzentrieren muß.[53]

Zu einer Zeit, da „instinktive" Kräfte hoch im Kurs standen, vertraute Freud nicht nur die menschliche Kultur, sondern die Erhaltung der Menschlichkeit ganz dem Manne an:

„Es ist dann unser Eindruck, daß der Libido mehr Zwang angetan wurde, wenn sie in den Dienst der weiblichen Funktion gepreßt ist, und daß . . . die Natur ihren Ansprüchen weniger sorgfältig Rechnung trägt als im Falle der Männlichkeit. Und das mag . . . seinen Grund darin haben, daß die Durchsetzung des biologischen Ziels der Aggression des Mannes anvertraut und von der Zustimmung des Weibes einigermaßen unabhängig gemacht worden ist".[54]

Die männliche Libido soll als eine Lebenskraft respektiert werden. Sie muß ihren Willen frei ausüben können, ob die Frau dem nun zustimmt oder nicht. Die frigide Frau (und Freud studierte eine große Anzahl von ihnen) wird als Beispiel angeführt, wenn Freud im Kontrast dazu das größere männliche Interesse an der Nachkommenschaft beweisen will. Die Natur, so folgert Freud, hat es einfach übersehen, die Frau mit einer machtvolleren Libido auszustatten; deshalb ist das, was mit ihr geschieht, eigenes Verschulden. Das ganze Ausmaß männlicher sexueller Agression gegen die Frau wird einer enormen abstrakten Gewalt zugeschrieben, die nur an der Fortpflanzung der Art interessiert ist. Aus dieser Haltung erwuchs eine ganze Anzahl militärischer Ausdrücke, die die Psychologie seit dieser Zeit bei der Beschreibung des Geschlechtsverkehrs verwendet: Kapitulation, Sieg, Unterwerfung.

„Das Männchen verfolgt das Weibchen zum Zweck der sexuellen Vereinigung, greift es an, dringt in dasselbe ein. Aber damit haben sie eben für die Psychologie den Charakter des Männlichen auf das Moment der Aggression reduziert".[55]

Wenn diese Art der Ausdrucksweise einmal respektiert wird, ist es für Schriftsteller, die von Freudschen Gesichtspunkten beeinflußt sind, nicht mehr schwierig, weniger kriegerische Paarungsarten lau, weibisch oder zimperlich zu nennen.

Freuds Hervorhebung des Zeugungsinstinkts steht zu anderen Aussagen in eigenartigem Widerspruch, wie zum Beispiel, daß Zeugung bei weitem nicht der einzige oder auch nur nächstliegende Grund für sexuelles Begehren sei. Er sagt z.B., „daß der Sexualtrieb des Menschen ursprünglich gar nicht den Zwecken der Fortpflanzung dient, sondern bestimmte Arten der Lustgewinnung zum Ziele hat".[56] Da er zu einer Zeit lebte, in der weibliche Frigidität oder Hyposexualität weit verbreitet war, verstand Freud deren gesellschaftliche Verankerung nicht. Auch fehlte ihm das Verständnis für den weiblichen Widerstand und die allgemein negative Einstellung gegenüber der Sexualität. Er scheint die Frigidität als Beweis für eine geringe Sexualenergie akzeptiert zu haben und fand die Beispiele dafür in vielen Fällen konstitutionell bedingt.[57]

Schließlich kam er zu der einfachen Formel, daß die Frau nicht in demselben Maß nach Sex „hungert" wie der Mann und ihr schwächerer Sexualtrieb deshalb „organisch" bedingt sein müsse. Die jüngsten Forschungsergebnisse von Masters und Johnson haben sehr dazu beigetragen, diese hübsche Folgerung aufzuheben. Freuds Theorie aber fällt mit anderen „viktorianischen" Einstellungen zusammen, die er niemals aufgab.

Die drei hervorragendsten Kennzeichen der weiblichen Persönlichkeit sind nach Freud Passivität, Masochismus und Narzißmus. Auch hier liegt Freuds Verdienst in einer exemplarisch klaren Beschreibung. Die Stellung der Frau in einem Patriarchat ist derart beschaffen, daß man von ihr Passivität und Leiden erwartet und sie als sexueller Gegenstand betrachtet wird. Es besteht kein Zweifel, daß sie in mehr oder minder erfolgreichem Maß in diese Rolle hineingezwungen worden ist. Dies jedoch lag außerhalb von Freuds Interessengebiet. Auch war ihm nicht daran gelegen, gesellschaftliche Prozesse oder Bedingungen zu beschreiben. Statt dessen glaubte er, daß jene komplexe Konstruktion, die wir „Weiblichkeit" nennen, größtenteils organisch bedingt, d.h. mit dem weiblichen Geschlecht identisch oder doch klar und eng mit ihm verbunden sei.[58] Deshalb ging er daran, „Weiblichkeit" als konstitutionelle Passivität, Masochismus und Narzißmus zu definieren, und beschrieb diese Merkmale als Norm einer allgemeinen, durchaus gesunden Entwicklung. Die feminine Haupteigenschaft, zum Beispiel die Passivität, wird demnach „mit dem Aufgeben der klitoridischen Masturbation" und dem Erscheinen mütterlichen Begehrens in der Ödipus-Phase erreicht, wobei diese Weiblichkeit *„vorwiegend mit Hilfe passiver Triebregungen vollzogen"* wird.[59]

Nach Freud sind Masochismus und Passivität nicht nur beide feminin, sondern dynamisch miteinander verbunden: Masochismus umfaßt „alle passiven Haltungen gegenüber dem sexuellen Leben und Objekt".[60] Deshalb ist er bei Frauen normal, bei Männern anomal. Freud sagt weiter, man mache bei masochistischen Gefühlen die Entdeckung, „daß sie die Person in eine für die Weiblichkeit charakteristische Situation versetzen, in ein Kastriertwerden, Koitiertwerden oder Gebären".[61] Masochismus ist weiblich; Weiblichkeit ist masochistisch. Es ist überaus klug, Masochismus und Leiden als spezifisch weiblich zu beschreiben. Dies drückt nicht nur die männliche Einstellung gegenüber weiblichen Funktionen aus (sie sind schmerzhaft, erniedrigend usw.), es rechtfertigt auch jede vorstellbare Dominierung oder Demütigung, die der Frau damit als „natürlich" auferlegt werden kann. Denkt man diesen Gedanken logisch zu Ende, dann ist schlechte Behandlung für Frauen nicht nur gut, sondern genau das, was sie wollen; die *Geschichte der O* ist eine extreme Folgerung aus einer solchen Annahme. Man könnte keine bessere Rechtfertigung dafür finden, ein Opfer weiterhin zu quälen. Als zusätzliche Attraktion ist die Grausamkeit außerdem noch erotisch, denn sie entspricht angeblich der Natur beider Partner. Aufgrund dieser Theorie eines angeborenen weiblichen Masochismus findet beinahe jede Grausamkeit gegen Frauen eine Entschuldigung. Freud wäre wohl entsetzt gewesen, hätte er über die Möglichkeiten nachgedacht, die aus solcher Charakterisierung für Frauen oder jede andere benachteiligte Gruppe erwachsen.

Von den drei verschiedenen Arten von Masochismus, die Freud beschreibt — dem „erogenen", „moralischen" und „femininen" — verbindet er den femininen mit der „Schmerzlust" des erogenen. Dabei muß er zugeben, daß dieses Phänomen selbst bei Frauen schwer zu erklären sei. Er spricht vom Unerforschlichen, vom Unerklärbaren — eine bevorzugte Technik, wenn er über Frauen diskutiert; er verbeißt sich mit aufreizender Hartnäckigkeit in Vorstellungen wie die „geheimnisvolle Verbindung mit Masochismus" und berichtet über einen Hunger nach Schmerz, der unverständlich bleibt, „wenn man sich nicht zu einigen Annahmen über ganz dunkle Verhältnisse entschließt".[62]

Freud ist sich nicht nur sicher, daß dem Masochisten der Schmerz Lust bringt, sondern auch, daß der Koitus für die Frau schmerzhaft sei. Dies scheint sein einziger Beweis dafür zu sein, daß Frauen beim heterosexuellen Geschlechtsverkehr Lust empfinden.[63] In nahezu allen anderen Punkten stimmt Freud mit Acton, einem Arzt aus dem 19. Jahrhundert, überein, dessen berühmter Ausspruch oft als typisch für die viktorianische Haltung zitiert wird: der Gedanke an sexuelle Lust bei Frauen sei eine „niederträchtige Verleumdung". Freud hatte versucht, dies in wissenschaftlicher Sprache auszudrükken, indem er von einem „allgemeinen weiblichen Abwehrstreben“[64] redete. Die Vorstellung, daß die Rolle der Frau im Koitus passiv und daher masochistisch sei und ihre einzige Lust im Ertragen von Schmerzen bestehe, kann wohl kaum als Quelle weiterer Weisheiten dienen, obwohl es im Hinblick auf den Geschlechtsverkehr eine vielsagende Projektion männlicher Haltung der Frau gegenüber ist.

Freud scheint nicht nur zu glauben, daß Masochismus „weiblich“ sei, sondern auch, daß er die Position der Frau in der Ehe genau beschreibe. Er bezeichnet diese Situation auch als „Hörigkeit“ — ein Wort, das angesichts der gesetzlichen Lage der Frauen nicht ohne Ironie ist. Trotz seiner bewegenden Beschreibung der Deflorationsbräuche, die die verwundbare jungfräuliche Braut „abhängig und hilflos“ machen, scheint er nichts gegen das System oder seine Riten einzuwenden zu haben. In dieser Lage reagiert die Frau, ganz wie erwartet, mit „Hörigkeit und Dankbarkeit“, obwohl sie enttäuscht ist und körperliche Schmerzen leidet, zusätzlich zum Kummer über ihre erste „Kastration“, und obwohl sie weiß, daß ihr Wert nun noch mehr gesunken ist, weil sie keine Jungfrau mehr ist.[65] All das ist gut und schön, solange sie ihre Position nicht vergißt und mit Feindseligkeit reagiert oder gar aus ihrer Rolle zu fallen versucht. Dies wäre eine Reaktion die Freud als den Wunsch interpretiert, den Mann aus Rache „kastrieren zu wollen“. Wie bei Frauen, die einen „Männlichkeitskomplex“ haben oder „maskulinen Protest“ an den Tag legen, richtet sich die Freudsche Theorie auch hier gegen die Gefahr durch aufrührerische Frauen. Sie werden als „emanzipiert“ oder intellektuell hingestellt; ihr Penisneid hat ihr Wissen um ihre Minderwertigkeit überstiegen, und neue erzieherische Privilegien haben sie von ihrer „instinktiven“ Natur abgebracht. Alle Gewalten der Psychoanalyse werden aufgeboten, um die Frau zu zwingen, sich ihrer Position „anzupassen“, d.h. sie zu akzeptieren und sich unterzuordnen, denn die Sicherheit der Gesellschaft und die Haltbarkeit der traditionellen Ehe hängen davon ab, daß ~~sie~~ dieses Schicksal auf sich nimmt.

Nachdem er sich solchermaßen überzeugt hatte, daß Masochismus vom genetischen Standpunkt aus weiblich sei und sich auf die unabänderliche konstitutionelle und psychologische Natur gründe, rät Freud seinen Studenten folgendes: „Wenn Sie aber dem Masochismus, wie so häufig, bei Männern begegnen, was bleibt ihnen übrig, als zu sagen, diese Männer zeigen sehr deutliche weibliche Züge?"[66] Von solcher Warte aus sind diese Männer zu einem gewissen Grad neurotisch. Trotz der Hypothese, daß wir alle mehr oder weniger bisexuell seien, fühlt man eine gewisse Angst davor, daß Männer weibliche Züge haben, so wie maskuline Züge bei Frauen unstatthaft und Beweis des Penisneides sind. Es ist bermerkenswert, wie sehr die Freudsche Theorie das eigene Postulat der Bisexualität ignoriert oder deren Symptome als Rückfälle betrachtet.

Nachdem er Passivität und Masochismus definiert hat, wendet sich Freud der dritten weiblichen Kategorie zu — dem Narzißmus. Er trennt ihn in zwei Gruppen. Die erste ist die feminine Form, die er, obwohl sie für Frauen natürlich sei, trotzdem als „Perversion" bezeichnet.[67] Es ist die Liebe der Frau zu sich selbst und zu ihrem eigenen Körper, wobei sie diesen Körper ebenso behandelt, wie ein Mann dies tun würde. Der männliche Narzißmus, auch anaklitisch genannt, ist von höherem Rang und scheint mehr eine Bewunderung anderer als der eigenen Person zu sein. In diesem männlichen Narzißmus ist der Vorgang, eine idealisierte Frau zu überschätzen, indem der Mann seine besten Züge in sie hineinprojiziert. Narzißtische Männer bessern den Gegenstand ihrer Liebe auf; narzißtische Frauen bestehen auf einer niedrigeren Form der Liebe und wachsen nie bis zur Ebene der „Objektliebe" heran.[68] All dies ist zum großen Teil eine Überarbeitung von Weiningers

 Bemerkungen über Frauen und der Idealisierung von Frauen in der Literatur, wofür besonders Dantes Beatrice als Beispiel dienen kann. Trotz dem an und für sich niedrigen Wert der Frau schafft der Mann etwas wirklich Großes, wenn er die Frau in eine Idee verwandelt und Gedichte darauf macht. Aber die große Mehrheit der Frauen, die auf keinem Postament leben, bemerkt Freud, treibt die Männer psychologisch dazu, sie zu Prostitution und brutaler Sexualität herabzuwürdigen, und so kommen wir zur „häufigsten Form der Erniedrigung im erotischen Leben".

Narzißmus ist hiernach nicht nur konstitutionsmäßig weiblich, er kommt auch durch den Penisneid zustande: „An der körperlichen Eitelkeit des Weibes ist noch die Wirkung des Penisneides mitbeteiligt, da sie ihre Reize als späte Entschädigung für die ursprüngliche sexuelle Minderwertigkeit um so höher einschätzen muß."[69] So ist auch die weibliche Schönheit nur ein weiteres Symptom für Penismangel. Man beginnt Freuds Position schon fast zu bemitleiden. Geht dieser Narzißmus weit genug, kann es vorkommen, daß die Frau sich zu sehr mit sich selbst beschäftigt und Männer aus ihrer Liebe vollkommen ausschließt. Freuds Einstellung diesem Thema gegenüber ist sowohl resigniert (es ist ihre Natur) als auch didaktisch (Frauen müssen ihre Eitelkeit kontrollieren).

Durch seine Überzeugung, daß diese drei Züge der Weiblichkeit tatsächlich konstitutionell und biologisch bestimmt sind, macht Freud es möglich, sie als Vorschriften zu behandeln. Seine Schüler glaubten, die Überzeugung um jeden Preis durchsetzen zu müssen. Dadurch wird ein Zustand aufrechterhalten, der nur aus unterdrückenden gesellschaftlichen Bedingungen entsteht. Zuerst beobachtet man eine passive und in ihrem Leiden abgestumpfte Gruppe, die in triviale Eitelkeit gezwängt wird, um ihren Herren zu gefallen. Dann, nachdem die Auswirkungen der langen Unterwerfung festgestellt sind, beschließt man, daß diese Charakteristiken unvermeidlich seien, und bezeichnet sie als Gesundheit, Realismus und Reife. Dieser Vorgang ist eigentlich eine ziemlich offene Art von sozialem Darwinismus. Als Behandlungsart benachteiligter Gruppen ist er kaum neu, aber noch selten wurde er so erfolgreich angewandt wie im Freudianismus und seinem Verhältnis zu den Frauen.

Man kann die Frau wohl kaum als unvollständigen Mann beschreiben, ohne dabei früher oder später den Intellekt einer so zu kurz gekommenen Kreatur zu untersuchen. Freuds frühe Interpretation des seiner Meinung nach unterentwickelten weiblichen Intellekts zielte dahin, daß er die Schuld den gesellschaftlichen Inhibitionen ihrer Sexualität zuschrieb, die alle geistigen Anstrengungen verhinderten.[70] Da nach seiner Theorie das größte Interesse der Frau dem Geschlecht gilt (er sah nicht, daß er damit einer anderen Aussage widersprach, nach der die Frau einen geringen Sexualtrieb und wenig Lustgefühle habe), dies aber ein Gebiet ist, mit dem sie sich nicht beschäftigen darf, kann sie nur unterdrücken und verdrängen, selten aber sublimieren oder über das Problem hinauswachsen. In dieser Haltung wird sie außerdem noch durch die Furcht bestärkt, daß „solche Wißbegierde ein Zeichen sündiger Veranlagung sei". Davon abgehalten, ihre besten Fähigkeiten einzusetzen, und damit vom Denken überhaupt abgeschreckt, „wird das Wissen für sie entwertet"[71] Die Tatsache der sexuellen Unterdrückung genügt Freud als Grund für die offensichtlich minderwertige Intellektualität der Frau. Er behauptet, „daß die unzweifelhafte Tatsache der intellektuellen Inferiorität so vieler Frauen auf die zur Sexualunterdrückung erforderliche Denkhemmung zurückzuführen ist".[72] Man soll sich freuen, daß er das Sicherheitsventil „so vieler Frauen" eingebaut hat.

Diese Bemerkungen wurden 1908 gemacht, als der noch junge Freud der Behauptung von Moebius, die Frauen verfügten über eine angeborene geringere intellektuelle Kapazität, noch zu widersprechen bereit war. Auch wollte er zu diesem Zeitpunkt einen großen Teil der weiblichen Auflehnung gegen ihre Lage den gesellschaftlichen Faktoren zuschreiben, selbst wenn sie euphemistisch als „Konflikte“ usw. bezeichnet wurden. Damit hätte er den Akzent auf die kulturellen statt die biologischen oder psychologischen Gesichtspunkte verlagert. Im Lauf der Jahre aber änderte sich Freuds Einstellung gegenüber dieser Frage wesentlich. Er empfand ein zunehmendes Bedürfnis nach immer stärkeren Formulierungen, um uns davon zu überzeugen, daß der weibliche Charakter eine statische Angelegenheit sei, vorgeschrieben von der Natur und den unabänderlichen Gesetzen der Anatomie. Minderwertig, lasterbehaftet, halb-wild: all dies ganz einfach aufgrund ihrer verformten, kastrierten Physiologie.

Die Möglichkeit, daß gesellschaftliche Faktoren das Verhältnis der Frau zur Kultur und den intellektuellen Leistungen beeinflussen könnten, befriedigte Freud nicht sehr lange. Er verlangte sichere Beweise dafür, daß die Frau nicht zur Zivilisationsarbeit beitragen könne — nicht, weil sie davon abgehalten wird, sondern weil sie aus ihrer Konstitution heraus dazu unfähig ist. Diese Beweise wurden in Freuds Beschreibung der weiblichen psycho-organischen Entwicklung während der Kindheit und frühen Jugend geliefert.

Freud zeichnet verantwortlich für die lukrative Entweder-oder-Kontroverse zwischen Klitoris und Vagina, mit der ganze Armeen von Schülern in den letzten drei Jahrzehnten ihr Brot verdient haben.[73] Freud war der Ansicht, daß das wichtigste weibliche Organ die Klitoris, nicht die Vagina ist. Trotzdem behauptete er, daß die Frau „normale“ und „reife“ Sexualität nur durch die Vagina, nicht durch die Klitoris, erreichen könne.[74] Hier liegt ein Dilemma vor. Es ist Aufgabe der Frau, ihre Sexualität von der Klitoris auf die Vagina zu verlagern — eine schwierige Sache, bei der Freud voraussah, daß viele Frauen vom rechten Weg abkommen würden. Selbst die, denen diese Umstellung gelingt, verbrauchen dabei so viel von ihrer produktiven Jugendkraft, daß sie danach völlig stagnieren. Auf diese Art wird die intellektuelle Minderwertigkeit der Frauen, von der Freud bequemerweise überzeugt war, mit letzthin biologischen Gründen erklärt. Zwischen der frühen Klitoris-Masturbation des Kindes, von der Freud uns glauben machen will, daß sie mit der Entdeckung der Kastration und dem einsetzenden Penisneid aufhöre, der das Mädchen so einschüchtere, daß es von da an alle sexuellen Betätigungen bis zur Zeit der Defloration und Penetration während des ersten Koitus unterdrückt, wird, so Freud, der größte Teil der weiblichen Jugendzeit in einem sexuellen Niemandsland verbracht. Das Ergebnis ist genau das, was ein lüsternes Patriarchat so sehr wünschenswert findet: das jungfräuliche Mädchen, das sich selbst gegenüber vollkommen sexlos ist. Obwohl Freud gelegentlich die schädlichen Wirkungen der offiziellen Moral katalogisiert, stellt er die Grundlage des patriarchalischen Familienlebens oder die manchmal unglückliche (aber immer attraktive) Notwendigkeit, daß eine keusche und sexuell inaktive Jungfräulichkeit erhalten bleibe, doch nie ernsthaft in Frage.[75] Als Verfechter des korrekt passiven Types weiblicher sexueller Erfüllung verfällt Freud darauf, in einer leicht archaischen Note den Charme einer verhältnismäßig frigiden und narzißtischen Weiblichkeit aufzuzählen, wobei er ganz offensichtlich dem männlichen Appetit und der männlichen Einstellung folgt. Man erinnert sich an Reichs Anekdote über einen Gentleman des 19. Jahrhunderts, der seine enthusiastische Braut angewidert ausschilt: „Damen rühren sich nicht."

In der Freudschen Terminologie gibt es für die Entwicklung drei Hürden — Übertragung von einer Zone auf eine andere (klitoridisch auf vaginal), Ersatz des ersten Sexualobjektes (der Mutter) durch ein zweites (der Vater), und den Penisneid. Fällt das weibliche Wesen in „pathologische Regression" (Bevorzugung klitoridischer Stimulierung),[76] soll einen das in Anbetracht der vielen Fallgruben um sie her kaum verwundern. Das männliche Programm hingegen, das die Übertragung der Liebe von der Mutter auf eine andere Frau vorsieht, wird als glückliches und unkompliziertes Kontinuum angesehen. Freud hat auf alle weiblichen „Anpassungsunfähigkeiten" der Frau in einer männlichen Gesellschaft ein ziemlich vollständiges System von Antworten bereit; wer einen Fehler macht, hat die Hürde verfehlt. Jeder weibliche Protest ist ein vergeblicher Kampf gegen die eigene Natur und Identität, ein Männlichkeitskomplex, ein maskuliner Protest, zersetzender Penisneid oder Unreife. Da jede weibliche Tätigkeit, die nicht sexuell orientiert ist (d.h. reproduktiv oder mütterlich), ein Beweis für Penisneid oder maskulinen Protest ist, ist die Frau ständig verdächtig. Und da die „feminine Natur" nur durch ein Aufgeben der „männlichen" oder intellektuellen Aufgaben erfüllt werden kann, ist jede derartige Betätigung bei Frauen ein Anzeichen für Neurosen.

Freuds Absicht besteht nicht nur darin, die Frau auf eine sexuell-reproduktive Existenz zu beschränken, sondern er will uns auch davon überzeugen, daß die Frau auf einer kulturell niedrigen Stufe lebt. Er muß daher einen überzeugenden Beweis für die kulturelle Unfähigkeit der Frauen finden. Könnte es sein, so überlegt er, daß Frauen keine überschüssige Energie für „höhere" Dinge haben, weil ihre Verantwortung der Menschheit gegenüber so groß ist? Dies ist eine glücklich konservative Haltung, die die Mutterschaft lobpreist, während sie die Frau an eine rein biologische Existenz bindet.[77]

Diese Position hatte viel für sich, war aber offenbar noch nicht gehässig genug. Freud fand schließlich mit offener Genugtuung, daß auch hier die Antwort wieder in der simplen und abgetragenen, aber offensichtlich unwiderlegbaren Argumentation von der organischen Konstitution der Frau zu finden ist. Frauen haben wenig zur Kultur beigetragen — daraus folgt, daß sie eines Beitrages unfähig sind. Denn Kultur entsteht aus der Sublimierung. „Die Erfahrung zeigt aber . . ., daß die Frauen, denen als den eigentlichen Trägerinnen der Sexualinteressen des Menschen die Gabe der Sublimierung des Triebes nur in geringem Maße zugeteilt ist",[78] dafür nicht qualifiziert sind.

Wie Freud betont, braucht die Frau kein entsprechendes Über-Ich zu entwickeln, da sie ihren Ödipuskomplex nicht — wie der Mann — aus Kastrationsfurcht zu verbergen und über ihn hinauswachsen muß (sie hat dies ja bereits einmal durchgemacht, so daß ihr nichts Schlimmeres mehr passieren kann).[79] Der Mann leistet seinen Beitrag zum Kulturwerk durch Sublimierung und die Entwicklung eines starken Über-Ichs. Dabei wird er von der Kastrationsfurcht — Ergebnis des Penisbesitzes — und der Furcht, den Penis zu verlieren, geleitet. Die Frau hat ein geringeres Über-Ich als der Mann, weil sie nie einen Penis hatte und deshalb nicht befürchten muß, ihn zu verlieren. Aus diesem Grund, erklärt Freud, fehlt ihr größtenteils das moralische Verständnis; sie neigt dazu, ethisch weniger rigoros zu sein; sie hat von der Gerechtigkeit eine geringe Vorstellung; sie unterwirft sich leicht den Forderungen des Lebens, ist in ihrem Urteil gefühlsmäßigen Voreingenommenheiten ausgeliefert und trägt nichts zur Kultur bei. Wieder ist ihre Minderwertigkeit — diesmal die wirkliche und nicht die kindlich eingebildete — das Ergebnis des Penismangels. Mit einem Penis hätte man moralisches Verstehen erwerben und zum menschlichen und kulturellen Fortschritt beitragen können. Deshalb scheinen Mädchen, die an die Überlegenheit des Penis glauben, aufgrund von Freuds „Beweisen" tatsächlich recht zu haben.

Kultur, so werden wir informiert, entsteht durch Sublimierung oder, in der geheimnisvolleren Freudschen Formulierung, durch „Triebverzicht". Auch er ist wieder das Ergebnis einer Entwicklung, deren die Frau aufgrund ihrer psychologischen Geschichte und ihrer physiologischen Konstitution, aus Penismangel nämlich, nicht fähig ist. Einer der besten Gedanken Freuds auf diesem Gebiet soll als unterhaltsames Beispiel seiner Logik dienen: es erheitert wegen seiner unermüdlichen Verherrlichung des unschätzbaren männlichen Gliedes. In seinen Spekulationen darüber, wie der Mensch wohl das Feuer entdeckt habe, folgert er, dies sei das Ergebnis einer instinktiven Entsagung des Wunsches, das Feuer durch Urinieren auszulöschen. Es liegt daher offen auf der Hand, daß die Frau das Feuer nicht entdecken konnte, weil sie nicht auf den Impuls verzichten mußte, auf das Feuer zu urinieren, da ihr ein für weitgezieltes Urinieren hinreichendes Organ fehlt. An diesem Beispiel zeigt sich, warum die Frau anatomisch disqualifiziert ist, zum Fortschritt des Wissens beizutragen.[80]

Zur gleichen Zeit, als Freud noch mit der Idee spielte, daß die biologische Verantwortung der Art gegenüber den weiblichen Intellekt hemme, schritt er schon zu einer noch negativeren Haltung weiter: die angeborenen und psychologischen Unfähigkeiten der Frau, ihre „Sexualrolle", ihre Funktion im Leben und in der Familie (Freud betrachtet die Entwicklung der patriarchalischen Familie aus den primitiven Herden als Leistung der Zivilisation) haben die Frau nicht nur inkompetent gemacht, sondern notwendigerweise auch dem Intellekt und der Kultur und Zivilisation gegenüber feindlich eingestellt, so daß sie eine Art natürlicher Spießbürgerin wurde:

Die Frauen vertreten die Interessen der Familie und des Sexuallebens; die Kulturarbeit ist immer mehr Sache der Männer geworden, stellt ihnen immer schwierigere Aufgaben, nötigt sie zu Triebsublimierungen, denen die Frauen wenig gewachsen sind. Da der Mensch nicht über unbegrenzte Quantitäten psychischer Energie verfügt, muß er seine Aufgaben durch zweckmäßige Verteilung der Libido erledigen. Was er für kulturelle Zwecke verbraucht, entzieht er größtenteils den Frauen und dem Sexualleben: das beständige Zusammensein mit Männern, seine Abhängigkeit von den Beziehungen zu ihnen entfremden ihn sogar seinen Aufgaben als Ehemann und Vater. So sieht sich die Frau durch die Ansprüche der Kultur in den Hintergrund gedrängt und tritt zu ihr in ein feindliches Verhältnis".[81]

In seiner Schrift *Das Unbehagen in der Kultur* warnt Freud mit nüchterner Weisheit vor der regressiven Wirkung des weiblichen Wesens, das dem Mann an sozialem Instinkt unterlegen sei, und spricht von der Selbstsüchtigkeit ihrer ausschließlichen Beziehungen zum Geliebten und zur Familie, zu denen sie gezwungen ist, um ihr Leben (ihre Natur) zu erfüllen. Der Mann investiert seine Zeit und seine Libido in kulturellem Streben; die Frau sieht die Kultur und Zivilisation immer mehr als Rivale an. Obgleich sie wenig Sexualinstinkt zu unterdrücken hat, ist ihre Fähigkeit zur Sublimierung minimal und kaum beachtenswert; da die kulturellen Aufgaben mehr und mehr Sublimierung verlangen, kann man sagen, daß die Frau aus ihrer Konstitution heraus für das kulturelle Leben nicht tauglich sei und es ihr deshalb schwerfalle, Fortschritte zu machen oder auch nur mit der Entwicklung der menschlichen Gesellschaft Schritt zu halten. Diese Ansicht über die Frauen als eine unabänderliche primitive Gattung ist in unserem Jahrhundert besonders populär; sie ist ein Hauptthema in den modernen literarischen Versuchen, romantische Phantasien als Unwahrheiten auszugeben. Oder man kann die Frau mit Freud als eine Wilde, als ein Hindernis im gesellschaftlichen Fortschritt, als eine nicht assimilierte Stammesfrau ansehen.

Bei anderer Gelegenheit, als er vom Erfolg der Psychotherapie bei einem Fall sprach, in dem ein Mann über 30 durch Behandlung „schöpferisch" wurde, bedauert Freud, daß Frauen in demselben Alter „verkrustet" und weiteren Wachstums unfähig seien. Obgleich „die einzelne Frau auch sonst ein menschliches Wesen“ sein mag, muß man sich an Freuds Erklärung erinnern, daß „sein (des Weibes) Wesen durch seine Sexualfunktion bestimmt wird“ und daß dieser Einfluß sehr weit reicht.[82] Er reicht so weit, daß man sie in eine Kategorie einzureihen versucht, die man im allgemeinen als untermenschlich bezeichnen kann. Die Wirkung der Formel beruht auf der Aussage: „Anatomie ist Schicksal.“ Hinter dieser Formel zeichnet sich bereits die bestürzende Nachbarschaft mit einer Existenz auf dem Niveau der Affen ab.

In einem anderen Zeitalter wäre es vielleicht einfacher gewesen, für Freud Entschuldigungen zu finden und beispielsweise anzuführen, daß er eine besonders rigorose patriarchalische Erziehung hatte, aber seine einflußreichsten Arbeiten entstanden in den ersten drei Jahrzehnten unseres Jahrhunderts, mitten in der sexuellen Revolution. Es gab genügend Tatsachenmaterial, und es herrschte ein Meinungsklima, das ihm hätte helfen können, sich von seinem männlich-suprematistischen Vorurteil zu befreien. In den Antworten auf feministische Kritiken (und die wurden ihm in diesen Jahren beständig zuteil) gab Freud in nichts nach oder antwortete mit belanglosen Scherzen, darüber amüsiert, daß nicht alle Männer Muster an Männlichkeit sind und daß manche Frauen beinahe die charakteristischen Tugenden der Männlichkeit erreichen könnten, obwohl sie sich dabei natürlich unziemlich und falsch benähmen.[83] Als Analogiefall kann man die Vertreter anderer Vorurteile zitieren, die durchaus bereit sind, etwa einen besonders hervorragenden Neger oder Eingeborenen anzuerkennen, aber nur als Ausnahme, die die Regel bestätigt. Freud weigerte sich, die Angelegenheit ernst zu nehmen, und verschanzte sich hinter einer Tautologie: wenn man ihn des männlichen Vorurteils bezichtigte, reagierte er, indem er seine Kritikerinnen einer „defensiven Haltung“ beschuldigte und vorgab, daß sie in ihrem Streben nach Objektivität männlich orientiert seien. Er selbst schien nicht in der Lage zu sein, Objektivität als eine nicht unbedingt nur dem männlichen Geschlecht anstehende Eigenschaft zu sehen. Freud war nicht nur überzeugt, daß seine Gegner Unrecht hatten, wenn sie etwas anderes glaubten, sondern auch, daß sein theoretisches Modell eines geschwächten weiblichen Über-Ichs sie ins Unrecht setzte.[84] 

Die Richtlinien, die die Psychoanalyse über die Sexualpolitik verhängt hat, sind festgelegt; Generationen von Ärzten werden ihnen folgen. Noch wirkungsvoller als die Theorie vom Penisneid ist jedoch die pseudowissenschaftliche Art, in der die Definition von „maskulin“ und „feminin“ mit den genetischen Fakten von „männlich“ und „weiblich“ verbunden wird. Indem die ganze Affäre in einen Fachjargon gekleidet wird — „Libido“, „Masochismus“, „Narzißmus“, „unterentwickeltes Über-Ich“ —, gewinnt der alte Mythos über die feminine „Natur“ neues Ansehen. Jetzt kann sogar in der Fachsprache bewiesen werden, daß die Frau von Haus aus minderwertig ist. Der Mann aber dominiert, zudem mit stärkeren sexuellen Impulsen ausgestattet und daher berechtigt, die Frau sexuell zu unterwerfen. Außerdem gefällt der Frau diese Unterwerfung, und sie verdient sie, denn sie ist von Natur aus eitel, dumm, barbarisch und eigentlich kaum menschlich. Seit dieser Fanatismus den Stempel der Wissenschaftlichkeit hat, kann die Gegenrevolution ziemlich reibungslos ablaufen. Geschlecht wie Rasse ist etwas Unabänderliches. Eine überlegene Frau möchte vielleicht über ihre Grenzen hinausgehen, denn sie sieht die Tugenden der herrschenden Klasse und eifert ihnen nach. Doch es ist sinnlos, darauf zu hoffen, seiner Geburtskaste zu entkommen. Das Streben des ja doch Unfähigen bringt nur Enttäuschungen. Schließlich versprach die Psychoanalyse Erfüllung in der Passivität und im Masochismus und noch größere Erfüllung in der wahren Bedeutung des Frauenlebens, der „Fortpflanzung“. Damit konnte die Psychoanalyse in käuflichen Händen nicht nur die Revolution in Verruf bringen und sie zurückschrauben, sondern auch Arbeit geben, Geld verdienen und sich selbst und ihre Konsumtechniken verkaufen.[85]

[1] Vgl. den Bericht des Präsidenten über den Status der Frauen; William L. O'Neills *Everyone was Brawe, The Rise and Fall of Feminismus in America,* Chicago, Quadrangle, 1969; Betty Friedans *The Feminine Mystique,* New York, Norton, 1963, und Marlene Dixons „Why Women's Liberation?" *Rampearts,* November, 1969. Seit den dreißiger Jahren wurde der Unterschied zwischen männlichen und weiblichen Einkommen immer größer. 1940 übten die Frauen noch 45% aller technischen und Fachberufe aus, 1967 waren es nur noch 37%. In den dreißiger Jahren fielen von fünf B.A.'s (Bachelor of Arts, Abschlußdiplom nach vier Jahren Universitätsstudium — E.S.) und M.A.'s (Master of Arts, Abschlußdiplom nach weiteren ein bis zwei Jahren Universitätsstudium, wobei eine Doktorarbeit kleineren Ausmaßes verlangt wird — E.S.) je zwei an Frauen; von sieben Doktortiteln ging je einer an Frauen, 1962 war für den B.A. oder M.A. nur noch eine von drei Personen eine Frau, und für den Doktortitel nur eine von zehn Personen. (Die Zahlen stammen von Dixon.)

[2] Der Ausdruck stammt von O'Neill.

[3] *Die Weiblichkeit* (1933), Bd. 15, S. 145. Alle Freud-Zitate stammen aus der 18bändigen Ausgabe der *Gesammelten Werke,* chronologisch geordnet, Imago Publishing Co., London, 1946.

[4] Freud in einem Brief an Bonaparte, von Ernst Jones zitiert; Ernst Jones, *The Life and Work of Sigmund Freud,* NY, Basic Books, 1953, Bd. II, S. 421.

[5] Viola Klein, *The Feminine Character, History of an Ideology,* London, Kegan Paul, 1946, S. 72-73.

[6] Freuds erste Fälle waren hysterisch; vgl. *Werke aus den Jahren 1892-1899,* Bd. 1 der *Gesammelten Werke* und *Bruchstücke einer Hysterie-Analyse* (1905), Bd. 5, S. 161-286.

[7] In diesen Fällen unterschied sich Freuds Behandlungsweise wesentlich von seiner liberalen und humanen Haltung, die er Patienten gegenüber hatte, die an sexueller Inhibition litten.

[8] Vgl. besonders *Die Weiblichikeit.* Nachdem er sich so offensichtlich gehässiger Ausdrücke wie „der so viel besser ausgestattete Knabe" (S. 135), „die minderwertige Klitoris" (S. 136), „Defekt des Genitales" oder „ursprüngliche sexuelle Minderwertigkeit" (S. 142) bedient hat, erklärt Freud seiner Zuhörerschaft, daß der Penisneid die Grundlage seiner gesamten Theorie der weiblichen Psychologie ist. Erhoben also seine Zuhörer gegen diese Hypothese Einwände, so sabotierten sie damit das ganze Gebäude: „Wenn sie diesen Einfall als phantastisch zurückweisen und mir den Einfluß des Penismangels auf die Gestaltung der Weiblichkeit als eine fixe Idee anrechnen, bin ich natürlich wehrlos." (S. 142) Bei meiner Kritik des Freudschen Begriffs der Frau bin ich einer unveröffentlichten Arbeit von Frances Kamm verpflichtet.

[9] *Einige Charaktertypen aus der psychoanalytischen Arbeit*, Bd. 10, S. 370.

[10] *Einige psychische Folgen des anatomischen Geschlechtsunterschieds*, Bd. 14, S. 23.

[11] Ibid. S. 24.

[12] Adam hat genug Kraft in seinen Lenden, um überzeugt sein zu können, daß er einer überlegenen Gattung angehört, und seine spätere Angst vor der Kastration, die ihn überfällt, nachdem er einem Blick auf das „verstümmelte Geschöpf" geworfen hat, veranlaßt ihn, seinen Ödipuskomplex zu unterdrücken. (Dies geschieht aus Furcht vor der kastrierenden Rache des Vaters.) Dabei entwickelt er das starke Über-Ich, von dem Freud glaubt, daß es die Ursache für die angeblich unvermeidliche und transzendentale, moralische und kulturelle Überlegenheit des Mannes ist.

[13] Weil es sich frei, gleichwertig und aktiv fühlt, sagt Freud, „das kleine Mädchen sei ein kleiner Mann". *Weiblichkeit*, Bd. 15, S. 126. So groß ist Freuds männliches Vorurteil in diesem Fall, daß er selbst die Sprache umprägt: der autoerotische Zustand könnte in beiden Fällen ebensowohl „klitoridisch" genannt werden. Freuds Sprachgebrauch baut auf dem Glauben auf, daß Masturbation eine aktive Lustgewinnung und die Aktivität an sich maskulin sei. „Wir dürfen daran festhalten, daß in der phallischen Phase des Mädchens die Klitoris die leitende erogene Zone ist." Ibid.

[14] *Einige psychische Folgen des anatomischen Geschlechtsunterschieds*, Bd. 14, S. 26.

[15] Freuds klinisches Material besteht immer aus seiner Analyse des Patienten und seiner Selbstanalyse. Im Fall des Penisneids hat er bemerkenswert wenig Material von seinen Patienten, und seine Beschreibungen der männlichen Verachtung und des weiblichen Kummers über die Entdeckung der sexuellen Unterschiede sind außergewöhnlich autobiographisch. Der kleine Hans (Freuds eigener Enkel), ein 5jähriger Knabe mit einem obsessiven Interesse an seinem „Zipfer", bietet das restliche Material. Obwohl dies ein Thema für genaue klinische Forschungen wäre, war es für Freud — und ist es für alle anderen — äußerst schwierig, verallgemeinernde Schlüsse zu ziehen, wie Kinder zu ihrem sexuellen Wissen kommen, da Familie und gesellschaftliche Verhaltensweisen so sehr voneinander abweichen; diese Angaben werden durch eine Anzahl variabler Faktoren in der persönlichen Erfahrung noch weiter kompliziert, wie z.B. Zahl, Alter und Geschlecht der Geschwister, Stärke und Bedeutung des Tabus der Nacktheit usw.

[16] Ernest Jones beschrieb Freuds Haltung sehr zutreffend als „phallozentrisch". Hinter Freuds Mutmaßungen steckt etwas von der alten misogynen Annahme, daß Frauen unvollständige oder unperfekte Männer seien — d.h. verformte Menschen, während der Mann allein als Norm akzeptiert wird. Diese Ansicht wird von Augustinus, Thomas von Aquin u.a. geteilt.

[17] Karl Abraham, *Manifestations of the Female Castration Complex* in International Journal of Psychoanalysis, Bd. 3, März 1922.

[18] Viola Klein, op. cit., S. 83-84.

[19] *Einige psychische Folgen des anatomischen Geschlechtsunterschieds*, Bd. 14, S. 25.

[20] Ibid. S. 26.

[21] Die Beschreibung der weiblichen psychologischen Entwicklung stammt aus *Die Weiblichkeit*, Bd. 15, S. 119-145, *Einige psychische Folgen*

*des anatomischen Geschlechtsunterschieds,* Bd. 14, S. 19-30, und *Über die weibliche Sexualität,* Bd. 14, S. 517-537.

22 *Einige psychische Folgen des anatomischen Geschlechtsunterschieds,* Bd. 14, S. 27

22 *Die Weiblichkeit,* S. 138.

24 Vgl. *Über die weibliche Sexualität,* Bd. 14, S. 517-537.

25 *Die Weiblichkeit,* Bd. 15, S. 136.

26 *Einige psychische Folgen des anatomischen Geschlechtsunterschieds,* u.a. im Zusammenhang mit dem Ödipuskomplex des Mannes.

27 *Die Weiblichkeit,* S. 141-142.

28 Ibid. S. 137

29 *Einige psychische Folgen des anatomischen Geschlechtsunterschieds,* S. 26-27.

30 *Über die weibliche Sexualität,* S. 522

31 *Die Weiblichkeit,* S. 124.

32 Und wenn die Abwehr gegen die Weiblichkeit so energisch ausfällt, woher kann sie sonst ihre Kraft beziehen als aus dem Männlichkeitsstreben, das seinen ersten Ausdruck im Penisneid des Kindes gefunden hat und darum nach ihm benannt zu werden verdient?“ *Über die weibliche Sexualität,* S. 537.

33 Vgl. *Die Weiblichkeit,* S. 139 u.a. ebenfalls in *Die endliche und die unendliche Analyse* (1937), Bd. 16, S. 59-99.

34 *Die Weiblichkeit,* S. 139.

35 Ibid. S. 144.

36 „Der Wunsch, den ersehnten Penis endlich doch zu bekommen, kann noch seinen Beitrag zu den Motiven leisten, die das gereifte Weib in die Analyse drängen; und was sie verständigerweise von der Analyse erwarten kann, etwa die Fähigkeit, einen intellektuellen Beruf auszuüben, läßt sich oft als eine sublimierte Abwandlung dieses verdrängten Wunsches erkennen.“ (*Die Weiblichkeit,* S. 134.) „Aus dem ungestillten Wunsch nach dem Penis soll der Wunsch nach dem Kind und nach dem Manne werden, der den Penis trägt.“ (*Die endliche und die unendliche Analyse,* S. 97). Intellektuelles Streben oder der Drang nach menschlicher Erfüllung über dieses einengende Rezept hinaus wird als nicht unterdrückte Bisexualität oder „menschliches Streben“ angegriffen, da „der Männlichkeitswunsch im Unbewußten erhalten geblieben ist und . . . seine störenden Wirkungen entfaltet“. Ibid. S. 97-98.

37 Dies ist schwere Arbeit und Freud bekennt dies: „Zu keiner Zeit der analytischen Arbeit leidet man mehr unter dem bedrückenden Gefühl erfolglos wiederholter Anstrengungen, unter dem Verdacht, daß man 'Fischpredigten' abhält, als wenn man die Frau bewegen will, ihren Peniswunsch als undurchsetzbar aufzugeben.“ *Die endliche und die unendliche Analyse,* Bd. 16, S. 98.

38 „Man hat oft den Eindruck, mit dem Peniswunsch und dem männlichen Protest sei man durch alle psychologische Schichtung hindurch zum 'gewachsenen Fels' durchgedrungen und so am Ende seiner Tätigkeit. Das muß wohl so sein, denn für das Psychische spielt das Biologische wirklich die Rolle des unterliegenden gewachsenen Felsens. Die Ablehnung der Weiblichkeit kann nichts anderes sein als eine biologische Tatsache, ein Stück jenes großen Rätsels der Geschlechtlichkeit.“ Ibid. S. 99.

39 *Die Weiblichkeit,* S. 142.

40 Ibid.

41 Ibid.

[42] Ibid. S. 144. Diese Beschuldigung wird auch in *Über die weibliche Sexualität* und bei anderen Gelegenheiten ausgesprochen.

[43] Ibid.

[44] Bei verschiedenen Gelegenheiten erinnert Freud den Leser daran, daß die Regel, die „männlich" mit Aktivität und „weiblich" mit Passivität verbindet, nicht immer durch Beobachtungen in der Tierwelt bestätigt wird und daß in der menschlichen Mutterschaft die Frau zu einem gewissen Grad aktiv ist (sie säugt das Kind). Seine Reserve dieser Verallgemeinerung gegenüber ist jedoch darauf beschränkt, sie zu ungenau zu finden. Über den eigentlichen Wert der Verallgemeinerungen scheint er keinen wirklichen Zweifel zu haben, da er auf dieser Grundlage eine große Anzahl seiner Behauptungen aufbaut: das Schlagwort „phallisch" für das autoerotische Stadium in weiblichen Wesen, die „konstitutionelle Passivität" der Frau, den maskulinen Charakter der Libido usw. Vgl. *Die Weiblichkeit*, S. 122; Kapitel 4 in *Das Unbehagen in der Kultur* (1930), Bd. 14, S. 458-465, und *Die Umgestaltung der Pubertät*, Bd. 5, S. 108-131. Der folgende Auszug bietet ein gutes Beispiel dafür, wie Freud mit diesen Definitionen arbeitet: „Aber das Wesen dessen, was man im konventionellen oder im biologischen Sinne 'männlich' und 'weiblich' nennt, kann die Psychoanalyse nicht aufklären, sie übernimmt die beiden Begriffe und legt sie ihren Arbeiten zugrunde." *Über die Psychogenese eines Falles von weiblicher Homosexualität*, Bd. 12, S. 301.

[45] *Die Weiblichkeit*, S. 122.

[46] Ibid. S. 124.

[47] *Über die weibliche Sexualität.*

[48] *Die Weiblichkeit*, S. 123.

[49] Noch 1933 heißt es: „Die dem Weib konstitutionell vorgeschriebene und sozial auferlegte Unterdrückung seiner Aggression begünstigt die Ausbildung starker masochistischer Regungen." Ibid. S. 123. Der Satz stellt bei weitem nicht klar, wie und in welchem Ausmaß jeder dieser Aspekte, der konstitutionelle und der soziale, funktioniert. Aber er belegt Freuds allgemeine Annahme, daß die „sozial auferlegte Unterdrückung" die organischen Gegebenheiten nur bestärke.

[50] Freud, *Drei Abhandlungen zur Sexualtheorie* (1905), Bd. 5, S. 120.

[51] *Die infantile Genitalorganisation* (1923), Bd. 13, S. 293-298.

[52] *Die kulturelle Sexualmoral und die moderne Nervosität*, Bd. 7, S. 154.

[53] Der Glaube an den stärkeren Sexualtrieb bei Männern ist traditionell dafür herangezogen worden, die doppelte Moral zu rechtfertigen. Für die Viktorianer war er der Beweis der „höheren" weiblichen Natur; bei Freud wird er zum Beweis ihrer niedrigen Natur, da das Ausmaß der sublimierten Libido das Ausmaß der kulturschaffenden Kräfte bestimme. Freud hat die Privilegien einer freieren sexuellen Lebensweise, die den Männern immer zugestanden wurde, mit der traditionellen Versicherung der männlichen Überlegenheit auf intellektuellem und kulturellem Gebiet verbunden.

[54] *Die Weiblichkeit*, S. 141.

[55] Ibid. S. 122. Nachdem Freud diese Karikatur skizziert hat, gibt er zu, daß man keinen Vorteil daraus gewinnt, die Ausdrücke „Männlichkeit" und „Weiblichkeit" auf diese Art zu verwenden — aus denselben Gründen wie unter 45 aufgeführt. Seine Schüler waren selten oder nie so enthaltsam.

[56] *Die kulturelle Sexualmoral und die moderne Nervosität*, Bd. 13, S. 151.

[57] Manchmal psychogen und dann der Beeinflussung zugänglich, legt sie (die Frigidität) in anderen Fällen die Annahme einer konstitutionellen Bedingtheit, selbst den Beitrag eines anatomischen Faktors, nahe." *Die Weiblichkeit*, S. 141.

[58] Vgl. Die vorangehende Fußnote, in der Frigidität für konstitutionell gehalten wird.

[59] *Die Weiblichkeit*, S. 137. (Von der Autorin hervorgehoben.)

[60] *Das ökonomische Problem des Masochismus* (1924), Bd. 13, S. 371-383.

[61] Ibid. S. 374.

[62] Ibid. S. 373.

[63] Freud beschreibt die „Lust am Schmerz" als Ausdruck der Weiblichkeit, eine Einstellung, die „biologisch und konstitutionell begründet" ist. (Ibid.) Weiterhin, daß dieser Schmerz in der Natur der weiblichen Sexualerfahrung liegt: „. . . daß die Sexualerregung als Nebenwirdet" ist. (Ibid.) Weiterhin, daß dieser Schmerz in der Natur derweiblichen Sexualerfahrung liegt: „. . . daß die Sexualerregung als Nebenwirkung bei einer großen Reihe innerer Vorgänge entsteht, sobald die Intensität dieser Vorgänge nur gewisse quantitative Grenzen überstiegen hat . . . Demnach müßte auch die Schmerz- und Unlusterregung diese Folgen haben." Ibid. S. 375. Selbst wenn Masochismus bei Männern vorkommt, hat Freud diese Erscheinungsform des Masochismus den femininen genannt. Ibid. S. 374.

[64] *Das Tabu der Virginität*, Bd. 12, S. 171-172.

[65] Ibid. Zu diesen Ausführungen vergl. vor allem S. 171 und 172.

[66] *Die Weiblichkeit*, S. 123.

[67] *Einführung in den Narzißmus* (1914), Bd. 10, S. 138 und S. 155. Freud bemerkt, daß man dieselben Tendenzen auch bei Homosexuellen und Megalomanen beobachtet hat; bei Frauen erwartet man sie.

[68] Die volle Objektliebe nach dem Anlehnungstypus ist eigentlich für den Mann charakteristisch. Sie zeigt die auffällige Sexualüberschätzung, welche wohl dem ursprünglichen Narzißmus des Kindes entstammt und somit einer Übertragung desselben auf das Sexualobjekt entspricht" (d.h. auf die Geliebte, die die mütterliche Figur ersetzt). Ibid. S. 154. „Anders gestaltet sich die Entwicklung bei dem häufigsten, wahrscheinlich reinsten und echtesten Typus des Weibes . . . welche der Gestaltung einer ordentlichen, mit Sexualüberschätzung ausgestatteten Objektliebe ungünstig ist . . . Es stellt sich besonders im Falle der Entwicklung zur Schönheit eine Selbstgenügsamkeit des Weibes her . . . Solche Frauen lieben, strenggenommen, nur sich selbst mit ähnlicher Intensität, wie der Mann sie liebt. Ihr Bedürfnis geht auch nicht dahin, zu lieben, sondern geliebt zu werden." Ibid. S. 155. Frauen geben diese Art des Narzißmus auf, indem sie aus ihren Kindern Liebesobjekte machen. Es ist besonders interressant, daß diese Formulierung das Problem persönlicher Eitelkeit oder des Egotismus in Männern vollkommen vermeidet.

[69] *Die Weiblichkeit*, S. 142.

[70] *Die kulturelle Sexualmoral und die moderne Nervosität*, Bd. 7, S. 162.

[71] Ibid.

[72] Ibid.

[73] Vgl. die Geschichte des „vaginalen Orgasmus" von Daniel Brown, *Female Orgasm and Sexual Inadequacy*, abgedruckt in Edward und Ruth Brechers *Human Sexual Response*, NY, New American Library, 1966, S. 125-175.

[74] *Drei Abhandlungen zur Sexualtheorie. Die Umgestaltungen der Pubertät* (1904-1905), Bd. 5, S. 27-145 (bes. 108-131) und anderswo. „Wie nun viele Frauen in ihrer Sexualfunktion daran verkümmern, daß diese Klitoriserregbarkeit hartnäckig festgehalten wird . . ." *Über infantile Sexualtheorien* (1908), Bd. 7, S. 179. Freuds Theorie, daß die Klitoris der Rest eines verkümmerten Penis ist, ist nicht nur nicht richtig, sondern scheint den Tatsachen geradezu zu widersprechen. Jüngste embryologische Forschungen erlauben den Schluß, daß alle Embryos zunächst weiblich sind, bis eine Anzahl von ihnen durch die Einwirkung von Androgen sich in ihrer Chromosomenstruktur als männlich differenzieren und ihnen ein Penis zu wachsen beginnt.

[75] *Die kulturelle Sexualmoral und die moderne Nervosität*, Bd. 7, S. 143-167 u.a. Freud erklärt in diesem Artikel ausführlich, daß exzessive Inhibition (d.h. anscheinend über das Maß hinaus, das zur Keuschheit genügt) bei Bräuten Frigidität und vaginale Anästhesie hervorruft. Sein Rat ist jedoch nicht vorehelicher Geschlechtsverkehr, sondern eine zweite Ehe.

[76] *Über die weibliche Sexualität*, Bd. 14, S. 520-522.

[77] Vgl. *Das Unbehagen in der Kultur*, Bd. 14, S. 421-506.

[78] *Die kulturelle Sexualmoral und die moderne Nervosität*, Bd. 7, S. 158. Das Gerede über die „Trägerinnen der Sexualinteressen des Menschen", die unfähig seien, den Sexualinstinkt zu sublimieren, ist merkwürdig, wenn man sich Freuds Glaube vor Augen hält, daß Frauen sowieso sehr wenig Sexualinstinkt zu sublimieren haben. Die Methode, die er für ihre minimalen Sublimierungen empfiehlt, ist natürlich die Mutterschaft.

[79] *Die Weiblichkeit*, vgl. S. 127, 134, 138 und auch *Über die weibliche Sexualität*. „Die Bildung des Über-Ichs muß unter diesen Verhältnissen leiden, es kann nicht die Stärke und die Unabhängigkeit erreichen, die ihm seine kulturelle Bedeutung verleihen." *Die Weiblichkeit*, S. 138-139.

[80] *Das Unbehagen in der Kultur*, Bd. 14, S. 449, Fußnote 1, ebenso *Zur Gewinnung des Feuers* (1932), Bd. 16, S. 3-9.

[81] Ibid. S. 463.

[82] *Die Weiblichkeit*, S. 145.

[83] *Einige psychische Folgen des anatomischen Geschlechtsunterschieds*, S. 30.

[84] Ibid. S. 30.

[85] Betty Friedans *The Feminine Mystique* liefert gute Beweise dafür, wie das psychoanalytische Gedankengut durch die gierige Geschäftemacherei der „Marktforschung" für zynisch-wirtschaftliche Zwecke ausgenutzt wurde. Vgl. ihr Kapitel 9, „The Sexual Sell".

# Quellenhinweise

Sigmund Freud, *Über die weibliche Sexualität*, in: Ges. Werke, Bd. XIV, S. 517 ff., © S. Fischer Verlag, Frankfurt am Main
Karen Horney, *Flucht aus der Weiblichkeit*, in: Internat. Z. f. Psa. XII, 1926
Juliet Mitchell, *Über Freud und den Unterschied zwischen den Geschlechtern*, (On Freud and the Distinction Between the Sexes) übersetzt von Albert Sellner, aus: *Women & Analysis.* Dialogues on Psychoanalytic Views of Feminity, Jean Strouse (Hrsg.), New York 1974, © Jean Strouse
Elizabeth Janeway, *Über „weibliche Sexualität"*, (On „Female Sexuality") übersetzt von Albert Sellner, aus: *Women & Analysis*, Jean Strouse (Hrsg.), a.a.O., © Jean Strouse
Gregory Zilboorg, *Männlich und weiblich.* Biologische und kulturelle Aspekte, (Masculine and Feminine: Some Biological and Cultural Aspects) übersetzt von P. Forab, in: Psychiatry (1944) 7, S. 257 ff. © 1944, 1972 The William Alanson White Psychiatric Foundation, Inc., Washington, D.C.
Kate Millett, *Freud und der Einfluß der Psychoanalyse*, aus: *Sexus und Herrschaft.* Die Tyrannei des Mannes in unserer Gesellschaft, (Sexual Politics) © der deutschen Ausgabe 1971 Verlag Kurt Desch, München, Übersetzung von Ernestine Schlant
Der Verlag dankt den jeweiligen Rechtsinhabern für die freundliche Genehmigung der Aufnahme der Quellentexte in diesen Band. Soweit nichts anderes angegeben ist, liegt das Copyright der deutschen Übersetzungen bei Stroemfeld/Roter Stern.
Die Bilder sind mit freundlicher Genehmigung der Autorin entnommen dem Buch von Marianne Wex *„Weibliche" und „männliche" Körpersprache als Folge patriarchalischer Machtverhältnisse*, Hamburg 1979, das nur in Frauenbuchläden erhältlich ist. Bezugsandressen im Versand: Frauenbuchversand „Sappho", Luxemburgstr. 2, 6200 Wiesbaden und Lillemor's Frauenbuchladen, Arcisstr. 57, 8000 München 40, © Verlag Marianne Wex, Hamburg